贛文化通典

——方言卷　第二冊

目錄

江西方言的語言特點

第一節 ▶ 江西方言的語音特點

本節考察江西方言的語音特點。通過對江西方言若干語音項目的專題考察，概括江西方言語音的共同性特點和差異性特點。

本節討論江西方言語音情況，所涉及字音主要參見本書第四章「江西方言代表方言點字音對照」，並依據該章中單字索引列出字音編號，以便於檢索查閱，如：「板（音 237）」。未見於第四章「字音對照」的，系根據其他資料及本書著者調研成果引用。

一、江西方言語音特點專項考察

（一）音類的分合

1.塞音、塞擦音、擦音聲母今讀的分類

中古漢語聲母有「全清」「次清」「全濁」「次濁」的分類，其中屬於塞音、塞擦音、擦音的聲母按「全清｜次清｜全濁」[1]

---

1 即發音時聲帶不顫動不送氣的清塞音、塞擦音、擦音，聲帶不顫動的

構成音讀三分的音類分別。由於中古全濁聲母在現代漢語共同語和各方言中發生了較複雜的演化，這種中古漢語塞音、塞擦音、擦音聲母「全清｜次清｜全濁」三分格局保留或改變的狀況成為漢語方言語音重要特徵之一。江西方言中的古全濁聲母的今讀類型大致如下：

（1）與相應的次清聲母合流讀不送氣濁音，「全清｜次清、全濁」二分。例如贛方言湖口話、修水話。

（2）與相應的次清聲母合流讀送氣濁音，「全清｜次清、全濁」二分。例如贛方言永修話、都昌縣的土塘話。

（3）與相應的次清聲母合流，讀清濁兩可：可讀成不送氣濁音，也可讀成送氣濁音，也可讀成送氣清音，「全清｜次清、全濁」二分。例如贛方言德安縣方言。

（4）與相應的全清聲母合流讀不送氣清音，「全清、全濁｜次清」二分。例如贛方言武寧縣的泉口話。

（5）與相應的次清聲母合流，讀送氣清音，「全清｜次清、全濁」二分。江西贛方言大多數方言點屬於此類型，江西客家方言、江西徽州方言全部方言點都屬此類型。例如：贛方言南昌話、鉛山話，客家方言寧都話、南康話，徽州方言浮梁話、婺源話。

（6）平聲讀送氣清音，與次清聲母合流；仄聲讀不送氣清音，與全清聲母合流。「全清、全濁（仄聲）｜次清」二分，或

送氣塞音、塞擦音，聲帶顫動的塞音、塞擦音、擦音。

者「全清｜次清、全濁（平聲）」二分。例如官話方言九江話、贛州話、白槎河南話。

（7）不分平仄大多數讀不送氣清音，與全清聲母合流，「全清、全濁｜次清」二分。例如閩方言銅山福建話。

（8）與相應的次清聲母、全清聲母對立，次清聲母讀送氣清音，全清聲母讀不送氣清音，古全濁聲母讀不送氣濁音，「全清｜次清｜全濁」三分。例如吳方言上饒話、廣豐話。

下面以「板（音237）」「派（音069）」「爬（音013）」「病（音417）」四字（塞音）和「早（音136）」「菜（音059）」「祠（音114）」「坐（音008）」四字（塞擦音）為例考察本書江西方言中塞音、塞擦音聲母的讀音類別情況。

類型	例字	聲母讀音	方言點
三分型板	板｜派｜爬病	p-｜pʻ-｜b-	〔吳〕上饒、廣豐二分型板
二分型板	板｜派爬病	p-｜b-	〔贛〕修水、湖口
	板病｜派爬	p-｜pʻ-	〔官〕九江、贛州、白槎
	板｜派爬病	p-｜pʻ-	〔贛〕南昌、鄱陽、鉛山，撫州、資溪、宜黃、豐城、高安、新余、吉安、遂川 〔客〕寧都、瑞金、于都、贛縣、南康、龍南、尋烏、黃坳、銅鼓、大溪、太源 〔徽〕浮梁、婺源
	板爬病｜派	p-｜pʻ-	〔閩〕銅山

說明：「板」（幫母）古為全清，「派」（滂母）古為次清，「爬」「病」（並母）古為全濁。

類型	例字	聲母讀音	方言點
三分型板	早｜菜｜祠坐	ts-｜ts'-｜dz-	〔吳〕上饒、廣豐二分型
二分型板	早｜菜祠坐	ts-｜dz-	〔贛〕修水、湖口
	早坐｜菜祠	ts-｜ts'-	〔官〕九江、贛州、白槎
	早｜菜祠坐	ts-｜ts'-	〔贛〕南昌、鄱陽、鉛山、撫州、資溪、宜黃、豐城、高安、新余、吉安、遂川 〔客〕寧都、瑞金、于都、贛縣、南康、龍南、尋烏、黃坳、銅鼓、大溪、太源 〔徽〕浮梁、婺源
	早祠坐｜菜	ts-｜ts'-	〔閩〕銅山

　　說明：「早」（精母）古為全清，「菜」（清母）古為次清，「祠」「坐」（從母）古為全濁。

　　從上表可以看出，江西方言各方言點中，維持聲母「全清｜次清｜全濁」三分格局的有贛方言武寧話和吳方言上饒話、廣豐話，即分別讀不送氣清聲母、送氣清聲母、不送氣濁聲母。其餘均為二分格局。官話方言三個點，古全濁聲母讀仄聲的歸「全清」，讀平聲的歸「次清」，即分別讀不送氣清聲母、送氣清聲母。客家方言點、徽州方言點和大部分贛方言點，古全濁聲母全歸「次清」，讀送氣清聲母。贛方言修水話、湖口話，古全濁聲母與古次清聲母合流但讀不送氣濁聲母。閩方言點銅山話古全濁聲母大多數歸「全清」，讀不送氣清聲母。

2. 泥母、來母的分混

中古漢語泥母、來母兩個聲母屬於舌頭音聲母中的次濁聲母，這兩個聲母在現代方言中有發生音讀混同的演變，因此泥母、來母或分或混也是漢語方言語音重要特徵之一。江西方言中泥母、來母的分混和音讀情況可分為三類：

（1）不混型

不論今韻母讀洪音還是細音，泥母都讀〔n-〕，與來母有別。這種類型主要分佈在贛方言區域的東部和中部，大部分客家方言點，以及官話方言贛州話。有下列方言點：

〔贛〕湖口、鉛山、宜黃、資溪

〔客〕寧都、瑞金、于都、贛縣、南康、龍南、尋烏、黃坳、大溪、太源

〔官〕贛州

（2）半混型

這是贛方言點的主要類型。泥母逢洪音韻母與來母混同，多讀〔l-〕；逢細音韻母仍讀〔n-〕（一般顎化為〔ȵ-〕），與來母有別。有下列方言點：

〔贛〕南昌、鄱陽、撫州、豐城、高安、新余、吉安、遂川

〔客〕銅鼓

〔官〕白槎

〔徽〕浮梁

〔吳〕上饒、廣豐

〔閩〕銅山

（3）全混型

不論韻母洪細，泥母都與來母混同。有下列方言點：

〔官〕九江

〔徽〕婺源

九江話泥母與來母全部混讀為〔l-〕。婺源話或混讀為〔n-〕（在陽聲韻前），或混讀為〔l-〕（在陰聲韻前）。

下面以「難（音 224）」「蘭（音 225）」「腦（音 134）」「老（音 135）」「年（音 256）」「蓮（音 257）」「泥（音 080）」「李（音 112）」八字為例考察江西方言中泥母、來母分混的音讀類別情況。

類型	方言點	難	蘭	腦	老	年	蓮	泥	李
不混型	〔贛〕湖口*、鉛山*、宜黃*、資溪	n-	l-	n-	l-	ŋ̩-	l-	ŋ̩-	t-/l-
	〔客〕寧都*、瑞金*、于都、贛縣*、南康*、龍南、尋烏*、黃坳、大溪*、太源*　〔官〕贛州*	n-	l-	n-	l-	ŋ̩-	l-	n-/ŋ̩-	l-/t-
全混型	〔官〕九江	l-	l-	l-	l-	l-	l-	l-	l-
	〔徽〕婺源	n-	n-	l-	l-	n-	n-	l-	l-
半混型	〔贛〕南昌、撫州、新余、吉安	l-	l-	l-	l-	ŋ̩-	l-	ŋ̩-	l-
	〔贛〕鄱陽	l-	l-	n-	l-	ŋ̩-	l-	ŋ̩-	l-
	〔贛〕遂川	n-	n-	l-	l-	ŋ̩-	l-	ŋ̩-	l-
	〔贛〕豐城	n-	n-	n-	n-	ŋ̩-	l-	ŋ̩-	l-
	〔贛〕高安	l-	l-	l-	l-	ŋ̩-	l-	l-	l-
	〔客〕銅鼓　〔閩〕銅山*	l-	l-	n-	l-	ŋ̩-	l-	n-	l-

續上表

類型	方言點	難	蘭	腦	老	年	蓮	泥	李
	〔官〕白槎	l-	l-	l-	l-	ŋ̩-	l-	n-	l-
	〔徽〕浮梁	n-	n-	l-	l-	n-	n-	ŋ̩-	l-
	〔吳〕上饒、廣豐	n-	n-	n-	l-	ŋ̩-	l-	ŋ̩-	l-

　　說明：＊宜黃話據劉澤民[2]，「難」字、「腦」字聲母為〔l-〕，所以應為半混型。「年」字聲母，寧都話、贛縣話、南康話、太源話、贛州話、銅山福建話為〔n-〕，「蓮」字、「李」字聲母湖口話為〔d-〕，「李」字聲母鉛山話為〔l-〕，瑞金話為〔t-〕。「泥」字聲母尋烏話、大溪話為〔ŋ̩-〕。

　　于都話有個別泥母字白讀聲母為〔l-〕。據金虹[3]贛州話有些字〔n-〕、〔l-〕相混。

3. 尖團音區分與否

　　尖音指中古漢語精組（精、清、從、心、邪五母）聲母字中今韻母為〔-i、-y〕或以〔-i-、-y-〕起頭（即作介音）的，團音指中古漢語見組（見、溪、群、曉、匣五母）聲母字中今韻母為〔-i、-y〕或以〔-i-、-y-〕起頭（即作介音）的。現代漢語部分方言（包括普通話）中這兩類音已經合流，例如北京話中「尖（精母）＝兼（見母）」「千（清母）＝牽（溪母）」「先（心母）＝掀（曉母）」。部分方言中則保留尖音與團音的區分，即「尖、

2　劉澤民：《客贛方言歷史層次研究》，上海師範大學博士學位論文，2004 年。

3　金虹：《贛州話音系概要》，《煙台師院學報》，1985 年第 1 期。

「千、先」與「兼、牽、掀」分讀兩組不同的聲母。

　　從較寬泛的角度說，現代方言中區分尖團音的情況有兩種：尖音讀舌尖音〔ts-、ts‘-、s-〕聲母，團音讀舌根音〔k-、k‘-、x-〕聲母或舌面音〔tɕ-、tɕ‘-、ɕ-〕聲母；尖音讀舌面音〔tɕ-、tɕ‘-、ɕ-〕[4]聲母，團音讀舌根音〔k-、k‘-、x-〕聲母。同時尖音、團音兩類聲母所帶韻母不一定為〔-i-、-y〕或以〔-i-、-y-〕起頭，這兩類字在中古漢語中屬於三四等字，韻母都曾帶〔-i/-i-、-y/-y-〕，後來才丟失。

　　尖團音區分與否，也是漢語方言的一項特徵。江西方言中有部分方言點區分尖團音，大部分方言點不區分尖團音。區分尖團音的方言點有：

　　　〔贛〕湖口、高安、遂川

　　　〔客〕尋烏、黃坳、銅鼓、太源

　　　〔徽〕婺源

　　　〔吳〕廣豐

　　　〔閩〕銅山

　　不區分尖團音的有：

　　　〔贛〕南昌、修水、鄱陽、鉛山、撫州、資溪、宜黃、豐城、新余、吉安

　　　〔客〕寧都、瑞金、龍南、于都、贛縣、南康、大溪

4　〔tɕ-、tɕ‘-、ɕ-〕由〔ts-、ts‘-、s-〕變來，寬泛地講，〔tɕ-、tɕ‘-、ɕ-〕與〔k-、k‘-、x-〕算是尖團對立。

〔徽〕浮梁

〔吳〕上饒

下面以「酒（音165）」「九（音170）」「煎（音242）」「肩（音259）」「節（音263）」「結（音265）」六字為例考察江西方言中尖團音區分與否的情況。

類型		地點	酒	九	煎	肩	節	結
不分尖團		〔贛〕南昌、修水、鄱陽、鉛山、撫州、資溪、宜黃、豐城、新余、吉安	tɕ-	tɕ-	tɕ-	tɕ-	tɕ-	tɕ-
		〔客〕寧都、瑞金、龍南、于都、贛縣、南康、大溪						
		〔徽〕浮梁						
		〔吳〕上饒						
分尖團	部分字分尖團	〔贛〕湖口、高安、遂川*	tɕ-	tɕ-	ts-	tɕ-	ts-	tɕ-
		〔客〕尋烏	tɕ-	k-	tɕ-	k-	tɕ-	k-
		〔客〕黃坳	tɕ-	k-	tɕ-	k-	tɕ-	k-
		〔客〕太源	tɕ-	tɕ-	tɕ-	tɕ-	tɕ-	tɕ-
		〔吳〕廣豐	tɕ-	tɕ-	tɕ-	tɕ-	tɕ-	k-
		〔閩〕銅山	tɕ-	k-	tɕ-	tɕ-	tɕ-	k-
	全分	〔客〕銅鼓	ts-	tɕ-	ts-	tɕ-	ts-	tɕ-
		〔徽〕婺源	ts-	k-	ts-	tɕ-	ts-	k-

說明：＊遂川話「肩」字聲母讀〔k-〕。

寧都縣城梅江鎮方言中「九」「肩」「結」聲母〔ts-〕由〔tʃ-〕變來，鄰近的鄉鎮讀〔tʃ-〕。如田頭鎮的方言分尖團，中古精組與見組三四等字的對立為〔ts〕—〔tʃ〕。

從上表可以看出，全部字區分尖團音的只有客家方言銅鼓話和徽州方言婺源話。部分字區分尖團音的有贛方言湖口話、高安話、遂川話，客家方言尋烏話、黃坳話、太源畬話，吳方言廣豐話，閩方言銅山福建話。

4. 古入聲的存廢和分合

入聲是中古漢語「四聲」之一，與其他「平、上、去」三個聲調相比，中古入聲在現代漢語中所發生的變化更為突出。從調類看，有的方言保留了入聲，有的方言則已經沒有入聲調類。保留入聲的方言中，中古入聲字內部分類不盡相同；入聲消失的方言中，中古入聲字歸讀其他聲調情況更是多有差異。從調值看，保留入聲的方言中，入聲字的讀音因調值影響使韻母形成是否保留入聲韻的差異，有入聲韻的也存在韻尾多少和性質的差異。中古入聲的今讀是漢語方言的重要特徵之一。

江西方言各方言點中古入聲的存廢和分合類型歸納如下：

（1）有入聲調的，分為：

①有入聲調，又有入聲韻。

根據入聲調的數量，可分兩種情況：

A. 只有一個入聲調，調值一般都比較高。例如贛方言鉛山話，有一個入聲調，調值讀〔4〕度。

B. 有兩個入聲調。有兩個入聲調的，通常依古聲母的清濁分為陰陽兩調。贛方言點以陰入高、陽入低為常見；客家方言點以陰入低、陽入高為常見。例如贛方言南昌話，陰入調值讀〔5〕度，陽入調值讀〔2〕度；客家方言瑞金話，陰入調值讀〔2〕度，陽入調值讀〔4〕度。

根據入聲字韻尾的不同，可分為三種情況：

　　A. 有三個塞音韻尾的：

　　贛方言撫州話、資溪話、宜黃話有三個韻尾：〔-p〕、〔-t〕、〔-ʔ〕。

　　客家方言寧都話有三個韻尾：〔-p〕、〔-t〕、〔-k〕。（寧都據黃小平 2010[5]，部分〔-p〕混入〔-t〕）

　　B. 有兩個塞音韻尾的：

　　贛方言高安話，客家方言銅鼓話、黃坳話有兩個韻尾：〔-t〕、〔-k〕。贛方言南昌話、修水話有兩個韻尾：〔-t〕、〔-ʔ〕。

　　C. 只有一個塞音韻尾的：

　　贛方言新余話[6]、豐城話，客家方言龍南話、尋烏話、瑞金話、于都話[7]、贛縣話、大溪話、太源畬話只有一個喉塞音韻尾〔-ʔ〕。

　　②有入聲調，無入聲韻。

　　A. 只有一個入聲調，讀長音，無塞音韻尾。

　　a. 贛方言鄱陽話有一個入聲調，調值為〔44〕。讀入聲調的字包括中古清聲母字和部分次濁入聲字（多數全濁入聲字及部分次濁入聲字歸去聲）。

5　黃小平：《江西寧都田頭客家話兩字組連讀變調》，《方言》，2010 年第 3 期。

6　據劉綸鑫：《客贛方言比較研究》，新余話（渝水區）依今聲母的送氣與否分為陰陽兩調。

7　據謝留文：《客家方言語音研究》，于都話咸、深、山、臻清入字和部分濁入字讀陰去，余讀入聲。

b. 官話方言九江話有一個入聲調，調值為〔53〕。中古入聲字基本上讀長音的入聲調。

B. 有兩個入聲調，讀長音，無塞音韻尾。

客家方言南康話，中古入聲字分讀兩類聲調：咸、深、山、臻攝入聲清聲母字讀入聲 1 類（濁聲母字歸讀去聲）；宕、江、曾、梗、通攝清聲母字讀入聲 2 類（濁聲母字歸讀陰平，有的歸讀去聲）。

（2）無入聲調，也無入聲韻母。

這一類方言點中，中古入聲字全部派入其他調類之中。根據派入調類的不同，又可以分以下幾種情況：

①湖口話，中古入聲清聲母字和次濁聲母字歸讀陰去，全濁聲母字歸讀陽去。

②吉安話，中古入聲清聲母字歸讀陰平，濁聲母字歸讀去聲。

③遂川話，中古入聲清聲母字歸讀陰去，次濁聲母字有的歸讀陰去，有的歸讀陽去，全濁聲母字歸讀陽去。

以上三個方言點屬於贛方言。

④贛州話：中古入聲字全部派入去聲。[8]

⑤白槎話：中古入聲清聲母字和次濁聲母字歸讀陰平，全濁聲母字歸讀陽平。

以上兩個方言點屬於官話方言。

---

8 根據金虹：《贛州話音系概要》，曾愷：《贛州話兩字組的連讀變調研究》，官話方言贛州話老派有入聲調，且有喉塞音入聲韻尾〔-ʔ〕。

⑥浮梁話：中古入聲清聲母字歸讀陰去，中古入聲濁聲母字歸讀陽去。

⑦婺源話：中古入聲字全部歸讀陽去。

以上兩個方言點屬於徽州方言。

下面以「搭（音179）」「辣（音228）」「疊（音208）」「托（音352）」「略（音370）」「薄（音351）」六字為例考察江西方言古入聲的存廢和分合的情況。

類型		方言	點搭清	音辣次	疊全濁	托清音	略次濁	薄全濁
有入聲調	有入聲韻	〔贛〕鉛山	入聲	入聲	入聲	入聲	入聲	入聲
		〔贛〕撫州、資溪	陰入	陽入	陽入	陽入	陰入	陽入
		〔贛〕高安、南昌*、宜黃*、修水*〔客〕銅鼓、黃坳	陰入	陽入	陽入	陽入	陰入/陽入	陽入
		〔贛〕新余、豐城*〔客〕尋烏、瑞金、于都、贛縣、大溪、太源	陰入	陰入/陽入	陽入	陽入	陰入/陽入	陽入
	無入聲韻	〔贛〕鄱陽	入聲	入聲	去聲	入聲	入聲	入聲
		〔客〕南康	入聲₁	去聲	去聲	入聲₂	陰平	陰平
		〔官〕九江	入聲	入聲	入聲	入聲	入聲	入聲
無入聲調		〔贛〕湖口	陰去	陰去	陽去	陰去	陰去	陽去
		〔贛〕吉安	陰平	去聲	去聲	陰平	去聲	去聲
		〔贛〕遂川	陰平	陽去	陽去	陰平	陰平	陽去
		〔官〕贛州	去聲	去聲	去聲	去聲	去聲	去聲
		〔官〕白槎	陰平	陰平	陽去	陰平	陰平	陽去
		〔徽〕浮梁	陰去	陽去	陽去	陰去	陽去	陽去
		〔徽〕婺源	陽去	陽去	陽去	陽去	陽去	陽去

說明：* 南昌話、修水話、宜黃話「略」讀陰入，豐城話「辣、

略」讀陰入。

　　新余話（渝水區）據劉綸鑫[9]，入聲依今聲母的送氣與否分為陰陽兩調。贛州話據金虹[10]，曾愷[11]，老派有入聲調，且有喉塞音入聲韻尾〔-ɑ〕。于都話據謝留文[12]，只有一個入聲。

5. 中古上聲的分化

　　中古上聲的分化情況是漢語方言的重要特徵之一。江西方言各方言點中，多數方言點只有一個上聲調類，少數方言點上聲分陰陽。中古清聲母上聲字一般歸讀上聲或陰上。中古次濁聲母上聲字有歸讀上聲或陰上、歸讀陽上、歸讀陽去或去聲以及歸讀陰平等幾種情況。中古全濁上聲字有歸讀陽上、歸讀陽去或去聲以及歸讀陰平等幾種情況。

　　江西方言中古上聲分化情況見下表：

特點	清	次濁	全濁	方言點
上聲分陰陽	陰上	陽上	陽去	〔贛〕遂川 〔徽〕婺源 〔吳〕上饒、廣豐 〔閩〕銅山

9　劉綸鑫：《客贛方言比較研究》，中國社會科學出版社 1999 年版。

10　金虹《贛州話音系概要》，《煙台師院學報》，1985 年第 1 期。

11　曾愷：《贛州話兩字組的連讀變調研究》，《贛南師範師院學報》，2012年第 4 期。

12　謝留文：《于都方言詞典》，江蘇教育出版社 1998 年版。

續上表

特點		清	次濁	全濁		方言點
一個上聲，清聲母字歸上聲	全濁次濁部分歸陰平	上聲	陰平		去聲	〔客〕贛縣、南康、尋烏、黃坳、銅鼓、太源
					陽去	〔客〕寧都、瑞金、龍南、于都、大溪
	次濁不歸陰平（個別字歸入）	上聲	陰平	陽去		〔贛〕鉛山*、資溪、撫州、宜黃
	全濁上歸陽去或去聲	上聲		去聲		〔贛〕豐城*、新余*〔官〕九江、贛州、白槎
				陽去		〔贛〕南昌、修水、湖口、高安〔徽〕浮梁
	全濁上歸陰平	上聲		陰平		〔贛〕鄱陽*

說明：＊鉛山話陽去為去聲。鄱陽話古全濁上字隨陽去後歸陰平。豐城話古全濁上字隨陽去歸去聲，陰陽去合併。新余話古全濁上字隨陽去獨立為去聲，陰去歸陽平。

　　可以看出，上聲分陰陽的有吳方言點、閩方言點和徽州方言婺源話、贛方言遂川話，其餘都只有一個上聲。贛方言鄱陽話古全濁上聲字全部歸讀陰平，其餘方言點或全部或大部分歸讀陽去（或去聲）。古次濁聲母字除上聲分陰陽的方言點分歸陰上、陽上外，大部分方言點都歸讀上聲。

　　客家方言點和部分贛方言點有部分古次濁、全濁聲母上聲字歸讀陰平。下面是客家方言和贛方言中的古次濁、全濁聲母上聲

第二章・江西方言的語言特點

181

字歸讀陰平的統計：

方言點	次濁上讀陰平	全濁上讀陰平
〔贛〕南昌	蟻	
修水		舐
湖口	奶	
鄱陽	卵	舵惰坐禍下簿部戶緒柱待豎在弟倍罪被是道造浩紹厚舅淡犯旱善件辮伴斷近象像丈上靜動重
鉛山		坐肚柱豎在弟被是柿抱舅淡斷近動
撫州	尾	坐下簿苧柱在弟被是厚淡辮伴斷圈近動重
宜黃	尾	坐下肚在弟被舐是厚辮伴斷近上苧動
豐城	凜那我你	
高安		圈
新余	尾	辮
吉安		辮
遂川		
〔客〕寧都	馬惹語美裡鯉耳尾咬有染懶暖軟兩癢冷領嶺往買攏野	坐下肚柱在弟被旱舐厚淡辮伴斷圈苧動重婦
瑞金	每尾裸我買奶腦咬馬冷滿暖懶攏聾鯉李你耳禮理以蟻藐惹野染兩癢冷領嶺語有軟往	厚坐在稻社下很斷吮旱淡動重稗被苧簿肚柱巨拒距舅近

續上表

方言點	次濁上讀陰平	全濁上讀陰平
于都	馬惹語美裡鯉耳尾咬有懶暖軟兩癢冷領嶺往	舵惰坐簿肚苧動柱弟被舐是厚婦舅旱斷圈近蕩重
贛縣	奶母柳有懶兩領嶺	坐下簿柱被是厚舅淡善件辮伴斷苧動重
南康	買暖冷領奶尾凜	坐下社苧弟被在厚淡斷圈菌近動重舵惰旱
龍南	呂鯉尾懶暖軟兩癢嶺攏	下社簿緒柱在弟被舐浩厚舅淡旱斷圈近菌苧動重
尋烏	我馬買奶尾有凜暖冷	下社在弟被技厚舅近菌
銅鼓	馬惹也買呂每蟻裡鯉理尾畝有友懶暖軟忍兩癢冷領嶺攏	坐下苧動柱在蟹弟被舐舅淡斷圈近菌重

6. 送氣分調

送氣分調指的是中古同一個調類的字在現代方言中因聲母讀送氣音或非送氣音而分別歸讀不同的聲調。在江西方言中，這種聲母送氣與否影響調類分化的現象只見於贛方言點，在客家方言點和其他方言點中尚未發現這種現象。

本書所調查的方言送氣分調現象見於陰平、陽平、去聲三個聲調：

（1）陰平

修水話和新余話古平聲清聲母字依聲母送氣與否分為兩類，分別為陰平 1 和陰平 2。

（2）陽平

南昌話古平聲濁聲母字聲調分為兩類：古全濁聲母字不論平仄一律讀送氣聲母，聲調歸為陽平一類，而聲母讀非送氣音的古次濁聲母字則歸入陰去。

（3）去聲

南昌話中讀陰去調的只有聲母今讀非送氣音的古去聲清聲母字，聲母今讀送氣音的古去聲清聲母字歸上聲。湖口話的去聲清聲母字依今讀聲母的送氣與否分為兩類：今讀送氣聲母的歸讀陽去，今讀非送氣聲母的歸讀陰去。

下面以「高（音139）」「天（音255）」「南（音176）」「潭（音175）」「蓋（音065）」「菜（音059）」六字為例考察江西方言中的送氣分調的現象。

類型	地點	高	天	南	潭	蓋	菜
陰平	修水、新余*	陰平1	陰平2				
陽平	南昌			陰去	陽平		
去聲	南昌					陰去	上聲
	湖口					陰去	陽去

說明：＊新余話（渝水區）據劉綸鑫《客贛方言比較研究》，古入聲字依今聲母的送氣與否也分為陰陽兩調。

7. 次濁隨清流

在客家方言點中，不論是平聲、上聲、去聲還是入聲，都有一部分次濁聲母字不歸讀陽調，而隨清聲母字歸讀陰調。並且，這類跟隨清流變化的次濁聲母字在各地客家方言內部有相當大的一致性。在贛方言點中，古次濁平聲字歸讀陽平的現象也時有發

生，古次濁上聲字則基本隨清流。贛方言點的去聲字雖然多清濁分流，不過次濁聲母字隨清聲母字歸讀調類的情況較少見。那些在客家方言點常跟隨清聲母字歸讀調類的次濁聲母字，僅在宜春片和吉安片的部分地區與清聲母字同調。在贛方言點中，入聲次濁聲母字的走向各地很不一致。有些地方有大量的次濁入聲字隨清聲母字走，如南昌話就有一百二十餘字；有的地方次濁聲母入聲字較少隨清聲母字走，如臨川話。官話方言通常只有次濁上隨清流。吳方言、閩方言、徽州方言點中，婺源話各調基本隨濁流，浮梁話規律基本同北部贛方言。

客家方言多數點有少數古平聲次濁聲母字讀陰平的情況。黃雪貞《客家方言聲調特點續論》[13]一文中列舉了「拿」「研」「毛」「拈」「蚊」「籠」「芒」「鱗」「昂」九個例字。上聲次濁聲母字一部分隨清聲母字一起歸上聲，讀上聲的如：「老」「雅」「瓦」「努」「午」「武」「舞」「雨」「宇」「舀」「秒」「了」「演」「晚」「引」「允」「朗」「敏」「懵」「勇」等等。在去聲字清濁分流的客家方言中，「罵」「暮」「墓」「慕」「募」「露」「霧」「妹」「面」（臉面、表面）、「問」「艾」等幾個古去聲次濁聲母字大都歸陰去，或隨去聲清聲母字走向。客家方言點古次濁聲母字有的歸陰入的字，內部相當一致。黃雪貞《客家方言聲調的特點》一文中給予揭示。這類字包括「聶」「鑷」「躡」「笠」「粒」「瘌」「抹」「孽」「藥」「捏」「襪」「日」「額」「脈」「木」「目」「六」

---

13 黃雪貞：《客家方言聲調特點續論》，《方言》，1989 年第 2 期。

「肉」「祿」「碌」等。

在贛方言點中，次濁平聲字歸陰平的現象時有發生。例如：

拿：永修、樂平、新余、蓮花、吉安、高安、萍鄉、永豐

蚊：星子、高安、上高、萬載、萍鄉、永豐、泰和

縈：湖口、星子、永修、修水、鄱陽、南昌、高安、奉新、上高、萬載、新余、撫州、南豐、宜黃、萍鄉、蓮花、吉安、永豐、泰和

蒙：湖口、星子、永修、鄱陽、南昌、高安、奉新、上高、撫州、南豐、宜黃、萍鄉、吉安、永豐、泰和、樂平、橫峰、東鄉、黎川

聾：湖口、星子、永修、南昌、高安、奉新、上高、萍鄉、吉安、永豐、泰和、樂平、新余

籠：高安、新余

贛方言的去聲字雖然多清濁分流，但次濁聲母字跟清聲母字走的情況比較少見。僅在宜春片和吉安片的部分地區與清聲母字同調，例如：

罵：上高、萬載、新余、永豐、泰和

露：高安、上高、泰和

妹：鉛山、上高、萬載、新余、永豐、泰和

面臉：上高、萬載

問：上高、高安

在贛方言點中，入聲次濁聲母字的走向各地很不一致。有些地方有大量的次濁入聲字隨清聲母字走，如南昌話就有一二〇餘字；有的地方次濁聲母入聲字較少隨清聲母字走，如臨川話、南

城話等，其字數大約只有南昌話的一半。

下面以「毛（音 132）」「聾（音 443）」「老（音 135）」「暖（音 274）」「妹（音 085）」「六（音 461）」「略（音 370）」七字為例考察江西方言中的次濁隨清流的現象。

例字	類型	方言點
毛	陰平	〔客〕寧都、瑞金、于都、龍南、尋烏
	陽平	〔贛〕南昌、修水、湖口、鄱陽、鉛山、撫州、資溪、宜黃、豐城、高安、新余、吉安、遂川 〔客〕贛縣、南康、黃坳、銅鼓、大溪、太源 〔官〕九江、贛州、白槎 〔徽〕浮梁、婺源 〔吳〕上饒、廣豐 〔閩〕銅山
聾	陰平	〔贛〕湖口、南昌、高安、吉安、新余 〔客〕寧都、瑞金、于都、贛縣、南康、龍南、尋烏、黃坳、銅鼓、大溪、太源 〔官〕九江
	陽平	〔官〕贛州、白槎 〔徽〕浮梁、婺源 〔吳〕上饒、廣豐 〔閩〕銅山
老	陰上（上聲）	〔贛〕南昌、修水、湖口、鄱陽、鉛山、撫州、資溪、宜黃、豐城、高安、新余、吉安、遂川 〔客〕寧都、瑞金、于都、贛縣、南康、龍南、尋烏、黃坳、銅鼓、大溪、太源 〔官〕九江、贛州、白槎

續上表

例字	類型	方言點
	陽上	〔徽〕浮梁、婺源 〔吳〕上饒、廣豐 〔閩〕銅山
暖	陰上（上聲）	〔贛〕南昌、修水、湖口、鄱陽、鉛山、撫州、資溪、宜黃、豐城、高安、新余、吉安 〔官〕九江、贛州、白槎 〔徽〕浮梁
	陽上	〔贛〕遂川 〔徽〕婺源 〔吳〕上饒、廣豐 〔閩〕銅山
	陰平（隨全濁上歸陰平）	〔客〕寧都、瑞金、于都、贛縣、南康、龍南、尋烏、黃坳、銅鼓、大溪、太源
妹	陰去	〔贛〕鉛山、豐城、新余、吉安 〔客〕寧都、瑞金、于都、贛縣、南康、龍南、尋烏、黃坳、銅鼓、大溪、太源 〔官〕九江、贛州
	陽去	〔贛〕南昌、修水、湖口、鄱陽、撫州、資溪、宜黃、高安 〔徽〕浮梁、婺源 〔吳〕上饒、廣豐
六	陰入	〔贛〕南昌、鉛山、豐城、吉安 〔客〕寧都、瑞金、于都、贛縣、南康、龍南、尋烏、黃坳、銅鼓、大溪、太源 〔官〕九江、白槎

續上表

例字	類型	方言點
	陽入	〔贛〕修水、湖口、撫州、資溪、宜黃、 　　　高安、新余 〔吳〕上饒、廣豐 〔閩〕銅山
略	陰入	〔贛〕南昌、修水、湖口、鄱陽、鉛山、 　　　撫州、資溪、宜黃、豐城、遂川 〔客〕太源 〔官〕九江
	陽入	〔贛〕湖口、高安、新余、吉安 〔吳〕上饒、廣豐 〔閩〕銅山

　　說明：「聾」字，高安話、新余話、吉安話文讀為陽平，南昌話為陰去，寧都話、尋烏話、黃坳話、銅鼓話、大溪話、太源畬話文讀為陽平。「暖」字，寧都話、瑞金話、龍南話、黃坳話、銅鼓話、大溪話文讀為陰上。「妹」字，鄱陽話隨陽去歸陰平，新余話隨清聲母歸陽平，遂川話歸陰平，銅山福建話歸去聲（與清去合併）。「六」字，湖口話隨全濁聲母歸陽去，白槎河南話隨清聲母歸陰平，浮梁話隨濁聲母歸陽去，贛州話、婺源話併入入聲，看不出隨哪個。「略」字，湖口話隨全濁聲母歸陽去，吉安話隨全濁入歸去聲，遂川話隨古入聲清聲母字歸讀陰去，南康話隨全濁聲母歸陰平，白槎河南話隨清聲母歸陰平。浮梁話隨濁聲母歸陽去，贛州話、婺源話併入入聲，看不出隨哪個。

（二）音讀的區別

1. 有無全濁聲母

　　全濁聲母的發音特點表現為塞音、塞擦音、擦音聲母發音時

帶音（即聲帶振動）。中古漢語聲母系統中「並」「奉」「定」「澄」「從」「邪」「床」「禪」「群」「匣」等聲母即屬於全濁聲母。現代漢語方言中的全濁聲母基本上來源於中古全濁聲母。古全濁聲母在現代漢語中整體上呈「清化」（即演變為清聲母，聲帶不振動）趨勢，在共同語和各方言中的讀音呈現較複雜的局面。

　　江西方言保留有全濁聲母的一些方言點，古全濁聲母今讀有以下一些類型：

　　（1）與相應的中古次清聲母合流，讀不送氣濁音。例如贛方言南昌片的湖口話、修水話、都昌話、星子話。

　　（2）與相應的中古次清聲母合流，讀送氣濁音。例如贛方言南昌片的修水話、都昌土塘話（本書未收）。

　　（3）與相應的次清聲母合流，讀清音或濁音兩可。可讀成不送氣濁音，也可讀成送氣濁音，也可讀成送氣清音。例如贛方言南昌片的德安話（本書未收）。

　　（4）與相應的中古次清聲母、全清聲母對立，次清聲母讀送氣清音，全清聲母讀不送氣清音，古全濁聲母則讀不送氣濁音。例如贛方言武寧話（本書未收），吳方言上饒話、廣豐話。

　　下面以中古屬於全濁聲母字的「爬（音 013）」（並母）、「病（音 417）」（並母）、「祠（音 114）」（從母）、「坐（音 008）」（從母）、「事（音 116）」（床母）五字為例考察江西方言中全濁聲母今讀的情況。

例字	聲母讀音	方言點
爬、病 祠、坐	p'- ｜ p- ts'- ｜ ts-	〔贛〕南昌、鄱陽、鉛山、撫州、資溪、宜黃、 豐城、高安、新余、吉安、遂川 〔客〕寧都、瑞金、于都、贛縣、南康、龍南、 尋烏、黃坳、銅鼓、大溪、太源 〔官〕九江、贛州、白槎 〔徽〕浮梁、婺源 〔閩〕銅山*
爬、病 祠、坐	b- dz-	〔贛〕修水、湖口 〔吳〕上饒、廣豐
事	s-	〔贛〕南昌、修水、湖口、鄱陽、鉛山、撫州、 資溪、宜黃、豐城、高安、新余、吉安、 遂川 〔客〕寧都、瑞金、于都、贛縣、南康、龍南、 尋烏、黃坳、銅鼓、大溪、太源 〔官〕九江、贛州、白槎 〔徽〕浮梁*、婺源* 〔吳〕上饒、廣豐 〔閩〕銅山

說明：*銅山福建話「爬、病」都讀〔p-〕聲母，「祠、坐」都讀〔ts-〕聲母。

浮梁話「事」讀〔ʂ-〕聲母，婺源話「事」讀〔tɕ'-〕聲母。

可以看出，現代江西方言有贛方言修水話、湖口話（其他未收）和吳方言上饒話、廣豐話等還有全濁聲母，且只限於塞音和塞擦音，已無濁擦音。上饒話、廣豐話讀全濁聲母的只是古全濁聲母字，修水話、湖口話讀全濁聲母的除古全濁聲母字以外還有

古次清聲母字。

2. 古非組聲母讀輕重唇音

中古漢語的「輕唇音」「重唇音」，即現代語音學上的唇齒音、雙唇音。中古非組聲母（包括非敷奉微 4 母）在江西方言中讀輕唇音或重唇音的情況如下：

非敷母字可讀〔f-〕、〔p-〕、〔x-〕、〔p'-〕等聲母。客家方言點、贛方言點、官話方言點、徽州方言點及吳方言點中一般讀輕唇音〔f-〕聲母；閩方言點讀重唇音〔p-〕/〔p'-〕聲母。黃坳話敷母有讀重唇音〔p'-〕聲母的；太源畬話非母、銅山福建話敷母有讀〔x-〕聲母的。

奉母字可讀〔f-〕、〔p-〕/〔p'-〕、〔b-〕、〔x-〕等聲母。客家方言點、贛方言點、官話方言點、徽州方言點中多讀輕唇音〔f-〕聲母；吳方言點讀重唇音〔b-〕聲母，贛方言修水話有時讀重唇音〔b-〕聲母；閩方言點多讀重唇音〔p-〕/〔p'-〕聲母，有時讀〔x-〕聲母。

微母字可讀〔ø-〕、〔v-〕、〔m-〕、〔b-〕、〔f-〕等聲母。客家方言點、贛方言點、官話方言點、徽州方言點及吳方言點中都有讀零聲母〔ø-〕的，其中贛方言點、官話方言點最多，客家方言點、徽州方言點其次，吳方言點較少；客家方言點、贛方言點、官話方言點、徽州方言點及吳方言點中都有讀唇齒濁擦音聲母〔v-〕的，客家方言點、徽州方言點較多，贛方言點、官話方言點較少，吳方言點最少；客家方言點、贛方言點、官話方言點、徽州方言點及吳方言點中都有讀鼻音聲母〔m-〕的，其中吳方言點最多，客家方言點其次，贛方言點較少，官話方言點以

及徽州方言點（如浮梁話）最少。閩方言點銅山福建話多讀塞音聲母〔b-〕，徽州方言點（如婺源話）也有讀〔b-〕的；吳方言點廣豐話有讀唇齒清擦音聲母〔f-〕的。

下面以「飛（音126）」「反（音299）」「肺（音097）」「蜂（音467）」「肥（音127）」「扶（音049）」「尾（音128）」「襪（音307）」八字為例考察江西方言中古非組聲母字今讀輕重唇音的情況。

例字	聲母讀音	方言點	
飛反 （非母）	f-	反	〔贛〕南昌、修水、湖口、鄱陽、鉛山、撫州、資溪、宜黃、豐城、高安、新余、吉安、遂川
			〔客〕寧都、瑞金、于都、贛縣、南康、龍南、尋烏、黃坳、銅鼓、大溪
			〔官〕九江、贛州、白槎
			〔徽〕浮梁、婺源
			〔吳〕上饒、廣豐
			〔閩〕銅山
	p-	飛	〔客〕太源 〔閩〕銅山
	x-	反	〔客〕太源

續上表

例字	聲母讀音	方言點		
肺蜂（敷母）	f-	肺蜂	〔贛〕南昌、修水、湖口、鄱陽、鉛山、撫州、資溪、宜黃、豐城、高安、新余、吉安、遂川	
			〔客〕寧都、瑞金、于都、贛縣、南康、龍南、尋烏、黃坳*、銅鼓、大溪	
			〔官〕九江、贛州	
			〔徽〕浮梁、婺源	
			〔吳〕上饒、廣豐	
		肺	〔客〕太源	
			〔官〕白槎	
	p'-	肺	〔客〕黃坳	
		蜂	〔閩〕銅山	
			〔客〕太源	
	x-	肺	〔閩〕銅山	
		蜂	〔官〕白槎	
肥扶（奉母）	f-	肥扶	〔贛〕南昌、修水*、湖口、鄱陽、鉛山、撫州、資溪、宜黃、豐城、高安、新余、吉安、遂川	
			〔客〕尋烏、黃坳、銅鼓、大溪、太源	
			〔官〕九江、贛州、白槎	
			〔徽〕浮梁、婺源	
			〔吳〕上饒、廣豐	
		肥	〔客〕于都、贛縣、南康、龍南	
			〔吳〕廣豐	
	p-	肥	〔閩〕銅山	
	p'-	肥	〔客〕寧都、瑞金、黃坳	
		扶	〔客〕寧都、瑞金、于都、贛縣、南康、龍南	
			〔閩〕銅山	

續上表

例字	聲母讀音		方言點
	b-	扶	〔贛〕修水 〔吳〕廣豐
尾襪 （微母）	∅-	尾襪	〔贛〕南昌、湖口、鄱陽 〔官〕九江 〔徽〕浮梁
		襪	〔贛〕修水、撫州、資溪、宜黃、豐城、高安、新余、遂川
	v-	尾襪	〔官〕贛州、白槎
		尾	〔贛〕修水
		襪	〔贛〕豐城
	m-	尾襪	〔贛〕鉛山、吉安 〔客〕寧都、瑞金、于都、贛縣、南康、尋烏、黃坳、銅鼓、大溪、太源 〔吳〕上饒、廣豐
	m-	尾	〔贛〕撫州、資溪、宜黃、豐城、高安、新余、遂川 〔客〕龍南
	b-	尾襪	〔徽〕婺源 〔閩〕銅山

3. 古來母字逢細音讀塞音聲母〔t-〕/〔d-〕

在江西贛方言和客家方言的相當部分區域，中古來母字今讀細音時，其聲母有讀同部位塞音聲母〔t-〕/〔d-〕的現象。贛方言點主要有湖口話、修水話、鄱陽話、撫州話、宜黃話、資溪

話、遂川話，客家方言有瑞金話、南康話、龍南話。各方言點中，來母細音字讀塞音聲母的，字數多少不一，有些方言點只是個別字，例如贛方言吉安話有個「六」字，客家方言于都話有「粒笠」兩字。

下面以「料（音155）」「龍（音469）」「六（音461）」三字為例考察江西方言中古來母字逢細音讀塞音聲母〔t-〕/〔d-〕的情況。

例字	聲母讀音	方言點
料	t-	〔贛〕撫州、資溪、宜黃
	d-	〔贛〕修水、湖口
龍	t-	〔贛〕撫州、資溪、宜黃〔客〕瑞金
六	t-	〔贛〕鄱陽*、撫州、資溪、宜黃、吉安、遂川〔客〕瑞金、贛縣、南康、龍南、尋烏、大溪
	d-	〔贛〕修水、湖口

說明：據劉澤民[14]，鄱陽話中「六」等多個字讀〔t-〕聲母。

古來母讀塞音〔t-〕/〔d-〕的形成原理：

羅常培注意到臨川話有來母細音讀〔t-〕的現象，他認為「這個演變是由〔l〕音受後退的『i-umlaut』的影響，先變成帶有塞音傾向的〔l〕，就像廈門方言裡這個輔音的讀法一樣；第二步再變成舌尖濁塞音〔d〕；最後才失落帶音作用而變成舌尖清

---

14 劉澤民：《客贛方言歷史層次研究》，上海師範大學博士學位論文，2004年。

塞音〔t〕」。後來劉澤民、萬波發現來母讀音還有輕拍音（搭音）的現象。因此綜合多家觀點，來母讀塞音〔t-〕/〔d-〕的演化過程擬為：

$$*r/l \longrightarrow r/{}^{d}l \longrightarrow d \overset{\nearrow^{t}}{\longrightarrow} t'$$

4.古知莊章精組聲母的分合類型與今讀

（1）中古知莊章精組聲母在江西方言中的分合類型

①贛方言點和客家方言點的分合類型

可以分為合流型和二分型兩種類型：

A. 中古知莊章精四組聲母合流，讀〔ts-〕、〔ts'-〕、〔s-〕聲母。屬於這種類型的方言點不多，如江西贛方言的建寧話（本書未收）。

B. 中古知莊章精四組聲母二分。這是贛方言和客家方言的主流。基本格局是知三章組聲母合為一組，知二莊精組聲母合為一組。知三章組聲母今讀有多種，如分別讀〔tʂ-〕、〔tɕ-〕、〔tʃ-〕、〔t-〕、〔k-〕等組聲母。知二莊組聲母今音一般讀〔ts-〕組聲母，〔ts-〕組聲母在贛方言東部一些方言點演變為〔t-〕組聲母。

②官話方言點的分合類型

主要為二分型。贛州話知莊章組聲母合為一組，精組聲母為一組。九江話知三章組聲母合為一組，知二莊精組聲母合為一組。知莊章組聲母分別讀〔tʂ-〕、〔tɕ-〕、〔tʃ-〕組聲母。精組聲母讀〔ts-〕組聲母。

白槎河南話中知莊章精組聲母全讀〔ts-〕組聲母。

③徽州方言點和吳方言上饒話的分合類型

江西徽州方言和吳方言上饒話中的分合類型也為二分型，同贛方言和客家方言的主流，即知三章組聲母合為一組，知二莊精組聲母合為一組。知三章組聲母讀音有多種，如分別讀〔tʂ-〕、〔tɕ-〕、〔tʃ-〕組聲母。知二莊組聲母今音一般讀〔ts-〕組聲母。

④閩方言點和吳方言廣豐話的分合類型

也為二分型。莊章精組和知組（部分）聲母合為一組，知組另有部分字聲母為一組，讀〔t-〕組聲母。

下面以「摘（音415）」「張（音357）」「找（音145）」「爭（音412）」「針（音215）」「照（音150）」「租（音030）」「早（音136）」八字為例考察江西方言中知莊章精組聲母的分合類型。

方言點	摘知三	張知三	找莊	爭莊	針章	照章	租精	早精
〔贛〕南昌	ts-	ts-	ts-	ts-	tɕ-	ts-	ts-	ts-
修水	ts-	t-	ts-	ts-	t-	t-	ts-	ts-
湖口	ts-	tʂ-	ts-	ts-	tʂ-	tʂ-	ts-	ts-
鄱陽	ts-	ts-	ts-	ts-	ts-	ts-	ts-	ts-
鉛山	ts-	ts-	ts-	ts-	ts-	ts-	ts-	ts-
撫州	ts-	t-	ts-	ts-	t-	ts-	ts-	ts-
資溪	ts-	t-	ts-	ts-	t-	ts-	ts-	ts-
宜黃	t-	t-	t-	t-	tɕ-	t-	t-	t-
豐城	ts-	s-	ts-	ts-	ts-	ts-	ts-	ts-
高安	ts-	tʃ-	ts-	ts-	t-	t-	ts-	ts-
新余	ts-	ts-	ts-	ts-	tɕ-	t-	ts-	ts-
吉安	ts-	ts-	ts-	ts-	ts-	ts-	ts-	ts-

續上表

方言點	摘知三	張知三	找莊	爭莊	針章	照章	租精	早精
遂川	ts-	ts-	ts-	ts-	tɕ-	ts-	ts-	ts-
〔客〕寧都	ts-	ts-	ts-	ts-	ts-	ts-	ts-	ts-
瑞金	ts-	ts-	ts-	ts-	tɕ-	ts-	ts-	ts-
于都	ts-	tʃ-	ts-	ts-	tʃ-	ts-	ts-	ts-
贛縣	ts-	ts-	ts-	ts-	ts-	ts-	ts-	ts-
南康	ts-	ts-	ts-	ts-	tɕ-	ts-	ts-	ts-
龍南	ts-	ts-	ts-	ts-	t-	ts-	ts-	ts-
尋烏	ts-	ts-	ts-	ts-	tɕ-	ts-	ts-	ts-
黃坳	ts-	ts-	ts-	ts-	ts-	ts-	ts-	ts-
銅鼓	ts-	tʂ-	ts-	ts-	tʂ-	tʂ-	ts-	ts-
大溪	ts-	ts-	ts-	ts-	ts-	ts-	ts-	ts-
太源	tʃ-	tʃ-	ts-	tʃ-	tʃ-	ts-	ts-	ts-
〔官〕九江	ts-	tʂ-	tʂ-	ts-	tʂ-	tʂ-	ts-	ts-
贛州	ts-	ts-	ts-	ts-	ts-	ts-	ts-	ts-
白槎	ts-	ts-	ts-	ts-	ts-	ts-	ts-	ts-
〔徽〕浮梁	tɕ-	tɕ-	tʂ-	tɕ-	tɕ-	tɕ-	ts-	ts-
婺源	ts-	tɕ-	ts-	ts-	ts-	ts-	ts-	ts-
〔吳〕上饒	ts-	tɕ-	ts-	ts-	ts-	tɕ-	ts-	ts-
廣豐	t-	t-	ts-	ts-	ts-	tɕ-	ts-	ts-
〔閩〕銅山	t-	t-	ts-	tɕ-	ts-	tɕ-	ts-	ts-

（2）中古知莊章精組聲母的今讀類型

①知二、莊、精組聲母的今讀類型

這裡只討論江西贛方言和江西客家方言的情況。其中精組聲

母只討論一等字，三四等字不討論。江西贛方言和江西客家方言中古知二莊精組聲母今讀可分兩種類型：

今讀〔ts-〕、〔ts'-〕、〔s-〕聲母。這是贛方言和客家方言的主流。

今讀〔ts-/ t-〕、〔ts'-/ t'-〕、〔s-〕聲母。這一類包含兩小類：

A. 知二、徹二、澄二，莊初崇、精清從等聲母都讀〔t-〕、〔t'-〕。宜黃話、高安話、資溪話屬於此類，高安話、資溪話字數較少。

B. 只有送氣的徹二、澄二，初崇、清從等聲母才讀〔t-〕、〔t'-〕，不送氣的知二、莊、精等聲母仍讀〔ts-〕。南城話、黎川話等屬於此類。

②知三、章組聲母的今讀類型

這裡只討論江西贛方言和江西客家方言的情況。江西贛方言和江西客家方言中古知三、章組聲母今讀可分三種類型：

A. 今讀洪音前讀〔ts-〕、〔tʂ-〕、〔tʃ-〕組聲母，細音前讀〔tɕ-〕組聲母。南昌話、鄱陽話、寧都話、南康話、贛縣話、龍南話等屬這類。

B. 今讀洪音前一般（或一部分）讀〔t-〕組聲母。有修水話、新余話、高安話、撫州話、宜黃話、資溪話、吉安話。

（3）精清從母、莊初崇母和知三章組聲母讀〔t-〕、〔t'-〕的歷史層次

①精清從母、莊初崇母讀〔t-〕、〔t'-〕的歷史層次

江西贛方言的宜黃話、高安話、資溪話清從母、初崇母今音逢洪音讀〔t'-〕；精莊母逢洪音讀〔t-〕（止攝字除外），其中高

安話、資溪話字數較少。樂安話精母、莊母不論洪細音都讀〔t-〕（止攝字除外）。

對於上述讀音現象，學術界有三種觀點：

第一，古代江南漢語方言遺留說。代表者劉綸鑫。

第二，語言接觸說[15]。何大安、萬波認為是漢語與壯侗語接觸而產生的底層現象。岑麒祥、李新魁、麥耘所述粵語中精組聲母讀〔t-〕、〔tʻ-〕，受古壯侗語影響，也支持了語言接觸說。

第三，聲母系統內因語音調整而產生的鏈式音變的結果。劉澤民認為，由於知三章組的塞化和四組送氣音的塞化，聲母中原本整齊有序的「塞擦音—送氣塞擦音—擦音」聚合的平衡被打破了，於是，系統重新進行調整，使知二精莊組的非送氣塞擦音塞化，形成「塞音—送氣塞音—擦音」聚合的新的平衡。

筆者認為這一說法不成立，因為事實上除了「知二精莊組非送氣音」塞化之外，送氣音也有塞化現象。第一、二種觀點可看作是同一觀點的不同側面，其實第二種觀點裡的漢語方言與壯侗語「語言接觸」之後的漢語方言，便是第一種觀點裡的「古代江南漢語方言」，只不過它要加上「經過接觸後的」這一限定表述才更為完滿。

②知三章組聲母讀〔t-〕、〔tʻ-〕的歷史層次

贛方言修水話、新余話、高安話、撫州話、宜黃話、資溪

---

15 這一說也含有鏈式音變推動的層次，但與劉澤民的不同，主要是這一說從 ts>t、tsʻ>tʻ 談起。

話、吉安話等方言點中古知三章組聲母讀〔t-〕、〔tʿ-〕。對於這一現象有兩種不同的觀點。一種是認為它是上古音遺留所致，另一種認為是中古後語音演變的結果。持前一種觀點的有羅常培、陳昌儀、劉綸鑫；持後一種觀點的有沙加爾、平山久雄、麥耘、莊初升、劉澤民、萬波。我們在這裡採取麥耘的構擬法[16]，參照莊初升的構擬法稍作修改，並且照顧到與端精莊組的統一性，把所有這些聲母的發展一起列入，如下：

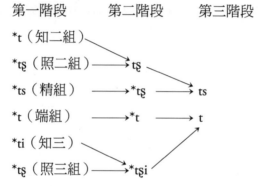

第一階段　　　第二階段　　　第三階段

*t（知二組）

*tʂ（照二組）———→tʂ

*ts（精組）———→*tʂ———→ts

*t（端組）———→*t———→t

*ti（知三）

*tʂ（照三組）———→*tʂi

這裡第一階段所構擬的古音是等韻圖型的（唐末以後），第二階段是「蒙古字韻」、「中原音韻」型的（南宋及以後）。贛方言總體屬於知三章、精知二莊兩分型的語言。

5. 古透母、定母讀擦音〔x-（h-）〕、〔ɕ-〕和〔f-〕聲母

中古透母、定母今音讀擦音聲母的現象主要分佈在江西贛方言區域。它可以分為三種類型：

---

16 其他各家所擬的發展步驟大致一樣，主要差異是中古起點知三組擬為t，章組擬為tɕ/tʃ。

（1）透定母部分字擦音化讀〔x-（h-）〕聲母，一般只出現在開口洪音韻母前。這類情況分佈最廣，如新余話、高安話、撫州話、資溪話。

（2）透定母字不論開合洪細擦化為〔x-（h-）〕聲母，如黎川話、建寧話、南豐話、廣昌話、泰和話。

（3）透定母字不論開合洪細均擦化，但在不同韻類前再出現分化：今洪音開口前讀〔x-（h-）〕聲母，今洪音合口前讀〔f-〕聲母，今細音韻母前讀〔ɕ-〕聲母，宜黃話、資溪話、樂安話屬於這種類型。

下面以「豆（音 158）」「銅（音 440）」「天（音 255）」三字為例考察江西方言中透定母字部分讀擦音聲母的情況。

例字	聲母讀音	方言點
豆	x-	〔贛〕撫州、資溪、宜黃、高安、新余
銅	x-	〔贛〕宜黃
天	ɕ-	〔贛〕資溪、宜黃

可以採用劉澤民的數據來反映贛方言透定母讀〔x-（h-）〕聲母的字占透定母字總數的百分比的梯度情況，如下：

第一梯度（69%-91%）：黎川話、廣昌話、建寧話；

第二梯度（39%-68%）：金溪話、東鄉話、南豐話、南城話、崇仁話、泰和話、蓮花話；

第三梯度（27%-38%）：撫州話、高安話、新幹話；

第四梯度（11%-26%）：進賢話、上高話、樟樹話、樂安話、永豐話、吉水話；

第五梯度（1%-10%）：新余話、吉安話、峽江話、分宜話。

古透母、定母讀擦音的形成原理：

對於透定母讀〔h-（ɕ-/f-）〕的現象，學術界有三種觀點：

（1）後起音變說。羅常培認為「這是遺失閉塞成分而保留送氣成分的結果」，後來萬西康根據發音中的省力原則來解釋這種音變。Sagart 認同後起音變的觀點，劉澤民也持這一觀點。演化的過程大致如下：

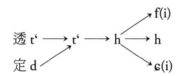

（2）保留上古音說。持這一說的主要有劉綸鑫。

（3）百越底層說。持這一觀點的有何大安、陳立中、萬波。何大安發現四邑粵語和海南閩語也都有 t'>h（透、定一部分）的現象，並把它與壯侗語和越南語類似的音變現象聯繫起來。陳立中大量列舉了臨高語、京語和海口話例證，並從歷史地理角度說明了贛方言區歷史上是百越故地，從而得出這樣的結論。萬波也引用了張光宇、李如龍閩語材料裡 t'>h 的例子，並且運用陳保亞的民族語言「回歸說」來論證這一觀點。

本書比較贊同第三種觀點，大概早期在百越地區完成了第一種觀點裡的音變過程，後來贛方言乃至南方方言繼承了這一結果。

6.部分溪母字讀擦音〔x-（h-）〕、〔ɕ-〕和〔f-〕聲母

中古溪母字有部分今音讀擦音的現象主要分佈在江西贛方言和客家方言區域。主要有下面幾種類型：

（1）溪母洪音開口呼前讀〔x-（h-）〕。如：修水話、湖口

話，南昌話、新余話也有少數此類現象。

（2）溪母細音齊齒呼前讀〔ɕ-〕。如：宜豐話、上高話、萬載話。

（3）溪群母不論洪細前都有分佈，開口呼前讀〔x-（h-）〕，齊齒呼前讀〔ɕ-〕，合口呼前讀為〔f-〕，但限於少數字。如：贛方言遂川話，客家方言寧都話、瑞金話、于都話、贛縣話、南康話、龍南話、尋烏話、黃坳話、銅鼓話、大溪話、太源畬話。

客家方言點這一特點明顯，轄字也比贛方言點多。反之，贛方言具有這一特點的方言點不多，轄字也相對較少。

下面以「去（音 046）」「苦（音 033）」「糠（音 350）」「肯（音 390）」四字為例考察江西方言中溪母字部分讀擦音聲母的情況。

例字	聲母讀音	方言點
去	ɕ-	〔贛〕遂川 〔客〕寧都、瑞金、于都、贛縣、龍南、銅鼓、太源
	x-	〔客〕南康
苦	f-	〔贛〕遂川 〔客〕瑞金、贛縣、南康、龍南、尋烏、太源
糠	x-	〔贛〕修水、湖口、新余 〔客〕寧都、瑞金、于都、贛縣、南康、龍南、太源
肯	x-	〔贛〕修水、湖口 〔客〕寧都、瑞金、于都、贛縣、南康、尋烏、太源

　　說明：據萬波[17]、劉綸鑫[18]，寧都話、于都話、銅鼓話、黃坳話有合口呼前讀〔f-〕的，如「褲」。

7. 曉、匣母合口字讀唇齒擦音聲母

　　中古曉、匣母合口字讀唇齒擦音聲母主要體現在合口一二等字當中，三四等字很少，這裡只考察一二等字的情況。

　　江西方言中，贛方言和客家方言多數方言點以及其他一些方言點都存在中古曉匣母合口字讀唇齒擦音聲母的，讀音類型有兩種：

　　（1）讀為〔f-〕聲母，主要是曉母字，匣母字較少，和非組聲母合流，江西方言各方言點大多有此情況。客家方言點最多，贛方言點其次，官話方言點較少，徽州方言、吳方言、閩方言點幾乎沒有。

　　（2）讀為〔v-〕，一般為匣母字。客家方言點、贛方言點、官話方言和徽州方言點都有此類情況，其中客家方言點最多。吳方言點、閩方言點幾乎沒有。

　　下面以「花（音 026）」「灰（音 090）」「火（音 010）」「橫～直（音 433）」「還～錢（音 285）」「紅（音 447）」六字為例考察江西方言中曉匣母合口一二等字今讀唇齒擦音聲母的情況。

---

17 萬波：《贛語聲母的歷史層次研究》，商務印書館 2009 年版。
18 劉綸鑫：《客贛方言比較研究》，中國社會科學出版社 1999 年版。

例字	聲母讀音	方言點
花曉	f-	〔贛〕南昌、修水、鄱陽、鉛山、撫州、資溪、宜黃、豐城、高安、新余、吉安 〔客〕寧都、瑞金、于都、龍南、尋烏、黃坳、銅鼓 〔官〕白槎
灰曉	f-	〔贛〕南昌、修水、鄱陽、鉛山、撫州、資溪、宜黃、豐城、高安、新余、吉安 〔客〕寧都、龍南、黃坳、銅鼓、太源 〔官〕白槎
火曉	f-	〔贛〕南昌、修水、鄱陽、撫州、資溪、宜黃、豐城、高安、新余、吉安 〔客〕寧都、龍南、黃坳、銅鼓、太源
橫曉	v-	〔贛〕宜黃 〔客〕寧都、瑞金、于都、南康、龍南、尋烏、黃坳、銅鼓、太源 〔官〕白槎
還匣	f-	〔贛〕高安 〔客〕黃坳、銅鼓、太源 〔官〕白槎
	v-	〔贛〕豐城 〔客〕寧都、瑞金、于都、南康、龍南、尋烏
紅匣	f-	〔贛〕南昌、修水、鄱陽、鉛山、撫州、資溪、宜黃、豐城、高安、新余、吉安 〔客〕寧都、瑞金、于都、龍南、尋烏、黃坳、銅鼓、大溪、太源

8. 古見組三四等聲母的讀音

中古見組三四等字的今音聲母讀音有下面幾種類型：

（1）今讀不論洪細均讀舌根塞音聲母，為〔k-〕、〔kʻ-〕、〔ŋ-（n-）〕。如：客家方言尋烏話、黃坳話，吳方言廣豐話，閩方言銅山福建話。

（2）今讀洪音前讀舌根塞音聲母，為〔k-〕、〔kʻ-〕、〔ŋ-（n-）〕，細音前顎化，讀〔tɕ-〕、〔tɕʻ-〕、〔ȵ-〕。這種方言點較少，字數也較少。如「卷」「橘」「弓」字，贛方言修水話、撫州話、宜黃話、資溪話讀顎化音。

（3）今讀洪音前讀〔ts-〕、〔tʃ-〕、〔tʂ-〕，細音前顎化，讀〔tɕ-〕、〔tɕʻ-〕、〔ȵ-〕。這種方言點較少。如：客家方言寧都話，贛方言鉛山話，官話方言九江話、白槎河南話。客家方言瑞金話有個別字未顎化，讀〔ts-〕。

（4）三四等蟹止宕通（部分）四攝合口字前，一般不顎化，但少數字在部分方言點聲母顎化。如：「鬼」字，贛方言遂川話、客家方言南康話、徽州方言婺源話讀〔tɕ-〕聲母；「弓」字，贛方言中的撫州話、資溪話、宜黃話，客家方言中的銅鼓話，徽州方言中的浮梁話、婺源話讀〔tɕ-〕。

有個別字的白讀音，如通攝三等合口字「共」「供」，在贛方言點和客家方言點幾乎都有顎化的現象。

（5）今讀洪音前讀〔t-〕、〔t-ʻ〕聲母，細音前顎化，讀〔tɕ-〕、〔tɕʻ-〕、〔ȵ-〕聲母。這種方言較少，字數也較少。如贛方言撫州片的南城話比較典型。撫州片其他方言點如撫州話、資溪話、宜黃話也有個別字讀如此類。

下面以「雞（音082）」「卷（音294）」「鬼（音129）」「弓（音459）」「叫（音156）」六字為例考察江西方言中古見組三四等聲母的今讀情況。

例字	聲母讀音	方言點
雞	tɕ-	〔贛〕南昌、修水、湖口、鄱陽、鉛山、撫州、資溪、宜黃、豐城、高安、新余、吉安、遂川 〔客〕瑞金、南康、太源 〔官〕九江、贛州、白槎 〔徽〕浮梁、婺源 〔吳〕上饒
	k-	〔客〕于都、贛縣、龍南、尋烏、黃坳、銅鼓、大溪 〔吳〕廣豐 〔閩〕銅山
	ts-	〔客〕寧都
卷	tɕ-	〔贛〕南昌、湖口、鄱陽、撫州、資溪、豐城、高安、新余、吉安、遂川 〔客〕瑞金、于都、贛縣、南康、龍南、銅鼓、大溪、太源 〔官〕贛州 〔徽〕浮梁、婺源 〔吳〕上饒
	tʃ-	〔贛〕鉛山
	tʂ-	〔官〕九江、白槎
	k-	〔贛〕修水、宜黃 〔客〕尋烏、黃坳 〔吳〕廣豐 〔閩〕銅山

續上表

例字	聲母讀音	方言點
	ts-	〔客〕寧都
	tɕ-	〔贛〕撫州、資溪、宜黃 〔客〕銅鼓 〔徽〕浮梁
	tʃ-	〔徽〕婺源
弓	k-	〔贛〕南昌、修水、湖口、鄱陽、鉛山、豐城、高安、新余、吉安、遂川 〔客〕寧都、瑞金、于都、贛縣、南康、龍南、尋烏、黃坳、大溪、太源 〔官〕九江、贛州、白槎 〔徽〕婺源 〔吳〕上饒、廣豐 〔閩〕銅山
	tɕ-	〔贛〕遂川 〔客〕南康 〔徽〕婺源
鬼	k-	〔贛〕南昌、修水、湖口、鄱陽、鉛山、撫州、資溪、宜黃、豐城、高安、新余、吉安 〔客〕寧都、瑞金、于都、贛縣、龍南、尋烏、黃坳、銅鼓、大溪、太源 〔官〕九江、贛州、白槎 〔徽〕浮梁 〔吳〕上饒、廣豐 〔閩〕銅山
叫	k-	〔客〕尋烏、黃坳 〔閩〕銅山

例字	聲母讀音	方言點
	tɕ-	〔贛〕南昌、修水、湖口、鄱陽、鉛山、撫州、資溪、宜黃、豐城、高安、新余、吉安、遂川 〔客〕寧都、瑞金、于都、贛縣、南康、龍南、銅鼓、大溪、太源 〔官〕九江、贛州、白槎 〔徽〕浮梁、婺源 〔吳〕上饒

古見組今讀聲母的歷史層次可以採取萬波的構擬法表示：

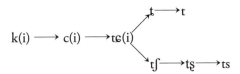

9. 古影母字今逢開口洪音讀〔ŋ-〕聲母

中古影母字今音逢開口洪音讀〔ŋ-〕聲母的特點，大多發生在贛方言點、徽州方言點和官話方言點中，客家方言點和吳方言點較少。

下面以「愛（音 063）」「襖（音 142）」「暗（音 178）」「惡善～（音 353）」四字為例考察江西方言古影母字逢開口洪音讀〔ŋ-〕聲母的情況。

例字	聲母讀音	方言點
愛	ŋ-	〔贛〕南昌、修水、湖口、鄱陽、鉛山、撫州、資溪、豐城、高安、新余、吉安 〔客〕寧都、贛縣、南康、龍南、尋烏 〔官〕九江、白槎 〔徽〕婺源 〔吳〕上饒
襖	ŋ-	〔贛〕南昌、修水、湖口、鄱陽、鉛山、撫州、資溪、宜黃、豐城、高安、新余、吉安 〔客〕寧都 〔官〕九江、贛州、白槎 〔徽〕浮梁 〔吳〕上饒
暗	ŋ-	〔贛〕南昌、修水、湖口、鄱陽、鉛山、撫州、資溪、宜黃、豐城、高安、新余、吉安 〔客〕寧都、大溪 〔官〕贛州、白槎 〔吳〕上饒
惡善	ŋ-	〔贛〕南昌、修水、湖口、鄱陽、鉛山、撫州、資溪、宜黃、豐城、高安、新余、吉安、遂川 〔客〕寧都、大溪、太源 〔官〕九江、贛州、白槎 〔徽〕浮梁、婺源 〔吳〕上饒

　　說明：據黃小平調查，寧都話老派讀零聲母，新派也有部分讀零聲母。

10. 有無撮口韻

韻母為〔-y〕或帶〔-y-〕介音（韻頭）的撮口韻，在江西方言各點中，主要見於贛方言、官話方言和徽州方言、吳方言的方言點。客家方言點較少見，閩方言點基本沒有。如贛方言修水話、資溪話、宜黃話，客家方言寧都話、銅鼓話，閩方言銅山福建話等。另外，贛方言湖口話、遂川話和吳方言廣豐話、上饒話中合口一二等字讀撮口韻，其中湖口話較多，個別開口呼的字也讀撮口韻，如湖口話「梯」讀〔cdy〕。

下面以「全（音288）」「軟（音293）」「原（音302）」「月（音308）」「對（音086）」五字為例考察江西方言中有無撮口韻的情況。

例字	撮口韻	方言點
全	-y-	〔贛〕南昌、湖口、撫州、豐城、吉安、遂川 〔客〕瑞金、南康、龍南、大溪 〔官〕贛州 〔吳〕上饒、廣豐
原	-y-	〔贛〕南昌、湖口、鄱陽、鉛山、撫州、豐城、高安、吉安、遂川 〔客〕瑞金、南康、龍南、大溪、太源 〔官〕贛州 〔徽〕浮梁、婺源 〔吳〕上饒、廣豐
軟	-y-	〔贛〕南昌、湖口、鄱陽、鉛山、撫州、豐城、高安、吉安、遂川 〔客〕瑞金、龍南、尋烏、黃坳、大溪、太源 〔官〕贛州 〔徽〕浮梁、婺源 〔吳〕上饒、廣豐

續上表

例字	撮口韻	方言點
月	-y-	〔贛〕南昌、湖口、鄱陽、鉛山、撫州、豐城、高安、吉安、遂川 〔客〕瑞金、于都、龍南、大溪、太源 〔徽〕浮梁、婺源 〔吳〕上饒、廣豐
對	-y-	〔贛〕湖口

11. 古塞音韻尾的讀音

侯精一[19]對全國十大方言代表點古入聲今讀的情況進行了對比，這裡摘引與江西方言有聯繫的方言點的資料進行考察：

	北京	上海	廈門	梅縣	南昌	績溪
入聲，塞音韻尾	少數有入聲，其中部分有 -ʔ	有 -ʔ	有 -p、-t、-k 和 -ʔ	有 -p、-t、-k	有 -t、-k	有 -ʔ

江西方言中的贛方言、客家方言及官話方言等，主流情況同上表，具體到各方言點則有少許出入。下面對江西方言中還保存有入聲塞尾的情況進行考察：

有入聲調，又有塞尾的。又可分兩種情況：

（1）只有一個入聲調，調值一般都比較高：

如贛方言鉛山話。只有一個入聲調，只有一個韻尾：〔-ʔ〕。

19 侯精一：《現代漢語方言概論》，上海教育出版社 2002 年版。

（贛州話老派有入聲調，塞尾為〔-ʔ〕）

（2）有兩個入聲調。贛方言點以陰入高、陽入低為常見；客家方言點以陰入低、陽入高為常見。依入聲韻尾的不同，又可分為以下幾種情況：

依古聲母的清濁分為陰陽兩調。

①撫州話、資溪話、宜黃話（屬贛方言），有三個韻尾：〔-p〕、〔-t〕、〔-ʔ〕。寧都話（屬客家方言）有三個韻尾：〔-p〕、〔-t〕、〔-k〕。

②高安話（屬贛方言），銅鼓話、黃坳話（屬客家方言）有兩個韻尾：〔-t〕、〔-k〕。南昌話、修水話（屬贛方言）有兩個韻尾：〔-t〕、〔-ʔ〕。

③新余話、豐城話（屬贛方言），龍南話、尋烏話、瑞金話、于都話[20]、贛縣話、大溪話、太源畬話（以上屬客家方言）只有一個韻尾：〔-ʔ〕。宕、江、曾、梗、通有少數濁入字讀陽去。銅山福建話（屬閩方言），讀舒聲韻的古清聲母入聲字歸陰上，古濁聲母入聲字歸陽上。

下面以「法（音210）」「活（音283）」「剝（音384）」三字為例考察入聲塞尾在江西方言中的分佈情況。

---

20 據謝留文：《客家方言主音研究》，于都話咸、深、山、臻攝清入字和部分濁入字讀陰去，余讀入聲。

例字	塞音韻尾	方言點
法活剁	-ʔ	〔贛〕鉛山 〔贛〕新余、豐城 〔客〕龍南、尋烏、瑞金、于都*、贛縣、 　　　大溪、太源 〔吳〕上饒、廣豐 〔閩〕銅山
法活剁	-t、-ʔ	〔贛〕南昌、修水
	-t、-k	〔贛〕高安 〔客〕銅鼓、黃坳
法活剁	-p、-t、-ʔ	〔贛〕撫州、資溪、宜黃
	-p、-t、-k	〔客〕寧都

說明：＊于都話「法」讀陰去。

寧都話據黃小平（2010）[21]，部分〔-p〕尾混入〔-t〕尾。

12. 古陽聲韻尾的讀音

侯精一[22]對全國十大方言代表點古陽聲韻尾的今讀情況進行了對比，這裡摘引與江西方言有聯繫的方言點的資料進行考察：

21 黃小平：《江西寧都田頭客家話兩字組連讀變調》，《方言》，2010 年第 3 期。

22 侯精一：《現代漢語方言概論》，上海教育出版社 2002 年版。

陽聲韻尾	北京	上海	廈門	梅縣	南昌	績溪
-m、-n、-ŋ	有 -n、-ŋ（-m 併入 -n）	有 -n、-ŋ（-m 併入 -n）	有 -m、-n、-ŋ	有 -m、-n、-ŋ	有 -n、-ŋ（-m 併入 -n）	多為鼻元音，少數開尾

　　江西方言中的贛方言、客家方言及官話方言等，主流情況同上表，具體到各方言點則有少許出入。如鼻化韻，贛方言吉安片各點，官話方言九江話、贛州話，吳方言點都較多。徽州方言婺源話較為特殊，有〔-m〕尾、〔-n〕尾，〔-ŋ〕尾一部分併入〔-m〕尾，鼻化韻豐富。

　　下面以「淡（音 184）」「山（音 231）」「聲（音 422）」「東（音 436）」四字為例考察古陽聲韻尾在江西方言中的今讀情況。

陽聲韻尾	方言點
-m、-n、-ŋ	〔贛〕撫州、資溪、宜黃 〔客〕寧都*
-n、-ŋ	〔贛〕南昌、修水、湖口、鄱陽、鉛山、豐城、高安、新余、吉安、遂川 〔客〕瑞金、龍南、尋烏、黃坳、銅鼓、大溪、太源 〔官〕九江、贛州、白槎 〔徽〕浮梁 〔吳〕上饒、廣豐 〔閩〕銅山
-m、-n｜-n	〔徽〕婺源 〔客〕于都、贛縣、南康

續上表

陽聲韻尾		方言點
鼻化韻	-m 變入	〔客〕于都、贛縣、南康 〔官〕九江、贛州 〔徽〕婺源 〔吳〕上饒、廣豐 〔閩〕銅山
	-n 變入	〔客〕于都、贛縣、南康 〔官〕九江、贛州 〔徽〕婺源 〔吳〕上饒、廣豐 〔閩〕銅山
	-ŋ 變入	〔贛〕吉安 〔客〕于都、贛縣、南康 〔官〕九江、贛州 〔徽〕婺源 〔吳〕上饒、廣豐 〔閩〕銅山

說明：＊寧都話據黃小平[23]，部分〔-m〕尾併入〔-n〕尾。

13. 古一二等韻區分

中古漢語中一二等韻讀音有區別，這一特點在現代方言中也有所保留。江西方言中，中古蟹攝一二等見系字、咸山攝開口一二等字和山攝合口一二等見系字，在贛方言和客家方言中大多數

---

23 黃小平：《江西寧都田頭客家話兩字組連讀變調》，《方言》，2010 年第 3 期。

方言點都分立，只有少數方言點不分立。吳方言點咸山攝開口一二等字及山攝合口一二等見系字也分立。效攝一二等韻，在贛方言宜黃話、客家方言大溪話、吳方言廣豐話中也分立。下面分別說明。

（1）蟹攝一二等見系字

贛方言大多數方言點分立，少數方言點不分立。分立的方言點有：撫州片、宜春片、吉安片及南昌片的修水話。韻母讀音差別主要表現為開口一等字讀〔-oi〕韻母，開口二等字讀〔-ai〕韻母。還有其他的各種讀音，如修水話、遂川話分立，是〔-ɛi〕—〔-ai〕。南昌片各點（修水話除外）和餘干片各點不分立，都讀〔-ai〕韻母。

客家方言各點基本分立（南康話除外）。韻母讀音差別主要表現為開口一等字讀〔-oi〕韻母，開口二等字讀〔-ai〕韻母。

（2）咸山攝開口一二等字和山攝合口一二等見系字

①咸攝開口一二等字

贛方言點全部分立。韻母讀音差別主要表現為開口一等字讀〔-on〕韻母，開口二等字讀〔-an〕韻母。還有其他的各種讀音，如撫州話、資溪話分立，一二等字韻母讀音區別為〔-om〕—〔-am〕。

客家方言點大多分立（黃坳話、銅鼓話除外）。韻母讀音差別主要表現為開口一等字讀〔-ɔm〕韻母，開口二等字讀〔-am〕韻母。還有其他的各種讀音，如瑞金話分立，一二等字韻母讀音區別為〔-uɛn〕—〔-an〕。

②山攝開口一二等字

贛方言點全部分立。韻母讀音差別主要表現為開口一等字讀〔-on〕韻母，開口二等字讀〔-an〕韻母。

客家方言點全部分立。韻母讀音差別主要表現為開口一等字讀〔-ɔn〕韻母，開口二等字讀〔-an〕韻母。

③山攝合口一二等見系字

贛方言點基本分立，山攝合口一等見系字，韻母主要讀〔-uon〕，合口二等見系字讀〔-uan〕。湖口話、鉛山話、高安話有些字不分立，山攝合口一二等見系字都讀〔-uan〕。

客家方言基本分立，山攝合口一等見系字，韻母主要讀〔-uɔn〕，合口二等見系字〔-uan〕。南康、龍南、尋烏、黃坳、大溪有些字不分立，如有的都讀為〔-uan〕。

吳方言點也能區分咸山攝開口一二等字及山攝合口一二等見系字，具體讀音見下表。

④效攝一二等見系字

徽州方言婺源話和吳方言廣豐話能作區分。具體讀音見下表。

下面以「開（音 062）」「街（音 073）」「敢（音 187）」「咸（音 192）」「完（音 278）」「還～錢（音 285）」「高（音 139）」「罩（音 144）」八字為例考察蟹攝、咸山攝、效攝一二等韻在江西方言中的讀音情況。

例字	韻母	方言點
開	-oi	〔贛〕撫州、資溪、宜黃、新余、吉安
	-ɔi-	〔贛〕高安 〔客〕寧都、龍南、銅鼓、黃坳

續上表

例字	韻母	方言點
街	εi	〔贛〕修水、鄱陽、宜黃
	-uε	〔贛〕遂川 〔客〕瑞金、大溪
	-ei/-uæ/-ie- -ia/-iɔi/-iɔu- /-au/-ue/	〔贛〕豐城、于都、贛縣 〔客〕尋烏、太源 〔吳〕廣豐
	-ai	〔贛〕南昌、修水、湖口、鄱陽、鉛山、撫州、 資溪、宜黃、豐城、高安、新余、吉安 〔客〕寧都、龍南、尋烏、黃坳、銅鼓 〔吳〕廣豐
	-æ	〔客〕于都、贛縣
	-iai	〔贛〕遂川 〔客〕南康、太源
	-ɜi/-iε	〔客〕大溪、瑞金
敢	-on	〔贛〕南昌、修水、湖口、鉛山、新余、吉安 〔客〕寧都
	-ɔm	〔贛〕宜黃
	-ɔn	〔贛〕豐城、高安 〔客〕太源
	-uõn/-om /-uɛ̃ -ũ-/-mo/-uõn/ -uɛn/-ue/-uõn/ -ẽn/-ãẽ	〔贛〕鄱陽、撫州、資溪、遂川、瑞金、南康 〔吳〕上饒、廣豐
咸	-an	〔贛〕南昌、修水、鉛山、豐城、高安、新余、 吉安 〔客〕寧都、瑞金、龍南、尋烏、黃坳、銅鼓、 大溪、太源

續上表

例字	韻母	方言點
	-am	〔贛〕撫州、資溪、宜黃
	-ã	〔贛〕鄱陽 〔客〕于都、贛縣、南康
	-ãn/-ain	〔贛〕遂川 〔吳〕上饒、廣豐 〔客〕龍南
完	-uon	〔贛〕南昌、修水、鉛山、撫州、資溪、新余、吉安 〔客〕寧都、南康、龍南、尋烏
	-uõn/- uõ	〔贛〕鄱陽 〔客〕贛縣
	-uɛn/-vɤ̃	〔客〕瑞金 〔客〕于都
	-yẽn/ -yõn	〔吳〕廣豐 〔吳〕上饒
	-vɔn /-vɛn	〔贛〕宜黃 〔客〕銅鼓 〔贛〕豐城
還	-uan	〔贛〕南昌、修水、鉛山、撫州、資溪、宜黃、新余、吉安 〔客〕南康、尋烏
	-van	〔客〕寧都、瑞金
	-ɔn/-an	〔贛〕宜黃 〔客〕銅鼓 〔贛〕豐城
	-uãn/ -uã/-vã	〔贛〕鄱陽 〔吳〕上饒、廣豐、贛縣、于都

續上表

例字	韻母	方言點
高	-o-	〔徽〕婺源
	-əm	〔吳〕廣豐
罩	-ɔ	〔徽〕婺源
	-ɑu	〔吳〕廣豐

說明：據劉綸鑫[24]黃小平[25]，寧都話咸山攝一等主要元音為〔-ɔ〕，咸攝有尾〔-m〕。咸攝「感」字，于都話、贛縣話、大溪話與二等有對立，而「敢」字無。

14. 古魚、虞兩韻字的韻母差異

中古魚虞兩韻的分混是切韻時代南北方言的重要差異之一。《切韻》序中說「支脂魚虞，共為不韻。」顏之推在《顏氏家訓》中也舉例說明北人魚虞相混，南人魚虞有別。這種古代南北方言的差異在現代方言中仍然存在。最早指出閩方言中魚虞、之脂仍然有別的是董同龢。

江西方言中，吳方言點和閩方言點基本保持魚虞有別的特點，屬保留上古層。贛方言和客家方言點魚虞兩韻字大多韻母已混，個別字有別，也屬保留上古層。客家方言和贛方言魚虞韻中古層的表現沒有出現分野。官話方言點、徽州方言點（浮梁）魚虞已混。

---

24 劉綸鑫：《客贛方言比較研究》，中國社會科學出版社 1999 年版。

25 黃小平：《江西寧都田頭客家話兩字組連讀變調》，《方言》，2010 年第 3 期。

劉澤民[26]根據魚虞韻的今讀，確定了它們的層次。

（1）上古層：魚韻

閩方言：〔-ø（ɯ）〕

吳方言：〔-ɔ（-ɣ）〕、〔-uʌ〕

贛方言、客家方言：〔-a〕，〔-ui〕，〔-iæœ〕，〔-ue〕

（2）中古層：魚韻

贛方言、客家方言：〔-ie/-e〕，〔-iɛ/-ɛ〕，〔-iə/-ə〕，〔-ɯ〕，〔-ɣ〕

（3）後中古層：魚虞混淆

混淆後，魚虞都讀為〔-u〕，〔-ɵ〕，〔-ɿ〕，〔-y〕，〔-ʯ〕等。

下面列表考察江西方言中古魚、虞兩韻字分混的情況。

類型層次	韻母讀音		方言點
魚虞有別 上古層	-ɣ	魚	〔吳〕廣豐
	-ɯ	魚	〔閩〕銅山
	-a	鼠	〔客〕寧都
	-ui	女	〔贛〕修水
魚虞有別 中古層	-ie/-e -ɜ/-ɛ	魚	〔贛〕南昌、撫州、資溪、宜黃、豐城、吉安 〔客〕寧都、銅鼓、大溪
	-ə	魚	〔客〕南康
	-ɿ	魚	〔客〕于都、贛縣、龍南、尋烏、黃坳
	-əŋ	魚	〔客〕贛縣

26 劉澤民：《客贛方言歷史層次研究》，上海師範大學博士學位論文，2004年。

類型層次	韻母讀音		方言點
後中古層相混	-u	煮-柱 煮-柱	〔贛〕修水、撫州 〔客〕贛縣、南康、龍南、尋烏、黃坳、銅鼓、太源 〔客〕寧都、瑞金、于都
	-y	煮-柱 煮-區	〔贛〕南昌、湖口、鄱陽、鉛山、吉安、遂川 〔客〕大溪 〔官〕贛州 〔徽〕浮梁、婺源 〔吳〕上饒 〔贛〕吉安
	-ʮ	煮-柱	〔贛〕豐城 〔官〕九江、白槎
	-ɵ	煮-柱	〔贛〕高安
	-ɭ	煮-柱	〔贛〕新余

15. 古梗攝字今讀有文白對立

江西方言中，贛方言點和客家方言點中古梗攝字今音基本都有文白對立，大多方言點白讀韻母主要元音為〔a〕。贛方言鄱陽片的鄱陽話、鉛山話梗攝字讀音無文白對立，主要元音分別為〔ə〕、〔ɛ〕。其他方言點梗攝字今音也沒有文白對立。

下面以「爭（音 412）」「影（音 419）」「白（音 409）」「席（音 425）」四字為例考察江西方言中梗攝字今讀文白對立的情況。

例字	主要元音	方言點
爭	a	〔贛〕南昌、修水、撫州、資溪、宜黃、豐城、 高安、新余、吉安、遂川* 〔客〕寧都、瑞金、于都*、贛縣*、南康*、龍南、 尋烏、太源
影	a	〔贛〕南昌、修水、湖口、撫州、資溪、宜黃、 豐城、高安、新余、吉安、遂川* 〔客〕寧都、瑞金、于都*、贛縣*、南康*、龍南、 尋烏、黃坳、銅鼓
白	a	〔贛〕南昌、修水、湖口、撫州、資溪、宜黃、 豐城、高安、新余、吉安、遂川 〔客〕寧都、瑞金、于都、贛縣、南康、龍南、 尋烏、黃坳、銅鼓、太源 〔徽〕浮梁
席	a	〔贛〕南昌、撫州、資溪、宜黃、豐城、新余、 吉安*、遂川* 〔客〕寧都、瑞金、于都、龍南、尋烏

　　說明：遂川話、于都話、贛縣話、南康話「爭」字韻母為鼻化韻〔ã〕，「影」字韻母為鼻化韻〔iã〕。湖口話、吉安話、遂川話、南康話「白」字韻母為舒聲韻，吉安話、遂川話「席」字韻母為舒聲韻。

（三）個別字的讀音

1.「菜梗」的「梗」字讀合口韻

　　中古梗攝開口二等字「梗」字，在江西方言部分方言點中讀成合口韻（即韻母有韻頭〔-u-〕）。

梗（音406）	方言點
讀合口韻	〔贛〕南昌、修水、鄱陽、鉛山、撫州、資溪、 　　宜黃、豐城、高安、新余、吉安、遂川 〔吳〕上饒、廣豐 〔客〕大溪、太源
讀開口韻或 齊齒韻	〔贛〕湖口 〔客〕寧都、瑞金、于都、贛縣、南康、龍南、 　　尋烏、黃坳、銅鼓 〔官〕九江、贛州、白槎 〔徽〕浮梁、婺源 〔閩〕銅山

可以看出，「菜梗」的「梗」字讀合口韻，是贛方言區別於其他方言的一個重要特徵。吳方言上饒話、廣豐話以及客家方言的大溪話、太源畬話也讀合口韻，顯然與受贛方言的影響有一定關係。

2.「箍」字讀送氣音

「箍」為見母字，本不送氣，但在江西各大方言中幾乎都有方言點讀送氣音〔kʻ-〕的。

箍（音032）	方言點
讀 kʻ- 聲母	〔贛〕鄱陽、鉛山 〔客〕瑞金、尋烏、大溪、太源 〔官〕白槎 〔吳〕上饒、廣豐 〔徽〕浮梁、婺源 〔閩〕銅山

3.「跪」字所讀聲母及聲調

「跪」字的聲母在中古漢語中有兩個讀音，《廣韻》上聲「紙」韻分列於「去委切」、「渠委切」下。江西方言各方言點「跪」字所讀聲母以及聲調有以下情況：

跪（音 122）	方言點
讀 k'- 聲母、上聲	〔贛〕南昌、修水*、鄱陽、鉛山、撫州、資溪、宜黃、豐城、高安、新余、吉安、遂川 〔客〕寧都、瑞金、于都、南康、龍南、尋烏、黃坳、銅鼓、大溪 〔吳〕上饒、廣豐 〔徽〕浮梁、婺源 〔閩〕銅山
讀 k'- 聲母、去聲	〔贛〕湖口* 〔客〕贛縣
讀 k- 聲母、上聲	〔官〕白槎
讀 k- 聲母、去聲	〔贛〕鄱陽 〔官〕九江、贛州

說明：*修水話、湖口話無送氣清音聲母，所讀為全濁不送氣聲母〔g-〕，即相當於其他方言點的送氣清音聲母〔k'-〕。

　　贛方言、客家方言大部分方言點和吳方言、徽州方言、閩方言全部方言點都讀送氣聲母、上聲調，所讀聲母為中古「溪」母（去委切）。官話方言九江話、贛州話所讀聲母為中古「群」母（渠委切），且聲調依「全濁上歸去」條例讀去聲，贛方言鄱陽話所讀為官話方言的讀法。湖口話、贛縣話所讀為中古「溪」母，與一般贛方言點和客家方言點相同，聲調讀去聲，應是分別

受官話方言九江話、贛州話影響所致。白槎河南話所讀聲母為中古「群」母，與一般官話方言點相同，聲調讀上聲，應是受贛方言的影響所致。

4.「鬼」字讀舌面音聲母

鬼（音 129）	方言點
讀 k- 聲母	〔贛〕南昌、修水、湖口、鄱陽、鉛山、撫州、資溪、宜黃、豐城、高安、新余、吉安、遂川 〔客〕寧都、瑞金、于都、贛縣、龍南、尋烏、黃坳、銅鼓、大溪 〔吳〕上饒、廣豐 〔官〕九江、贛州、白槎 〔徽〕浮梁 〔閩〕銅山
讀 tɕ- 聲母	〔贛〕遂川 〔客〕南康 〔徽〕婺源

　　江西方言各方言點中，一般止攝合口三等韻母前的見母不顎化，即保留舌根音讀法而不讀舌面音。但在贛方言遂川話、客家方言南康話、徽州方言婺源方言中止攝合口三等韻母前的見母顎化，讀舌面音。「鬼」在遂川話、婺源話讀〔tɕy〕，在南康話中讀〔tɕyi〕。

二、江西方言語音特點概述

（一）江西贛方言的語音特點

1. 江西贛方言一般性語音特點

（1）聲母特點

①古全濁聲母字今讀塞音、塞擦音時，不論平仄都讀送氣的塞音、塞擦音清聲母或送氣的塞音、塞擦音濁聲母。

②古精組洪音字今讀〔ts-、ts'-/dz-、s-〕聲母（撫州片各縣方言和其他個別縣方言有例外），細音字今讀〔tɕ-、tɕ'-/dʑ-、ɕ-〕聲母（止攝開口三等字以及分尖團的方言點例外）。

③古影母開口洪音字絕大部分方言點今讀〔ŋ-〕聲母。

④古泥母、來母洪音字大部分方言點相混，今讀〔l-〕聲母；細音不混，泥母字讀〔ȵ-〕聲母，來母字讀〔l-/t-/t'-/d-〕聲母。

⑤古知二組字除撫州片部分方言點和其他個別縣市方言以外，今讀〔ts-、ts'- /dz-〕聲母。

⑥古知三組章、昌、船、書、禪五母字今讀〔t-/t'-/d-〕聲母的區域占贛方言區近三分之二的縣市，今讀〔tʃ〕組、〔tʂ〕組聲母的區域主要為鄱陽湖湖區和贛江、袁河、修水等水陸交通要沖的城鎮地區。

⑦古莊組字除撫州片各縣方言和其他個別縣方言以外，今讀〔ts-、ts'- /dz-、s-〕聲母。

⑧古見、溪、群、疑母洪音字今音一般讀〔k-、k'- /g-、ŋ-〕

聲母，細音字今音一般讀〔tɕ-、tɕʻ-/dʑ-、ŋ-〕聲母；曉、匣母開口洪音字今音一般讀〔x-（h-）〕聲母，合口洪音字（包括止、蟹兩攝合口細音字）與非、敷、奉母字合流，今音一般讀〔f-/ɸ-〕聲母，細音字一般讀〔ɕ-〕聲母。

⑨流、臻、曾三攝見母、溪母開口一等韻字近三分之二縣市今讀細音〔ki-、kiʻ-/tɕi-、tɕʻi-〕。

⑩部分區域古透母、定母字今讀〔x-（h-）〕聲母。這一類方言點主要分佈於撫州片，宜春片和吉安片部分縣市也有分佈。宜春片和吉安片部分方言點今讀〔x-（h-）〕聲母的透母、定母字限於一等字；撫州片讀〔x-（h-）〕聲母的透母、定母字數量最多，有些方言點不僅包括一等字，而且有四等字。

部分區域古來母細音字今讀〔t-/tʻ-/d-〕聲母。這一類方言點分佈於贛方言五大片的部分縣市，其中讀〔tʻ-/d-〕聲母的限於鄱陽湖周邊地區。

宜春片靖安、奉新兩縣方言和撫州片多數縣方言的語音系統中無〔tsʻ-〕聲母，古精、清、從母和莊、初、崇、生母部分洪音字今讀〔t-/tʻ-/ts-〕聲母。古知二組字撫州片多數縣方言和宜春片部分縣市方言及吉安片個別縣方言今讀〔t-/tʻ-〕聲母。

此外，小部分方言區域古今演化較為特殊的聲母今讀現像有：

餘干話、鉛山話、宜春話、萍鄉話、豐城話部分韻攝見系細音今讀舌葉音、舌尖前音。

樂平話、萬年話、貴溪話、永豐話、萍鄉話遇、止、山、臻四攝合口三等知三組字和章昌船母字口語音今讀〔k-/kʻ-〕聲母。

永新話、蓮花話、高安話古泥母細音字今讀零聲母。

武寧話、鉛山話、南城話、永豐話、泰和話、高安話、宜豐話流、曾兩攝精組開口一等字今讀〔tɕ-、tɕʻ-、ɕ-〕聲母。

吉安片和南昌片部分縣市的方言古溪母字有部分今讀擦音聲母。宜春片高安話溪母、群母字有部分今讀擦音。南昌片都昌話古溪母、群母字有部分今讀零聲母。

（2）韻母特點

①古遇攝三等魚韻字、流攝一等字、臻攝開口一等字、曾攝開口一等字和梗攝開口二等字（文讀），許多方言點的主要元音是〔ɛ〕，或者相近的〔e〕、〔æ〕。

②古果攝一等韻字不論開口合口，不論幫組、端組、精組今音一般讀〔-o〕韻母，見系聲母字除了個別字讀〔-o〕，也讀為〔-ɔ〕、〔-ɣ〕。古假攝字今音一般讀〔-a〕、〔-ia〕、〔-ua〕韻母。古蟹攝開口一等字與開口二等字絕大多數方言點韻母分立或有分立痕跡，開口一等字一般讀〔-oi〕、〔-ei〕韻母，開口二等字一般讀〔-ai〕韻母。

③古止攝開口三等知章組字大多數縣市（三分之二）方言今讀舌面元音韻母，為〔-ɵ〕、〔-ə〕、〔-iə〕、〔-ɜ〕、〔-ɛ〕、〔-œ〕、〔-o〕、〔-i〕。這類方言點的分佈區域，除了南昌市、吉安市等少數中心城鎮，其餘多為交通欠發達地區；今讀舌尖元音的方言點主要分佈在鄱陽湖周圍和大江大河的交通要道上。

④古咸、山兩攝開口一等與開口二等見系字韻母分立（有個別方言點例外），開口一等字一般讀〔-om〕、〔-on〕韻母，開口二等字一般讀〔-am〕、〔-an〕韻母。山攝合口一等與合口二等見

系字韻母分立（有個別方言點例外），合口一等字韻母主要元音一般為〔-o-〕，合口二等字韻母主要元音一般為〔-a-〕。

⑤古梗攝字（除鄱陽片南部以外）一般都有文白兩套韻母。如「領袖」的「領」讀文讀音，「領子」的「領」讀白讀音，「主席」的「席」讀文讀音，「簟席」的「席」讀白讀音。白讀音系統的主要元音為〔-a〕。

⑥古通攝字主要元音一般都讀為開口度稍大的〔-u〕或〔-ɵ〕。古通攝字的鼻韻尾都為〔-ŋ〕（個別縣市方言例外）。

⑦古江、宕兩攝字韻母主要元音一般為〔ɔ〕。

⑧古深、臻兩攝開口細音字除撫州片部分區域韻尾分別為〔-m〕、〔-n〕以外，大多數縣市方言不分，韻尾一般為〔-n〕。

⑨「大小」的「大」讀古蟹攝「徒蓋切」讀音，「大栗、大姑、大娘、大姨」的「大」讀古果攝「唐佐切」讀音。

⑩「菜梗」的「梗」字絕大部分區域都有〔-u-〕介音。

（3）聲調特點

今調類的情況大致是：

平聲分陰陽。上聲一個調類。

去聲有兩個調類的，也有一個調類的。兩個調類的一般是古全濁上、濁去合一為今陽去，古清去為今陰去；一個調類的大多是濁平、清去合入今陽平，全濁上、濁去組成今去聲。

在贛方言區域全部縣市中，除了吉安片大部分區域沒有入聲以外，其他絕大部分區域都有入聲。入聲有兩個調類的，也有一個調類的。兩個調類一般是古清入、全濁入各為一個調類，古次濁入一分為二，部分今讀陰入，部分今讀陽入。同入聲調類多樣

化一樣，贛方言入聲韻尾也複雜多樣。有四個韻尾、三個韻尾、二個韻尾、一個韻尾四種類型。四個韻尾的有南豐話型的〔-p、-t、-l、-ʔ〕；三個韻尾的有撫州話型的〔-p、-t、-ʔ〕和修水話型的〔-t、-l、-ʔ〕；兩個韻尾的品種最多，有餘干話型的〔-t、-n、-k、-ŋ〕，高安話型的〔-t、-n〕，都昌話型的〔-l、-k〕，奉新話型的〔-l、-ʔ〕，萬年話型的〔-k、-ʔ〕；一個韻尾，有宜春話型的〔-ʔ〕，有新余話型的〔-t〕。

調類古今演化受到三個因素的制約。第一是古調類和古聲母清濁，這一點與其他漢語方言相同；第二是今聲母的送氣不送氣、今聲母的清與濁；第三是古韻攝、今韻尾。第一個因素制約著全部縣市；第二個因素制約著鄱陽湖周邊地區，但不限於這一地區；第三個因素限於少數縣市。後面兩點是贛方言聲調的特色。各縣市方言調類的數目差異很大，最多的十個調類，最少的三個調類，六至七個調類的縣市占大多數。從縣城所在地方言看，十個調類的只有新建、永修、修水、都昌四縣方言（都是老年層，中青年層有的已不是十個調類）。三個調類的只有寧岡、井岡山兩縣市方言。八至九個調類的主要分佈在鄱陽湖周邊地區（包括鄉、鎮）。調類數目多的都是上述第二個因素在起作用。

調類古今演化較為特殊的有：

萬年縣舊縣城青雲鎮方言今平聲只有一個調類，余江縣潢溪鎮方言今平聲只有一個調類，古濁平與清上、次濁上今讀一個調類（今讀上聲）。泰和縣城方言古清平以韻攝、開合為條件今讀為兩個調類。都昌縣城方言古清入按今清濁分化為兩個調類，古濁入按全濁次濁分化為兩個調類，今讀入聲共四個調類。南豐話

今入聲的兩個調類以古韻攝今韻尾為條件分化。新余話今入聲受兩個因素制約：古韻攝和今聲母送氣不送氣，今讀入聲限於來自咸、山、深、臻攝的古入聲字，其餘各攝入聲今讀陰平，不讀入聲。餘干縣城及部分鄉鎮、安福縣的大部分鄉鎮、吉安縣文陂鄉、新建縣厚田鄉等地方言存在著間隔調型：餘干出現在今入聲調類，安福出現在今陽平調類，文陂鄉出現在今陽去調類，厚田出現在今陰平調類。在吉安片、宜春片部分縣城和鄉鎮，如安福縣城及洋溪鄉、蓮花縣良坊鄉、永豐縣城，宜春片的宜豐、上高、萬載、新幹、峽江等縣方言，普遍有一種高昇調，主要來自古濁平中的口語詞或語素，把它當作為小稱變調或作為一個獨立的調類，都有一定的理由，但也有一些難以解決的矛盾。本書只提出現象，供學者作進一步研究。

2. 贛方言各片的語音特點

（1）南昌片

贛方言南昌片包括十八個縣市區。南昌片的主要語音特點有：

入聲分陰陽，陰入調值高，陽入調值低。只有三個縣方言例外：修水話入聲不分陰陽；星子話讀入聲的限於古入聲清聲母和次濁聲母字，古全濁聲母字歸陽去；湖口話無入聲，古入聲字歸讀去聲。

聲母送氣影響調類分化。其主要情況是方言今讀聲母送氣與否分歸不同的調類，包括南昌市區和南昌縣、新建、安義、永修、修水、德安、星子等縣的方言。由於聲母送氣導致調類分化，這些方言中調類數量較多，一般為六至十個。其中永修話調

類多達十個，是江西省境內方言聲調最多的。新建、永修、都昌、修水等縣方言老年層有十個調類；新建縣城方言青年層及縣城周圍大部分鄉鎮的方言、修水縣方言中年層、德安縣城方言，有九個調類；安義縣城及大部分鄉鎮、新建縣北部「下新建」地區大部分鄉鎮、都昌縣部分鄉鎮等地方言，有八個調類；新建縣南部「上新建」地區、南昌市區方言老年層和南昌縣、武寧縣方言，一般為七個調類；湖口縣城及各鄉鎮方言大多為 6 個調類，南昌市區方言青年層有六個調類。各地方言分化條件不盡相同，德安縣方言和星子縣方言比較特殊。德安縣方言古全濁聲母字今有讀〔b-、d-、g-〕一類濁音，有讀送氣的清音濁流的，有讀不帶濁流的送氣清音的，同一個字可能有時這樣讀，有時那樣讀。無論怎麼讀，聲調分化條件都與讀送氣清音時相同。星子縣方言情況類似，古次清聲母今有讀濁音的，也有讀送氣的清音濁流或不帶濁流的送氣清音的。古去聲大部分次清聲母字，不論今音如何，都影響調類分化，聲調分化條件都與讀送氣清音時相同。但也有些字調類不分化，如「故〔kuʔ〕」「褲〔k'uʔ〕」。

　　聲母送氣影響調類分化還有另一種情況。都昌、湖口兩縣方言古聲母送氣影響今調類分化，今無送氣清音。武寧縣方言保留了一套較完整的濁塞音聲母，在贛方言中屬於例外情況。

　　（2）宜春片

　　宜春片包括十七個縣市區。宜春片的主要語音特點有：

　　沒有撮口韻。宜豐縣、上高縣方言除了韻母 u 之外，沒有以 u 為介音的合口韻母。

　　古泥母、來母大都逢洪音相混、逢細音區分，靖安縣方言有

一部分泥母細音字也混讀為〔l-〕聲母。

　　古止攝精、莊組和知三、章組兩類聲母字的韻母有〔-u、-o/-ə、-ø〕或〔-ʅ、-i〕的區別。

　　古曉母、匣母合口字都讀〔f-〕聲母。但奉新縣方言無〔f-〕聲母，古曉、匣母合口字以及古非組字都讀零聲母。

　　影母開口洪音字讀〔ŋ-〕聲母。

　　高安、上高、樟樹、新余、新幹等縣市方言古透母、定母開口洪音字讀〔h-〕聲母。

　　古知三、章組字讀〔t-、t'-〕聲母，宜春市區方言讀〔tʃ-、tʃ'-〕聲母，樟樹市區方言讀〔tʂ-、tʂ'-〕聲母。

　　咸、山、蟹三攝一二等有區分的痕跡。宜春片與南昌片相似之處較多。宜春市區袁州區和宜豐、上高、清江、新幹等縣以及新余市渝水區方言，入聲已經不分陰陽。高安、奉新、靖安、豐城、萬載等縣市方言，入聲依古聲母的清濁分為兩類：高安、奉新、靖安方言陰入高，陽入低；豐城方言和萬載方言陰入低，陽入高。新余市渝水區方言陰平和入聲都依今聲母的送氣與否分為兩類。袁州區和上高、分宜、樟樹、新幹等縣市方言只有一個入聲。新幹縣方言部分全濁上聲字、少數次濁上聲字讀陰平。

　　高安、宜豐、豐城、新幹等縣市方言古書母、禪母部分字讀〔h-〕聲母；奉新縣方言沒有〔ts'-〕聲母，古清、從母字、初、崇母字讀〔t'-〕聲母；高安方言、奉新方言咸、山、蟹、效四攝一二等韻均有區分的痕跡；奉新縣方言不僅無〔f-〕聲母，也無〔ɕ-〕聲母，古心母、邪母字不論洪細都讀〔s-〕聲母，古曉母細音字讀零聲母；萬載、上高、高安、宜豐等縣市方言古溪母、群

母細音字讀〔ɕ-〕聲母；奉新縣方言古溪母開口洪音字讀〔h-〕聲母；宜豐縣、上高縣方言只有〔-n〕一個鼻音韻尾；等等。

（3）吉安片

贛方言吉安片包括十四個縣市區。吉安片的主要語音特點有：

突出特點是語音系統包括聲調系統和聲母系統、韻母系統。

方言調類三到六個，以四至五個為常見。六個調類的只有遂川縣方言，三個調類的只有寧岡縣方言、井岡山市方言，其他都是四個或五個調類。六個調類的，平聲、去聲各分陰陽，上聲、入聲各一個調類。五個調類的有兩種類型：一是平聲、去聲各分陰陽，上聲一個調類；一是平聲分陰陽，上去入各一個調類，後一種類型只有萬安縣方言。四個調類的，平聲分陰陽，上聲、去聲各一個調類，只有永豐縣方言例外，平、上、去、入各一個調類。三個調類的，井岡山市方言平聲分陰陽，去聲一個調類，寧岡縣方言則平聲、上聲、去聲各一個調類。

此片方言基本沒有入聲，而贛方言其他幾片方言一般都有入聲。古入聲清聲母字歸讀陰平，全濁聲母字歸讀去聲，古次濁聲母字一分為二，一部分今讀陰平，一部分今讀去聲。例外情況有：峽江縣方言古入聲字統歸陰平。寧岡縣方言古入聲清聲母字歸陰平，濁聲母字歸陽平。永豐縣北部方言有入聲，不分陰陽，南部方言入聲分陰陽，陰入低，陽入高。萬安縣、遂川縣方言有入聲，限古清聲母字，古濁聲母字歸去聲。

此片方言古今調類的演變只受古聲母清濁的制約，不受聲母送氣不送氣的制約（遂川縣方言例外）。讀去聲只有一個調類

的，古去聲仍按古清濁分化，古陰去為一類，古陽去為一類，只有永新縣方言例外。此片方言今讀陰平和上聲的調類有著共同的特徵，陰平為升調或平調，以升調為常見，上聲為降調。上聲、去聲的調型調值也有其共性，凡今讀一個調類的，調值都比較低。今讀去聲有兩個調類的一般是陽去高，陰去低，這與宜春片的宜豐、上高、萬載等縣方言一致，而與贛方言南昌片、撫州片、鄱陽片今讀陰去高、陽去低正好相反。

古泥母、來母逢洪音相混、逢細音區分，只有永豐縣方言不論洪細音皆混，萬安縣、遂川縣方言則多不混。咸、山、蟹三攝一二等韻主要元音有別。

吉安市區河東區域和峽江、安福、蓮花、永新、吉水、永豐、泰和等縣方言古知三、章母（部分字白讀音）讀〔t-、t‘-〕聲母。吉安市區河西區域和寧岡、萬安、遂川縣方言讀〔ts-、ts‘-〕聲母。

遂川縣和井岡山市方言的聲調演化有較特殊的情況，古調類中的某一調類或某一調類中的一部分字由非入聲演變為今讀入聲。遂川縣的古非入聲今讀入聲限於古陰去的次清聲母字。井岡山市方言古非入聲今讀入聲的範圍較大，古去聲和古次濁上字都有讀為入聲的。

（4）撫州片

贛方言撫州片包括十二個縣市區。撫州片的主要語音特點有：

入聲依古聲母的清濁分為陰陽兩類，而且基本是陰入調值低，陽入調值高（廣昌縣方言除外）。南豐縣方言的入聲則依古

韻類的不同分為兩類。

有古全濁上聲字和次濁上聲字歸陰平的現象。古全濁上聲字歸陰平以黎川縣方言最為典型，古全濁上聲字大部分歸讀陰平或有讀陰平的白讀音。

古透母、定母洪音字讀〔t-〕聲母。其中，南豐、黎川兩縣方言不僅洪音，連細音字也讀〔t-〕聲母，資溪、宜黃、樂安、廣昌四縣方言古透母、定母細音字讀〔ɕ-〕聲母。

古知、章組字讀〔t-、tʻ-〕聲母。南豐、廣昌、宜黃三縣方言古知、章、精（洪）、莊（洪）組字都讀〔t-、tʻ-〕聲母，樂安縣方言古精、莊組字不論洪細都讀〔t-、tʻ-〕聲母，南城、黎川兩縣方言則古清、從母和初、崇母洪音字讀〔tʻ-〕聲母。

多數縣方言古泥母、來母逢洪音相混、逢細音區分。但資溪、南豐、廣昌、樂安四縣方言不混。

古來母細音字讀〔t-〕聲母。

古咸、深攝字許多地方保留〔-m/-p〕韻尾。

陰去（或去聲）調是降調，只有南豐、廣昌兩縣方言為先降後升的曲折調。

古咸、山、蟹三攝一二等韻有區別。南城、黎川、宜黃三縣方言古咸、山、蟹、效四攝一二等韻均有區別。

此片方言中，南豐、廣昌、宜黃、樂安、南城、黎川等縣這一小片方言較為特別，兼有贛方言和客家方言的一些特點，可以看作贛方言和客家方言的過渡地帶。

（5）鄱陽片

贛方言鄱陽片包括十三個縣市區。鄱陽片的主要語音特點

有：

　　古精、莊、知、章組字多讀〔ts-、ts'-、s-〕聲母，只有餘江、貴溪、鷹潭市區三個縣市區的方言古知三、章組字讀〔t-、t'-〕聲母，餘干縣方言古知三、章組字讀〔tʃ-、tʃ'-、ʃ-〕聲母。

　　第三人稱代詞「渠他」讀送氣清音聲母〔k'-〕或〔tɕ'-〕。例外情況有：餘干縣方言讀〔h-〕，弋陽縣方言讀零聲母，鉛山縣方言讀〔k-〕。大部分區域古咸、山、蟹三攝一二等韻有區別。彭澤、鄱陽、樂平、弋陽、景德鎮市區等縣市區方言僅咸、山兩攝一二等韻有別。

　　古泥母、來母在鷹潭市區、貴溪、餘江、鄱陽、萬年、弋陽、鉛山等縣市區方言中不混，景德鎮市區、餘干、彭澤、橫峰等縣市區方言中古泥母、來母逢洪音相混、逢細音區分。

　　古梗攝字無文白兩讀。

　　比較特殊的語音現像有：樂平市方言古知、章組字有部分讀〔k-、k'-、x-(h-)〕聲母。餘干縣方言的入聲，無論陰入、陽入都不單說，後面緊跟著一個鼻音尾〔-n〕或〔-ŋ〕。

(二)江西客家方言的語音特點

　　江西客家方言的語音特點按客籍話、本地話和寧石話分別考察。

1.江西客家方言客籍話的語音特點

　　（1）古全濁聲母今逢塞音、塞擦音不論平仄都讀送氣清音。

　　（2）分尖團音，古精組聲母與細音韻母相拚時多讀或〔ts-/tɕ-〕，見組聲母與細音韻母相拚多讀〔tɕ-/k-〕。

（3）聲母〔f-/v-〕一般不與齊齒韻母相拚。

（4）「花、灰、婚、紅」等古曉、匣母字逢合口韻母都讀〔f-〕聲母。

（5）「知」的白讀音聲母為〔t-〕。

（6）中古輕唇聲母字有較多讀為重唇音（雙唇音）。

（7）無撮口呼韻母。

（8）復合韻母豐富，有元音韻尾〔-i〕、〔-u〕。

（9）〔-m〕、〔-p〕兩個韻尾基本消失，古咸、深、山、臻、曾、梗六攝的陽聲韻字的韻尾大都合流為〔-n〕，入聲字的韻尾大都合流為〔-t〕（曾、梗洪音韻字為〔-k〕）。宕、江、通三攝陽聲韻字和梗攝字白讀音的韻尾為〔-ŋ〕，其入聲字的韻尾為〔-k〕。或者至少全部入聲字有〔-ʔ〕尾。

（10）復合韻母中〔o〕元音豐富。

（11）曾、梗兩攝細音韻字多讀〔-in〕韻母。

（12）有較多的古上聲全濁、次濁聲母字讀為陰平。

（13）去聲多分陰陽。

（14）平、上、去、入四聲都有部分次濁聲母字今讀隨清聲母字走向，而且這些字各地很一致。古入聲字仍讀入聲，並據古聲母的清濁分為陰入、陽入兩調，陰入調值低，陽入調值高。

2‧江西客家方言本地話的語音特點

（1）古全濁聲母今逢塞音、塞擦音不論平仄都讀送氣清音。

（2）古曉、匣兩母字逢合口韻一般不讀〔f-〕聲母而讀〔x-（h-）〕聲母。

（3）部分區域不分尖團音，部分區域分尖團音。尖音讀

〔ts-、ts'-、s-〕聲母，團音讀〔tɕ-、tɕ'-、ɕ-〕聲母。

（4）古來母細音字多讀〔t-〕聲母。

（5）〔f-/v-〕聲母能與部分齊齒韻母相拚。

（6）非組輕唇音字讀重唇音的字數比客籍話少。

（7）元音韻尾基本失落，韻母向單元音方向簡化。

（8）韻母中的〔o〕元音比客籍話少，例如蟹攝一等字不讀〔-oi〕韻母而讀〔-e/-ue〕韻母。

（9）深、臻兩攝細音韻字多讀〔-in〕韻母。

（10）各攝陽聲韻字除少數保留尾之外，多數鼻音韻尾失落，而以鼻化元音為韻腹。部分區域古咸、山兩攝陽聲韻字變讀陰聲韻。入聲字沒有三種塞音韻尾，連喉塞音韻尾也不很普遍。

（11）古全濁、次濁上聲字部分讀陰平，但字數約為客籍話的二分之一。上猶縣城東山鎮、大余縣城南安鎮、興國縣城瀲江鎮、安遠縣城欣山鎮與龍布鄉、信豐縣虎山鄉、贛縣王母渡鄉與韓坊鄉等地的方言古全濁、次濁上聲字很少讀陰平。

（12）大部分區域有撮口韻母。

（13）平、上、去、入四聲都有部分次濁聲母字隨清聲母字走向，而且這些字很一致。

（14）入聲多依古韻類的不同來分類，即古咸、深、山、臻攝入聲字為一類，宕、江、曾、梗、通五攝入聲字為另一類。有些區域只有入聲調沒有入聲韻母，有些地區完全沒有入聲調。

3.江西客家方言寧石話的語音特點

寧石話主要分佈於寧都、石城二縣。瑞金、興國二縣鄰近地區的方言也與寧石話相近。寧石話的主要特點是：

（1）古全濁聲母今逢塞音、塞擦音不論平仄都讀送氣清音。

（2）古曉、匣兩母逢合口韻母讀〔f-〕聲母。

（3）分尖團音，寧都縣方言的尖團音有〔tɕ-、tɕʻ-、ɕ-〕與〔ts-、tsʻ-、s-〕之別，石城縣方言有〔tɕ-、tɕʻ-、ɕ-〕與〔c-、cʻ-、ç-〕之別。

（4）古全濁上聲、次濁上聲字較多讀陰平。

（5）〔f-〕聲母不與齊齒韻母相拚，但〔v-〕聲母卻能與部分齊齒韻母相拚。

（6）古非組自有較多字讀重唇音（雙唇音）。

（7）古咸深、山臻、宕江曾梗通三類陽聲韻的鼻音韻尾和入聲字塞音韻尾較完整地保留古韻母特點。

（8）元音韻尾〔-i〕、〔-u〕豐富。〔o〕元音豐富。

（9）無撮口韻母。

（10）平、上、去、入四聲都有部分次濁聲母字今讀隨清聲母字走向，而且，這些字各地很一致。

（11）寧都縣方言去聲分陰陽，石城縣方言不分陰陽，但去聲清音母字歸上聲。

（12）古入聲字仍讀入聲，寧都縣方言依古聲母清濁分為陰入、陽入，陰入低，陽入高；石城縣方言入聲部分陰陽，只有一個入聲調。

（13）陰平調為降調型。

（三）江西吳方言的語音特點

　　江西吳方言上饒話、玉山話、廣豐話有以下共同性語音特點[27]：

　　（1）古全濁聲母今逢塞音、塞擦音基本上多讀不送氣濁音，逢今擦音讀清音。

　　（2）部分非組聲母字讀塞音聲母〔p-〕、〔b-〕。

　　（3）微母字的白讀音多讀〔m-〕聲母。

　　（4）塞音、塞擦音有清濁對立。

　　（5）部分知組字讀〔t-〕、〔d-〕聲母。

　　（6）少數章母、見母字讀零聲母。

　　（7）平上去入四個聲調基本上按古聲母清濁各分陰陽兩類。

　　（8）調值陰調高，陽調低。

　　（9）有複雜的連讀變調現象。

　　（10）少數書母字讀作送氣塞擦音聲母。

　　（11）崇母字白讀音多讀〔s-〕、〔ɕ-〕聲母。

　　（12）禪母字和船母字白讀音讀塞擦音聲母。

　　（13）蟹攝、咸攝、山攝一二等韻廣豐話有別。咸攝、山攝一二等韻上饒話有別。

　　（14）止攝開口三等少數字的主要元音為低元音。

　　（15）蟹攝開口四等部分字讀洪音。

---

27 胡松柏：《贛東北方言調查研究》，江西人民出版社 2009 年版，第 174 頁。

（16）入聲韻收喉塞音〔-ʔ〕尾。

（17）古陽聲韻多讀不完全鼻化韻。

（四）江西徽州方言的語音特點

江西徽州方言浮梁話、婺源話有以下共同性語音特點[28]：

（1）無全濁聲母，古全濁聲母逢塞音、塞擦音不論平仄白讀都讀送氣清音，與同部位的次清聲母讀法相同。

（2）泥母逢洪音讀〔l-〕，與來母相混。來母逢陽聲韻有讀〔n-〕的。

（3）曉、匣母合口字多讀〔x-〕聲母。

（4）影母逢今開口呼讀〔ŋ-〕。

（5）果攝一等與假攝二等字今讀韻母多相同。

（6）蟹攝、咸攝、山攝一二等韻有區別。

（7）鼻音尾弱化情況突出。大體上說，咸、山、宕、江、梗五攝韻母大多讀成鼻化韻，甚至全部丟失了鼻音成分。

（8）復元音韻母多讀單元音韻母。

（9）入聲調多消失，併入去聲，多歸陽去。

（五）江西官話方言的語音特點

江西官話方言三個點：九江話、贛州話和白槎河南話，有以

---

28 胡松柏：《贛東北方言調查研究》，江西人民出版社 2009 年版，第 175 頁。

下共同性語音特點：

（1）古全濁聲母今逢塞音、塞擦音平聲送氣，仄聲不送氣。

（2）鼻韻尾只有〔-n〕、〔-ŋ〕兩個。

（3）基本沒有入聲。九江話有入聲調，無入聲韻。贛州話老派語音據金虹[29]、曾愷[30]有入聲調和入聲韻。

（4）古全濁上聲字歸讀去聲，去聲不分陰陽。

（六）江西閩方言的語音特點

江西閩方言銅山福建話有以下語音特點（據胡松柏 2009）[31]:

（1）古全濁聲母全部清化。古全濁聲母字今讀塞音、塞擦音聲母多為不送氣清音。

（2）非、敷、奉母多讀〔p-〕、〔pʻ-〕和〔x-〕，微母讀〔b-〕。

（3）泥母部分字讀〔l-〕，規律不明。來母逢陽聲韻少數讀〔n-〕或〔ŋ-〕。

（4）知、徹、澄母讀〔t-〕、〔tʻ-〕和〔ts-〕、〔tsʻ-〕。

（5）莊組字少數讀〔t-〕、〔tʻ-〕。

（6）心、邪、生、書、禪母有塞擦音讀法。

（7）與原居地方言閩南話相比，增加了〔tɕ-〕、〔tɕʻ-〕、〔ɕ-〕

---

29 金虹：《贛州話音系概要》，《煙台師院學報》，1985 年第 1 期。

30 曾愷：《贛州話兩字組的連讀變調研究》，《贛南師範師院學報》，2012 年第 4 期。

31 胡松柏：《贛東北方言調查研究》，江西人民出版社 2009 年版，第 179、180 頁。

（涉及中古精組「精清從心邪」、莊組「莊初崇生」、章組「章昌穿書禪」）聲母。

（8）日母多讀如來母。

（9）疑母、日母有〔x-〕讀法。

（10）匣母少部分讀〔k-〕。

（11）影母讀零聲母。

（12）云母讀〔x-〕和零聲母。

（13）以母有〔s-〕、〔ɕ-〕讀法。

（14）歌（戈）和豪韻的讀音相同，都讀〔-o〕。

（15）四等韻有些字讀洪音。

（16）止攝開口呼一些字的主要元音讀低元音。

（17）三等韻與一等韻韻母有的相同。

（18）通攝和江攝的部分韻母相同。

（19）聲調平、上、入聲大體依古聲母全濁分陰陽。去聲只有一類（分化大致與泉州話相同而與廈門話不同）。

（20）保留一個塞音韻尾〔-ʔ〕尾。古入聲字有讀陰聲韻的（深攝、曾攝、通攝基本上還讀入聲韻）。

第二節 ▶ 江西方言的詞彙特點

本節考察江西方言的詞彙特點。通過對江西方言部分常用詞語的比較考察和對部分詞語的考源解釋，概括江西方言詞彙的共同性特點和差異性特點。

本節討論江西方言詞彙情況，所涉及詞語主要參見本書第五

章「江西方言代表方言點詞語對照」，並依據該章中詞條索引列出詞語編號，以便於檢索查閱，如：「太陽（詞001）」。未見於第五章「詞語對照」的，係根據其他資料及本書著者調研成果引用。

一、江西方言常用詞語比較考察

比較江西方言三十二處代表方言點部分常用詞語，顯示江西方言詞語異同大致有三類情況：一是各不同方言、各不同區域基本一致，二是各不同方言、各不同區域相互有別而內部基本一致，三是各不同方言、各不同區域差別較大且複雜。

（一）基本一致的

所謂「基本一致」，指江西方言的全部或大部分方言點稱說某事物的詞語相同或相近（合成詞中包含的主要語素相同）。以下選列江西方言中基本一致的詞語。

1.「太陽」的說法

太陽（詞001）	方言點
日頭	〔贛〕南昌、修水、湖口、鄱陽、鉛山、撫州、宜黃、豐城、高安、吉安、遂川 〔客〕寧都、瑞金、于都、贛縣、南康、龍南、尋烏、黃坳、銅鼓、太源 〔徽〕浮梁、婺源 〔閩〕銅山 〔官〕九江、贛州、白槎

續上表

太陽（詞001）	方言點
熱頭	〔贛〕資溪 〔客〕大溪* 〔吳〕上饒、廣豐

說明：＊大溪話說「熱頭公」。新余話說「日牯」。

　　「太陽」在江西方言各方言點中除吳方言上饒話、廣豐話說「熱頭」外，基本上都說「日頭」。

2.「月亮」的說法

月亮（詞002）	方言點
月光	〔贛〕南昌、修水、鄱陽、鉛山、撫州、宜黃、 　　　豐城、高安、吉安、遂川 〔客〕寧都、瑞金、于都、贛縣、南康、龍南、 　　　尋烏、黃坳、銅鼓、大溪、太源 〔徽〕浮梁、婺源 〔吳〕上饒、廣豐 〔閩〕銅山
月公	〔贛〕資溪*、新余
月亮	〔贛〕湖口*、宜黃、吉安、遂川 〔官〕九江、贛州、白槎

說明：＊湖口話說「亮月」。資溪話說「月公公」。

　　「月亮」在江西方言各方言點中除官話方言點和少數贛方言點說「月亮」「月公」以外，基本上都說「月光」。

3.「下雨」的說法

下雨（詞006）	方言點
落雨	〔贛〕南昌、修水、湖口、鄱陽、鉛山、撫州、資溪、宜黃、豐城、高安、新余、吉安、遂川 〔客〕寧都、瑞金、于都、贛縣、南康*、龍南、尋烏、黃坳*、銅鼓、大溪、太源* 〔官〕白槎 〔徽〕浮梁、婺源 〔吳〕上饒、廣豐 〔閩〕銅山
下雨	〔官〕九江、贛州

說明：＊黃坳話、太源畬話說「落水」，南康話兼說「落雨」「落水」。

「下雨」在江西方言各方言點中基本上說「落雨」，僅官話方言九江話、贛州話兩個方言點使用屬於官話方言的說法。

4.「冰雹」的說法

冰雹（詞008）	方言點
雹	〔贛〕資溪 〔客〕寧都、瑞金、于都、尋烏、黃坳 〔徽〕婺源
雹子	〔贛〕南昌、修水、鄱陽、鉛山、撫州、豐城、新余、吉安、遂川 〔客〕銅鼓、大溪 〔徽〕浮梁* 〔吳〕上饒、廣豐

續上表

冰雹（詞008）	方言點
雹哩	〔贛〕湖口、高安
雹兒	〔贛〕宜黃
雹嘚	〔客〕龍南
冰雹	〔贛〕吉安 〔客〕贛縣、南康、太源 〔官〕九江、贛州、白槎 〔閩〕銅山

說明：*浮梁話說「雹子兒」。

　　「冰雹」在江西方言各方言點中除官話方言點和其他個別方言點說「冰雹」外，基本上說單音節的「雹」或以「雹」為主要語素帶詞綴的附加式合成詞。

5.「河」的說法

河（詞013）	方言點
河	〔贛〕南昌、修水、鄱陽、鉛山、撫州、資溪、 　　豐城、高安、新余、吉安、遂川 〔客〕寧都、瑞金、于都、贛縣、南康、龍南、 　　尋烏、黃坳、銅鼓、大溪、太源 〔官〕九江、贛州、白槎 〔徽〕浮梁、婺源 〔吳〕上饒
港	〔贛〕湖口、鉛山、撫州、宜黃
溪	〔吳〕廣豐 〔閩〕銅山

「河」在江西方言各方言點中除少數贛方言點說「港」和吳方言廣豐話、閩方言銅山福建話說「溪」外，基本上都說「河」。

6.「發洪水」的說法

發洪水（詞 015）	方言點
漲大水	〔贛〕南昌*、修水、鄱陽、鉛山、撫州、資溪、宜黃、豐城*、高安、新余* 〔客〕寧都、瑞金、于都、贛縣、南康*、黃坳、銅鼓、大溪、太源 〔官〕贛州 〔徽〕浮梁 〔吳〕上饒、廣豐 〔閩〕銅山
發大水	〔贛〕南昌*、湖口、吉安*、遂川 〔客〕寧都、贛縣、南康*、龍南、尋烏 〔徽〕婺源
發洪水	〔贛〕吉安* 〔官〕九江、白槎

說明：*南昌話、南康話兼說「漲大水」「發大水」。吉安話兼說「發大水」「發洪水」。豐城話、新余話說「漲水」。

　　江西方言各方言點中除官話方言九江話、白槎河南話和贛方言吉安話說「發洪水」外，基本上都說「漲大水」或「發大水」。

7.「水田」的說法

水田（詞017）	方言點
田	〔贛〕南昌、修水、湖口、鄱陽、鉛山、撫州、資溪、宜黃、豐城、高安、新余、吉安、遂川 〔客〕寧都、瑞金、于都、贛縣、南康、龍南、尋烏、黃坳*、銅鼓、大溪、太源 〔官〕九江、贛州、白槎 〔徽〕浮梁、婺源 〔吳〕上饒、廣豐
塍	〔閩〕銅山

說明：*黃坳話說「田丘」。

「水田」在江西方言各方言點除了閩方言銅山福建話說「塍」外，基本上都說「田」。

8.「田埂」的說法

田埂（詞018）	方言點
田塍	〔贛〕南昌、修水、湖口、鉛山、撫州、資溪、宜黃、豐城、高安、新余 〔客〕寧都、瑞金、于都、贛縣、南康、龍南、尋烏、黃坳、銅鼓、大溪 〔徽〕浮梁、婺源 〔吳〕上饒、廣豐
塍岸	〔閩〕銅山
田埂	〔官〕九江、贛州、白槎
田壩	〔贛〕鄱陽

「田埂」在江西方言各方言點中除了官話方言三個方言點說「田埂」、贛方言鄱陽話說「田壩」、銅山福建話說「塍岸」外，基本上都說「田塍」。

9.「甑子」的說法

甑子（詞 139）	方言點
飯甑	〔贛〕南昌、鄱陽、鉛山 〔客〕寧都、瑞金、于都、贛縣、黃坳、銅鼓 〔官〕贛州、白槎 〔徽〕婺源 〔吳〕上饒、廣豐
甑	〔贛〕湖口、撫州、資溪、宜黃、豐城、高安、新余、遂川 〔客〕寧都、龍南、尋烏、大溪、太源 〔徽〕浮梁
甑子	〔贛〕修水 〔客〕南康*

說明：*南康話說「甑嘞」。

「甑子」在江西方言各方言點都說「甑」或以「甑」為主要語素構成的合成詞。

10.「脖子」的說法

脖子（詞 199）	方言點
頸	〔贛〕南昌、修水、湖口、鉛山、撫州、資溪、宜黃、豐城、高安 〔客〕寧都、尋烏、大源 〔官〕九江 〔徽〕浮梁、婺源

續上表

脖子（詞 199）	方言點
頸根	〔贛〕吉安 〔客〕瑞金、于都、贛縣、南康
頸筋	〔贛〕遂川 〔客〕黃坳、銅鼓
頸板	〔客〕龍南
扁頸	〔贛〕新余
項頸	〔吳〕上饒、廣豐
頸脖子	〔贛〕鄱陽 〔官〕贛州
脖子	〔官〕白槎

　　「脖子」在江西方言多數方言點中都說「頸」或以「頸」為主要語素構成的合成詞。吳方言點所說是「頸」與「項」並列合成，官話方言贛州話和贛方言鄱陽話所說是「頸」與「脖子」並列合成。「項頸」、「頸脖子」屬於「雙音節合成詞的兩個語素分別來自不同的語言或方言」的「合璧詞」[32]。

---

32 游汝傑：《漢語方言學導論》，上海教育出版社 2000 年第 2 版，第 173 頁。

11.「腳」的說法

腳（詞 210）	方言點
腳	〔贛〕南昌、修水、湖口、鄱陽、鉛山、撫州、宜黃、豐城、高安、新余、吉安、遂川 〔客〕寧都、瑞金、于都、贛縣、南康、龍南、尋烏、黃坳、銅鼓、大溪、太源 〔官〕九江、贛州、白槎 〔徽〕婺源 〔吳〕上饒
骹	〔吳〕廣豐 〔閩〕銅山

「腳」在江西方言各方言點中除吳方言廣豐話、閩方言銅山福建話說「骹」外，基本上都說「腳」。

12.「推」的說法

推（詞 329）	方言點
送	〔贛〕南昌、修水、湖口、鄱陽、鉛山、撫州、資溪、宜黃、豐城、新余、吉安、遂川 〔客〕寧都、瑞金、于都、贛縣、南康、龍南、尋烏、黃坳、銅鼓、大溪、太源 〔官〕九江、白槎 〔徽〕浮梁、婺源 〔吳〕上饒、廣豐 〔閩〕銅山
推	〔官〕贛州
□k'uan³⁵	〔贛〕高安

　　「推」在江西方言各方言點中除了贛方言高安話說「推」、官話方言贛州話說「□k'uan³⁵」以外，基本上都說「搣」。

13.「知道」的說法

知道（詞 362）	方言點
曉得	〔贛〕南昌、修水、湖口、鄱陽、鉛山、撫州、資溪、宜黃、豐城、高安、新余、吉安、遂川 〔客〕寧都、瑞金、于都、贛縣、南康、龍南、尋烏、黃坳、銅鼓、大溪、太源 〔官〕九江、贛州、白槎 〔徽〕婺源 〔吳〕上饒、廣豐 〔閩〕銅山
知得	〔客〕黃坳
省得	〔徽〕浮梁

　　「知道」在江西方言各方言點中除客家方言黃坳話說「知得」和徽州方言浮梁話說「省得」外，基本上都說「曉得」。

14.「黑」的說法

黑染～（詞 423）	方言點
烏	〔贛〕南昌、修水、湖口、鄱陽、鉛山、撫州、資溪、宜黃、豐城、高安、新余、吉安、遂川 〔客〕寧都、瑞金、于都、贛縣、南康、龍南、尋烏、黃坳、銅鼓、大溪、太源 〔徽〕浮梁、婺源 〔吳〕上饒、廣豐 〔閩〕銅山
黑	〔官〕九江、贛州、白槎

「黑染～」在江西方言各方言點中除官話方言三個方言點說「黑」外，基本上都說「烏」。

15.「暗」的說法

暗房間～ （詞 425）	方言點
暗	〔贛〕南昌、修水、湖口、鄱陽、鉛山、撫州、 　　資溪、宜黃、豐城、高安、新余、吉安、 　　遂川 〔客〕寧都、瑞金、于都、贛縣、南康、龍南、 　　尋烏、黃坳、銅鼓、大溪、太源 〔官〕九江、贛州 〔徽〕浮梁、婺源 〔吳〕上饒、廣豐 〔閩〕銅山
黑	〔官〕白槎
烏蔭	〔吳〕廣豐

「暗」在江西方言各方言點中除官話方言白槎河南話說「黑」和吳方言廣豐話說「烏蔭」外，基本上都說「暗」。

16.「冷天～」的說法

冷天～（詞 427）	方言點
冷	〔贛〕南昌、修水、湖口*、鄱陽、鉛山、撫州、 　　資溪、宜黃、豐城、高安、新余、吉安、 　　遂川 〔客〕寧都、瑞金、于都、贛縣、南康、龍南、 　　尋烏、黃坳、銅鼓、大溪、太源 〔官〕九江、白槎 〔徽〕浮梁、婺源 〔吳〕上饒、廣豐

續上表

冷天~（詞427）	方言點
寒	〔客〕寧都 〔閩〕銅山*
凍	〔徽〕婺源
涼	〔贛〕湖口* 〔官〕贛州*

說明：*贛州話兼說「涼」「冷」，廣豐話兼說「寒」「冷」，銅山福建話兼說「寒」「嚴」。

「冷」在江西方言各方言點中除個別方言點說「寒」、「凍」、「涼」外，基本上都說「冷」。

17 「濕」的說法

濕（詞429）	方言點
濕	〔贛〕南昌、修水、湖口、鄱陽、鉛山、撫州、 　　資溪、宜黃、豐城、高安、新余、吉安、 　　遂川 〔客〕寧都、瑞金、于都、贛縣、南康、龍南、 　　尋烏、黃坳、銅鼓、大溪、太源 〔官〕九江、贛州、白槎 〔徽〕浮梁 〔吳〕上饒、廣豐
潒	〔閩〕銅山

「濕」在江西方言各方言點中除閩方言銅山福建話說「潒」外，基本上都說「濕」。徽州方言婺源話說「□ts'a^{51}」，依據其語音特點，本字也可能為「濕」。

18.「幸虧」的說法

幸虧（詞459）	方言點
好得	〔贛〕南昌、修水、鄱陽*、撫州、豐城、高安、新余 〔客〕寧都*、于都、贛縣、南康、龍南、黃坳、銅鼓、大溪*、太源 〔徽〕浮梁、婺源 〔官〕白槎 〔吳〕上饒、廣豐 〔閩〕銅山
好在	〔贛〕資溪、遂川 〔客〕寧都*、瑞金、尋烏
還好	〔贛〕鄱陽*、吉安 〔官〕九江
虧得	〔官〕白槎
幸好	〔贛〕湖口、宜黃
喜得	〔贛〕鉛山、撫州

　　說明：* 鄱陽話兼說「好得」「還好」，寧都話兼說「好得」「還好」。大溪話說「好口〔lɛʔ⁵〕」。

　　「幸虧」在江西方言各方言點中除了贛方言、客家方言少數方言點以及官話方言兩個方言點以外，基本上都說「好得」。

19.「餐頓」的說法

頓一～飯 （詞 475）	方言點
餐	〔贛〕南昌、修水、湖口、鄱陽、鉛山、撫州、資溪、宜黃、豐城、高安、新余、吉安、遂川 〔客〕寧都、瑞金、于都、贛縣、南康、龍南、尋烏、黃坳、銅鼓、大溪、太源 〔官〕九江、贛州 〔徽〕浮梁、婺源 〔吳〕上饒、廣豐
頓	〔官〕白槎 〔閩〕銅山

　　「頓一～飯」在江西方言各方言點中除官話方言白槎河南話和閩方言銅山福建話說「頓」以外，基本上都說「餐」。

20.「一百五十」的簡略說法

一百五十 （詞 479）	方言點
一百五	〔贛〕南昌、修水、湖口、鄱陽、鉛山、撫州、資溪、宜黃、豐城、高安、新余、吉安、遂川 〔客〕寧都、瑞金、于都、贛縣、南康、龍南、尋烏、黃坳、銅鼓、大溪、太源 〔官〕九江、贛州
	〔徽〕浮梁、婺源 〔吳〕上饒、廣豐 〔閩〕銅山

續上表

一百五十 （詞479）	方言點
一百五/ 百五	〔客〕尋烏、大溪 〔吳〕廣豐 〔閩〕銅山
一百五十	〔官〕白槎

說明：「一百五十」在江西方言各方言點中除個別客家方言點、吳方言點和閩方言點既說「一百五」又說「百五」以及官話方言白槎點只說「一百五十」外，都可以有「一百五」的省略說法。

作為江西方言中主體方言的江西贛方言和江西客家方言不僅在地域上有密切的空間聯繫，在方言發展歷史上還有非常密切的源流聯繫，因而可以合稱為江西贛客方言。江西贛客方言內部，在詞彙上也表現出比贛客方言與其他吳方言、徽州方言、官話方言更高的一致性。以下列舉江西贛客方言中基本一致的詞語。

21.「下午」的說法

下午（詞044）	方言點
晝	〔贛〕南昌、修水、湖口、鄱陽、撫州、資溪、宜黃、豐城、高安、新余 〔客〕瑞金、贛縣、南康、龍南、尋烏、黃坳、銅鼓、大溪、太源 〔徽〕浮梁、婺源
彎晝	〔贛〕鉛山
下彎	〔贛〕遂川
下晡	〔客〕寧都、于都

續上表

下午（詞044）	方言點
下午	〔贛〕吉安 〔官〕九江、贛州、白槎
晝罷	〔吳〕廣豐
日晝後	〔吳〕上饒
□ŋa⁴² 時	〔閩〕銅山

　　贛客方言大部分方言點說「下晝」；「下晝」「彎晝」「下彎」「下晡」也不見於官話方言點、吳方言點。徽州方言點說「下晝」，與贛方言的影響有關。

22.「（草木的）刺」的說法

（草木的）刺（詞081）	方言點
劈	〔贛〕南昌、修水*、撫州、資溪、宜黃、豐城*、新余、高安、吉安 〔客〕寧都、瑞金、于都、贛縣、南康、龍南、、尋烏黃坳、大溪、太源
刺	〔贛〕修水*、湖口、鄱陽、鉛山、豐城*、遂川 〔客〕銅鼓 〔官〕九江、贛州 〔徽〕浮梁、婺源 〔吳〕上饒、廣豐 〔閩〕銅山

　　說明：*修水話、豐城話兼說「劈」「刺」。

　　贛客方言大部分方言點說「劈」；「劈」不見於官話方言點、

吳方言點、徽州方言點、閩方言點。

23.「鄰居」的說法

鄰居（詞 148）	方言點
鄰舍	〔贛〕南昌、修水、鄱陽、撫州、資溪、宜黃、 豐城*、高安、新余*、吉安 〔客〕寧都、瑞金、南康、龍南、尋烏、黃坳、 銅鼓 〔徽〕婺源
隔壁	〔贛〕湖口、豐城*、新余*、遂川 〔客〕贛縣、太源* 〔官〕白槎 〔徽〕浮梁*
鄰廂	〔贛〕鉛山、大溪 〔吳〕上饒、廣豐 〔閩〕銅山
鄰居	〔官〕九江

說明：* 豐城話、新余話說「隔壁鄰舍」。太源畲話說「隔壁人」。浮梁話說「隔壁個」。

　　贛客方言大部分方言點說「鄰舍」，部分方言點說「隔壁」。徽州方言點所說，與贛方言的影響有關。贛方言鉛山話、大溪話說「鄰廂」，與吳方言的影響有關。

24. 「抱」的說法

抱（詞325）	方言點
捧	〔贛〕修水、撫州、資溪、宜黃、豐城、新余、吉安、遂川 〔客〕瑞金、于都、贛縣、南康、龍南、銅鼓
抱	〔贛〕南昌、湖口、鄱陽、鉛山 〔官〕九江、白槎 〔徽〕浮梁、婺源 〔吳〕上饒、廣豐 〔閩〕銅山

說明：＊高安話說「□〔lɔŋ^{42}〕」，寧都話說「□〔tiak^{32}〕」，尋烏話說「攬」，黃坳話說「□〔nan^{53}〕」，大溪話說「□〔li^{5}〕」，太源畲話說「□〔tsʻʌn^{325}〕」。

贛客方言大部分方言點說「捧」。「捧」的說法不見於吳方言點、徽州方言點、官話方言點、閩方言點。

25. 「好、妥帖」的說法

好、妥帖（詞440）	方言點
正	〔贛〕南昌、修水、湖口、鄱陽、撫州、宜黃、豐城、高安＊、吉安 〔客〕寧都、于都、南康、龍南、尋烏、銅鼓
熨帖	〔贛〕鉛山、高安＊ 〔官〕九江 〔徽〕婺源 〔吳〕上饒、廣豐 〔閩〕銅山

續上表

好、妥帖 （詞 440）	方言點
妥帖	〔客〕黃坳
穩當	〔客〕大溪
□□lio³⁵tɕʻiɛʔ⁴	〔客〕瑞金
好	〔贛〕資溪、遂川 〔客〕贛縣、太源 〔官〕贛州、白槎

說明：＊高安話兼說「正」「熨帖」。

贛客方言大部分方言點說「正」。「正」的說法不見於吳方言點、徽州方言點、官話方言點、閩方言點。

（二）互有差別而內部一致的

所謂「互有差別而內部一致」，指江西方言各方言點稱說某事物的詞語有不同的形式，每個詞語的使用往往與不同的大方言區域或大方言下的某個方言小片相聯繫：不同的大方言區域或方言小片之間詞語形式不同，而同一個大方言區域或方言小片詞語形式相同。以下選列江西方言中互有差別而內部一致的詞語。

1.「颱風」的說法

颱風（詞005）	方言點
起風	〔贛〕南昌、修水、湖口、鄱陽、鉛山、撫州、資溪、遂川 〔客〕瑞金、于都、贛縣、南康、龍南、黃坳、大溪、太源 〔吳〕上饒、廣豐 〔閩〕銅山
颱風	〔贛〕高安、吉安 〔客〕寧都、尋烏、銅鼓 〔官〕九江、贛州、白搓 〔徽〕浮梁

　　江西方言稱呼「颱風」主要有上述三種說法。說「起風」的是多數贛方言點、客家方言點和吳方言點、閩方言點；說「颱風」的是官話方言點和少數贛方言點、客家方言點以及徽州方言浮梁話；「發風」的說法僅見於個別贛方言點和徽州方言婺源話。

2.「（天）旱」的說法

（天）旱 （詞011）	方言點
幹	〔贛〕南昌、湖口、鉛山、撫州、資溪、宜黃、豐城、高安、新余 〔客〕黃坳、銅鼓 〔徽〕浮梁、婺源 〔吳〕上饒

續上表

（天）旱 （詞011）	方言點
旱	〔贛〕修水、鄱陽、吉安、遂川 〔客〕寧都、瑞金、于都、贛縣、南康、龍南、 　　　尋烏 〔官〕九江、贛州、白槎 〔吳〕廣豐 〔閩〕銅山
旱干	〔贛〕資溪
熰	〔客〕大溪、太源

　　江西方言稱呼「天旱」有上述四種說法。說「干」的主要是
多數贛方言點和徽州方言點；說「旱」的主要是多數客家方言
點、部分贛方言點和官話方言點。資溪話所說「旱干」系糅合贛
方言、客家方言說法而成。大溪話和太源畬話所說「熰」具有閩
西、閩西北方言的特色。

3.「山」的說法

山（詞012）	方言點
山	〔贛〕南昌、修水、湖口、鄱陽、鉛山、撫州、 　　　資溪、宜黃、豐城、高安、新余、吉安、 　　　遂川 〔客〕寧都*、南康、尋烏、銅鼓、太源 〔官〕九江、贛州、白槎 〔徽〕浮梁、婺源 〔吳〕上饒、廣豐 〔閩〕銅山

續上表

山（詞012）	方言點
嶺	〔客〕寧都*、瑞金、于都*、贛縣、龍南、黃坳*、大溪
崬 təŋ³²³	〔客〕寧都*

說明：*寧都話兼說「嶺」「山」「崬」。黃坳話說「嶺崗」。

　　江西方言稱呼「山」有上述三種說法。說「嶺」的是多數客家方言點；其餘方言點基本上說「山」。

4.「水渠」的說法

水渠（詞014）	方言點
圳	〔贛〕修水、宜黃*、豐城、新余 〔客〕瑞金、贛縣、龍南、尋烏 〔閩〕銅山
水圳	〔客〕寧都、于都、黃坳、銅鼓、大溪 〔徽〕婺源 〔閩〕銅山
圳溝	〔贛〕鉛山、新余 〔客〕瑞金、南康、太源 〔徽〕浮梁 〔吳〕上饒、廣豐
（水）溝	〔贛〕南昌、鄱陽、撫州*、資溪、宜黃* 〔客〕于都
水渠	〔贛〕高安*、吉安、遂川 〔官〕九江、贛州、白槎

說明：*撫州話、宜黃話說「溝」。宜黃話兼說「溝」「圳」。高安話說「得渠」。湖口話說「水道」。

江西方言稱呼「水渠」主要有上述五種說法。說「圳」「水圳」和「圳溝」的是絕大多數客家方言點、多數贛方言點和吳方言點、徽州方言點；說「（水）溝」的是部分贛方言點；說「水渠」的是少數贛方言點和官話方言點。

　　5.「高粱」的說法

高粱（詞066）	方言點
高粱	〔贛〕南昌、宜黃、豐城、吉安 〔客〕瑞金、大溪、太源 〔官〕九江、贛州、白槎 〔閩〕銅山
粟	〔贛〕撫州、資溪
粟子/嘞	〔贛〕撫州、資溪、高安、新余 〔客〕寧都、贛縣、南康*、尋烏
粟米	〔贛〕遂川
蘆粟	〔贛〕修水、湖口、鄱陽、鉛山 〔客〕銅鼓 〔徽〕浮梁
稼粟	〔徽〕婺源*
高粱粟	〔客〕于都、龍南、黃坳 〔吳〕上饒、廣豐

　　說明：*南康話說「粟嘞」。婺源話說「稼粟」。

　　江西方言稱呼「高粱」有上述七種說法。官話方言點和少數贛方言點、客家方言點以及閩方言點說「高粱」；多數贛方言點、客家方言點部分點和徽州方言點說以「粟」為主要語素構成

的合成詞。吳方言點和少數客家方言點說糅合「高粱」和「粟」而成的「高粱粟」。

6.「南瓜」的說法

南瓜（詞 072）	方言點
南瓜	〔贛〕鉛山、撫州、資溪、宜黃、豐城、高安、吉安 〔客〕大溪 〔官〕九江、白槎 〔徽〕婺源 〔吳〕上饒、廣豐
北瓜	〔贛〕南昌、修水、鄱陽、新余 〔徽〕浮梁
變瓜	〔贛〕湖口
青瓜	〔客〕寧都
倭瓜	〔官〕贛州
番瓠	〔贛〕遂川 〔客〕瑞金、于都、贛縣、南康、龍南、尋烏、黃坳、銅鼓 〔閩〕銅山
金瓠	〔客〕太源

　　江西方言稱呼「南瓜」有上述七種說法。說「南瓜」的主要是多數贛方言點、官話方言點和吳方言點；說「北瓜」的主要是部分贛方言點；說「番瓠」的是大多數客家方言點和閩方言點。「變瓜」「青瓜」「倭瓜」「金瓠」各只有個別方言點說，富有特色。

7.「母雞」的說法

母雞（詞 092）	方言點
雞婆	〔贛〕南昌、修水、湖口*、豐城、高安*、新余、吉安、遂川 〔客〕寧都、瑞金、于都、贛縣、南康* 〔官〕贛州
雞孃	〔贛〕鄱陽、鉛山、撫州、資溪、宜黃 〔客〕龍南、尋烏、黃坳、銅鼓、大溪 〔徽〕浮梁、婺源 〔吳〕上饒、廣豐
雞娘	〔客〕太源
雞母	〔閩〕銅山
母雞	〔官〕九江、白槎

說明：＊湖口話說「雞婆嘚」。高安話說「雞婆哩」。南康話說「雞婆哩」。

江西方言稱呼「母雞」有上述五種說法。說「雞婆」的主要是贛方言南昌片、宜春片、吉安片方言點和客家方言贛南片多數方言點；說「雞孃」的是贛方言鄱陽片、撫州片和其餘客家方言點以及吳方言點、徽州方言點；說「母雞」的是官話方言點。

8.「廳堂」的說法

廳堂（詞 118）	方言點
堂前	〔贛〕湖口、撫州*、豐城 〔徽〕浮梁、婺源
堂屋	〔贛〕南昌 〔官〕白槎

續上表

廳堂（詞 118）	方言點
廳	〔贛〕修水 〔閩〕銅山
廳子/嘚/哩	〔贛〕新余*、吉安* 〔客〕于都*、贛縣、尋烏
廳下	〔贛〕鄱陽、鉛山、撫州*、資溪、宜黃、高安*、遂川 〔客〕寧都、于都*、南康、黃坳、銅鼓、大溪、太源 〔吳〕上饒、廣豐
私廳	〔客〕瑞金
客廳	〔客〕贛州
廊下嘚	〔客〕龍南

說明：＊撫州話兼說「堂前」「廳下」。于都話兼說「廳子」「廳下」。新余話說「廳嘚」。吉安話說「廳哩」。

江西方言稱呼「廳堂」主要有上述八種說法。說「堂前」「堂屋」的主要是少數贛方言點和徽州方言點；說「廳」「廳子/嘚/哩」的主要是少數贛方言點和客家方言點；說「廳下」的是多數贛方言點、客家方言點和吳方言點。

9.「椽子」的說法

椽（詞 122）	方言點
椽	〔客〕大溪 〔徽〕婺源 〔吳〕上饒、廣豐 〔贛〕南昌、湖口*、遂川*

續上表

橡（詞122）	方言點
橡子/嘚	〔官〕白槎 〔贛〕修水、鉛山、豐城、高安*、新余、吉安
橡皮	〔客〕銅鼓
桷	〔官〕九江
桷子/哩/団	〔贛〕撫州、資溪、宜黃*、豐城 〔客〕寧都、瑞金、太源* 〔閩〕銅山*
瓦桷（子/嘞）	〔客〕于都*、贛縣*、南康*、龍南、尋烏、黃坳* 〔官〕贛州*

說明：*湖口話、遂川話說「橡嘚」。高安話說「橡皮哩」。宜黃話說「桷哩」，太源畬話說「桷崽」，銅山福建話說「桷団」。浮梁話說「屋桷兒」。于都話、贛縣話、黃坳話、贛州話說「瓦桷子」，南康話說「瓦桷嘞」。

　　江西方言稱說「橡子」有上述六種說法。說「橡」的是主要吳方言點、徽州方言點；說「橡子」、「橡皮」的主要是贛方言點；說以「桷」為主要語素構成的合成詞的是客家方言點、閩方言點以及部分贛方言點。

10.「毛巾」的說法

毛巾（詞129）	方言點
巾哩 手巾	〔贛〕高安、新余、南昌、湖口、鄱陽、撫州、 　　豐城、吉安、遂川 〔客〕寧都 〔官〕白槎 〔徽〕浮梁*、婺源

續上表

毛巾（詞 129）	方言點
毛巾 面巾	〔贛〕吉安、修水 〔官〕九江、贛州 〔客〕銅鼓 〔吳〕廣豐 〔閩〕銅山
洗面巾	〔贛〕鉛山、資溪、宜黃 〔客〕大溪 〔吳〕上饒
面帕	〔客〕瑞金、于都、贛縣、南康、龍南、尋烏、 黃坳、太源*

說明：＊浮梁話說「手巾兒」。太源畲話說「洗面帕兒」。

　　江西方言稱說「毛巾」有上述六種說法。說「手巾」的主要是大多數贛方言點和徽州方言點；說「面帕」是客家方言點；吳方言點、閩方言點和部分贛方言點說「面巾」「洗面巾」。

11.「親戚」的說法

親戚（詞 188）	方言點
親戚	〔贛〕南昌、修水、湖口、鄱陽、豐城、高安、 新余、吉安、遂川 〔客〕寧都、瑞金、于都、贛縣、南康、龍南、 尋烏、黃坳、銅鼓 〔官〕九江、贛州、白槎
親眷	〔贛〕鉛山、宜黃 〔客〕大溪 〔吳〕上饒

續上表

親戚（詞 188）	方言點
親情	〔贛〕撫州、資溪 〔客〕太源 〔徽〕浮梁、婺源 〔吳〕廣豐 〔閩〕銅山

　　江西方言稱說「親戚」有上述三種說法。說「親戚」的是贛方言點、客家方言點和官話方言點；說「親情」的是徽州方言點、吳方言點和閩方言點；說「親眷」的只是贛方言與吳方言相接地帶的鉛山話和上饒話以及受上饒話影響的大溪話，另有贛方言撫州片的宜黃話。

12.「中暑」的說法

中暑（詞 222）	方言點
閉痧	〔贛〕南昌、修水、湖口、鄱陽*、撫州、資溪、 　　　宜黃、豐城、高安、新余、吉安、遂川 〔客〕于都*、贛縣、南康、黃坳 〔官〕贛州 〔徽〕浮梁* 〔吳〕上饒、廣豐 〔閩〕銅山
發痧	〔贛〕鄱陽*、鉛山 〔客〕寧都、龍南、尋烏、銅鼓、太源 〔官〕九江、白槎 〔徽〕婺源
發瘨	〔客〕大溪

說明：＊鄱陽話兼說「發痧」「閉咧」。浮梁話說「閉□ti⁰」，與贛方言鄱陽話「閉咧」相同，說動詞「閉」，後附表完成體的附加成分。于都話說「閉到熱氣」，瑞金話說「中到熱氣」。

江西方言稱說「中暑」主要有上述三種說法。說「閉痧」的主要是大多數贛方言點、部分客家方言點和吳方言點、閩方言點；說「發痧」的主要是部分客家方言點和官話方言點；說「發癉」的只有大溪話這一個點。

13.「米湯」的說法

米湯（詞253）	方言點
飲	〔贛〕高安
飲湯	〔贛〕南昌、修水、湖口、鄱陽、鉛山、撫州、 　　　資溪、宜黃、豐城、吉安 〔客〕太源 〔徽〕浮梁、婺源 〔吳〕上饒、廣豐 〔閩〕銅山
粥飲	〔贛〕新餘
飯湯	〔贛〕遂川 〔客〕瑞金、于都、贛縣、南康、尋烏、黃坳、 　　　銅鼓、大溪 〔官〕贛州
粥湯	〔客〕龍南
米湯	〔官〕九江、白槎

說明：＊寧都話說「□maŋ²¹⁴湯」。

江西方言稱說「米湯」有上述六種說法。說「飲」「飲湯」「粥飲」的主要是贛方言點、吳方言點、閩方言點、徽州方言點;說「飯湯」「粥湯」的主要是客家方言點;說「米湯」的是官話方言點。

14.「吃」的說法

吃～飯（詞 279）	方言點
喫	〔贛〕南昌、修水、湖口、鄱陽、鉛山、撫州、資溪、宜黃、豐城、高安、新余、吉安、遂川 〔官〕九江、贛州、白槎* 〔徽〕浮梁、婺源 〔吳〕上饒
食	〔客〕寧都、瑞金、于都、贛縣、南康、龍南、尋烏、黃坳、銅鼓、大溪、太源 〔閩〕銅山 〔官〕白槎*
□k'ɛ⁴²	〔官〕白槎*
咥 tiɭʔ⁵	〔吳〕廣豐

　　說明:* 白槎河南話兼說「喫」「食」「□K'ɛ⁴²」。

　　江西方言稱說「吃～飯」有上述四種說法。說「喫」的主要是贛方言點和官話方言點、徽州方言點;說「食」的主要是客家方言點和閩方言點;吳方言廣豐話說「咥」。

15.「洗澡」的說法

洗澡（詞283）	方言點
洗澡	〔贛〕南昌、修水、湖口、鄱陽、鉛山、撫州、豐城、新余、吉安、遂川 〔客〕于都、贛縣、南康 〔官〕九江、贛州、白槎 〔徽〕浮梁
洗浴	〔客〕瑞金、大溪、太源 〔徽〕婺源 〔吳〕上饒、廣豐 〔閩〕銅山
洗身	〔客〕龍南、尋烏、黃坳、銅鼓
洗湯	〔客〕寧都
髒洗	〔贛〕高安
做洗	〔贛〕資溪、宜黃

　　江西方言稱說「洗澡」有上述六種說法。說「洗澡」的主要是贛方言點、官話方言點和部分客家方言點；說「洗浴」的是吳方言點、閩方言點和部分客家方言點；說「洗身」的是部分客家方言點。

16.「嚼」的說法

嚼（詞321）	方言點
嚼	〔贛〕南昌、修水、鉛山、撫州、資溪、宜黃、豐城、高安、新余、吉安、遂川 〔客〕寧都、瑞金、于都、贛縣、南康、龍南、尋烏、黃坳、銅鼓

續上表

嚼（詞 321）	方言點
嚼	〔贛〕湖口、鄱陽 〔客〕大溪、太源 〔官〕贛州、白槎 〔徽〕浮梁、婺源* 〔吳〕上饒、廣豐
咬	〔官〕九江 〔徽〕婺源*
哺	〔閩〕銅山

說明：＊婺源話兼說「嚼」「咬」。

　　江西方言稱說「嚼」有上述四種說法。說「嚼」的是大多數贛方言點和客家方言點；說「嚼」的主要是吳方言點、徽州方言點、官話方言點。

17.「舔」的說法

舐（詞 322）	方言點
舐	〔贛〕湖口、鄱陽、撫州、資溪、宜黃、豐城、高安、新余 〔客〕寧都、于都、贛縣、龍南、尋烏、黃坳 〔官〕贛州 〔吳〕廣豐* 〔徽〕婺源 〔閩〕銅山

續上表

舐（詞 322）	方言點
舔	〔贛〕南昌、修水、吉安、遂川 〔客〕大溪 〔官〕九江、白槎 〔徽〕浮梁、婺源* 〔吳〕上饒、廣豐*
□liɛn³³	〔贛〕鉛山 〔客〕太源

說明：* 廣豐話兼說「舐」「舔」。瑞金話說「□〔le⁴⁴〕」。南康話說「□〔liɔ³³〕」。婺源話兼說「舐」「舐」。銅山福建話兼說「舐」「□〔tʻa〕²¹」。

　　江西方言稱說「舔」有上述三種說法。說「舐」的主要是客家方言點和多數贛方言點；說「舔」的是徽州方言點、吳方言點、官話方言點。

18.「挑」的說法

挑～擔（詞 340）	方言點
挑	〔贛〕南昌、湖口、豐城、高安、新余、遂川 〔客〕大溪、太源 〔官〕九江、贛州、白槎 〔徽〕浮梁
擔	〔贛〕修水、鄱陽、鉛山、撫州、資溪、宜黃、 　　　吉安 〔客〕太源 〔吳〕上饒、廣豐 〔閩〕銅山

續上表

挑～擔（詞340）	方言點
荷（挍）	〔客〕寧都、瑞金、于都、贛縣、南康、龍南、尋烏、黃坳、銅鼓、大溪 〔徽〕浮梁

　　江西方言稱說「挑～擔」有上述三種說法。說「挑」的主要是官話方言點和部分贛方言點；說「擔」的主要是吳方言點、閩方言點和部分贛方言點；說「荷（挍）」的主要是客家方言點。

19.「尋找」的說法

尋找（詞357）	方言點
找	〔官〕九江、贛州、白槎
尋	〔贛〕南昌、修水、湖口、鄱陽、鉛山、撫州、資溪、宜黃、豐城、高安、新余、吉安、遂川 〔客〕寧都、瑞金、于都、贛縣、南康、龍南、尋烏、黃坳、銅鼓、大溪、太源 〔徽〕浮梁、婺源 〔吳〕上饒
攞	〔吳〕廣豐
□ts'ə [21]	〔閩〕銅山

　　江西方言稱說「尋找」有上述四種說法。說「找」的是官話方言點；說「尋」的是官話方言點以外的贛方言點、客家方言點、徽州方言點。

20.「是」的說法

是（詞361）	方言點
是	〔贛〕南昌、修水、湖口、鄱陽、鉛山、撫州、資溪、宜黃、豐城、高安、新余、吉安、遂川 〔客〕太源 〔官〕九江、贛州、白槎 〔徽〕浮梁、婺源 〔吳〕上饒、廣豐 〔閩〕銅山
係	〔客〕寧都、瑞金、于都、贛縣、南康、龍南、尋烏、黃坳、銅鼓、大溪

　　江西方言稱說「是」有上述兩種說法。說「是」的是贛方言點、官話方言點、徽州方言點、吳方言點、閩方言點；說「係」的是客家方言點。

　　江西贛客方言內部，贛方言與客家方言既有一致性特點，也有差異性特點。這種差異性表現在詞彙上，贛方言點與客家方言點之間也有相當部分詞語形式不同。以下列舉贛方言與客家方言不一致的詞語。

21.「晚上」的說法

晚上（詞041）	方言點
夜裡	〔贛〕湖口、鉛山、高安、吉安、遂川*
夜間	〔贛〕撫州、資溪、豐城
夜界	〔贛〕宜黃

續上表

晚上（詞041）	方言點
夜彎	〔贛〕鄱陽
夜晚	〔贛〕南昌
夜晡	〔客〕寧都、瑞金、于都、贛縣、南康、龍南*、黃坳、銅鼓、大溪*
晏晡	〔客〕尋烏、太源*

說明：*遂川話說「夜裡辰」。龍南話、大溪話說「夜晡頭」。太源畬話兼說「晏晡」「夜啎」。

　　江西贛客方言稱說「夜晚」有上述七種說法。說「夜晡」「晏晡」的是客家方言點，說「夜裡」「夜間」「夜界」「夜彎」「夜晚」的是贛方言點。

　　22.「插秧」的說法

插秧（詞052）	方言點
栽禾	〔贛〕南昌、修水、湖口、鉛山、撫州、資溪、宜黃、豐城、高安、新余、吉安、遂川 〔客〕寧都、銅鼓、大溪、太源*
栽田	〔贛〕鄱陽
蒔田	〔贛〕吉安、遂川 〔客〕瑞金、于都、贛縣、龍南、黃坳
蒔禾	〔客〕南康、尋烏

說明：＊太源畬話說「栽秧禾」。

　　江西贛客方言稱說「插秧」有上述四種說法。說「栽禾」「栽田」的主要是贛方言點；說「蒔田」「蒔禾」的主要是客家方言

點。客家方言寧都話、銅鼓話、大溪話、太源畬話說「栽禾」，
與贛方言的影響有關；贛方言吉安話、遂川話說「蒔田」，與客
家方言的影響有關。

23.「講客氣」的說法

（作客時）講客氣 （詞 290）	方言點
作禮	〔贛〕南昌、湖口、鄱陽、撫州、資溪、宜黃、 豐城、高安*、吉安、遂川
做禮	〔贛〕修水
拘禮	〔贛〕新余 〔客〕龍南*、太源*
做客	〔贛〕鉛山 〔客〕太源*
裝客	〔贛〕高安*
演文	〔客〕寧都、瑞金、于都、贛縣、南康、 龍南*、尋烏、黃坳、銅鼓、太源
生疏	〔客〕尋烏

　　說明：＊高安話兼說「作禮」「裝客」。龍南話兼說「演文」「拘
禮」。太源畬話兼說「拘禮」「做客」。

　　江西贛客方言稱說「（作客時）講客氣」有上述七種說法。
說「演文」的是客家方言點；說「作禮」「做禮」「拘禮」「做客」
「裝客」的是贛方言點。

24.「拔」的說法

拔～雞毛 （詞 335）	方言點
撋	〔贛〕南昌、鄱陽、鉛山、撫州、資溪、宜黃、 　　豐城、高安、新余、吉安 〔客〕銅鼓、大溪、太源
扯	〔贛〕修水、湖口
修	〔贛〕遂川
□tsʅ(	〔客〕于都、贛縣
□tsʻʅ(	〔客〕瑞金、南康、龍南、尋烏、黃坳
捹	〔客〕寧都

　　江西贛客方言稱說「拔～雞毛」有上述六種說法。說「撋」的主要是贛方言點；說「□tsʻʅ」「□tsʅ」的是客家方言點。

25.「稀」的說法

稀稀飯～ （詞 422）	方言點
稀	〔贛〕南昌、湖口、吉安、遂川
清	〔贛〕修水、鄱陽、鉛山、撫州、資溪、宜黃、 　　豐城、高安、新余 〔客〕大溪、太源
鮮	〔客〕寧都、于都、贛縣、南康、龍南、尋烏、 黃坳
□tɕiɛn^{44}	〔客〕瑞金
□iau^{13}	〔客〕銅鼓

　　江西贛客方言稱說「稀稀飯～」有上述五種說法。說「清」
「稀」的主要是贛方言點；說「鮮」的是客家方言點。客家方言
大溪話、太源畲話說「清」，與贛方言的影響有關。

（三）差別較大的

　　所謂「差別較大」，指江西方言各方言點稱說某事物的詞語
有較多的不同形式，不同詞語形式與大方言區域或方言小片聯繫
較複雜。以下選列江西方言中差別較大的詞語。

1.「打雷」的說法

打雷（詞 003）	方言點
打雷	〔贛〕修水、湖口、鄱陽、宜黃、吉安、遂川 〔官〕九江、贛州、白槎 〔徽〕浮梁
打雷公	〔贛〕新余 〔客〕寧都、瑞金、于都、贛縣、龍南、銅鼓
打雷鳴	〔徽〕婺源
響雷	〔贛〕撫州、豐城 〔客〕黃坳
響雷公	〔贛〕鉛山、資溪、高安 〔客〕南康、尋烏、大溪、太源 〔吳〕上饒、廣豐 〔閩〕銅山
□$x\varepsilon$ n^{21} 雷	〔贛〕南昌

　　江西方言稱呼「打雷」有上述六種說法。使用一般性說法

「打雷」的方言點稍多，包括贛方言點、官話方言點、徽州方言點；說「打雷公」的主要是客家方言點；說「響雷公」的主要是吳方言點、閩方言點、客家方言點。其餘說法使用的方言點較少。

2.「閃電」的說法

閃電（詞 004）	方言點
霍閃	〔贛〕南昌、修水、鄱陽、鉛山、撫州、資溪、高安、吉安*、遂川 〔客〕尋烏、大溪 〔吳〕上饒、廣豐* 〔徽〕婺源
□dza⁴⁵⁵ 火	〔贛〕湖口 〔徽〕浮梁
火閃	〔客〕于都、南康、銅鼓
火蛇子	〔客〕贛縣、龍南、黃坳
蛇子影	〔客〕寧都
雷火	〔贛〕新余
線影	〔贛〕宜黃
閃光	〔客〕瑞金
閃電	〔官〕九江、贛州、白槎
□掣 tʻi⁴⁴tsʻua⁴²	〔閩〕銅山

說明：*吉安話說「霍閃哩」。廣豐話說「血閃」。

江西方言稱呼「閃電」有上述十種說法。包括贛方言、客家方言、吳方言、徽州方言在內的較多方言點說「霍閃」；官話方

言點說「閃電」。其餘說法多樣而使用的方言點較少。

3.「淋雨」的說法

淋雨（詞 007）	方言點
淋雨	〔贛〕撫州*、資溪、宜黃、豐城、吉安 〔客〕銅鼓、大溪、太源* 〔官〕九江、贛州 〔閩〕銅山
涿雨	〔贛〕南昌、湖口、鄱陽、鉛山 〔客〕寧都*、尋烏、太源* 〔官〕贛州 〔徽〕浮梁、婺源
浞雨	〔贛〕撫州*、高安、新余*、遂川 〔客〕瑞金、于都、贛縣、南康、龍南
秒雨	〔贛〕新余 〔客〕黃坳
□dzai²² 雨	〔贛〕修水
溹雨	〔吳〕上饒、廣豐
打雨	〔官〕白槎

說明：*撫州話兼說「淋雨、浞雨」，太源畬話兼說「淋雨」「涿雨」，寧都話兼說「涿雨、浞雨」。

江西方言稱呼「淋雨」有上述七種說法。使用一般性說法「淋雨」的方言點稍多，包括贛方言點、客家方言點、官話方言點、閩方言點；說「涿雨」的主要是徽州方言點和部分贛方言點、客家方言點；說「浞雨」的主要是部分贛方言點、客家方言點。其餘說法使用的方言點較少。

4.「霧」的說法

霧（詞009）	方言點
霧	〔贛〕南昌、修水、湖口、鄱陽、鉛山、宜黃、高安、新余、吉安、遂川 〔客〕南康、龍南、黃坳、銅鼓、大溪 〔官〕九江、贛州、白槎 〔徽〕浮梁 〔吳〕廣豐 〔閩〕銅山
霧氣	〔徽〕婺源
雺	〔贛〕撫州*、資溪、豐城 〔客〕寧都、太源* 〔吳〕上饒
雺露	〔客〕于都、贛縣、尋烏
雺紗	〔客〕瑞金
雲露	〔客〕太源*
罩子	〔贛〕撫州*

說明：*撫州話兼說「雺」「罩子」。太源畲話兼說「雺」「云露」。

江西方言稱呼「霧」有上述七種說法。使用一般性說法「霧」的方言點較多，包括贛方言點、客家方言點、官話方言點、徽州方言點；說「雺」的是少數贛方言點、客家方言點。其餘說法使用的方言點較少。

5.「結冰」的說法

結冰（詞 010）	方言點
結冰	〔客〕贛縣、南康、龍南、尋烏、黃坳、大溪 〔贛〕新余、吉安、遂川 〔官〕九江、贛州、白槎
起冰	〔徽〕婺源
□k'en^{51} 雨	〔客〕瑞金
結凌冰	〔贛〕湖口、鄱陽 〔客〕于都、銅鼓
結冰凌	〔贛〕資溪、豐城
上凌	〔贛〕南昌
打凌	〔贛〕撫州
結□tɛn^{44}	〔客〕太源
結霜冰	〔吳〕上饒
結凍凌□kau^{0}	〔贛〕修水
凍冰	〔贛〕宜黃、高安
打凍	〔徽〕浮梁
打構	〔客〕寧都
起構	〔吳〕廣豐
起扣	〔贛〕鉛山 〔閩〕銅山

　　江西方言稱呼「結冰」有上述十五種說法。詞語結構中，動詞性語素有「結」「起」「上」「打」等，名詞性語素有「冰」「凌」「凍」「構」「扣」等。使用一般性說法的「結冰」的方言點稍多。

其餘說法多樣而使用的方言點較少。

6.「淹」的說法

淹～死 （詞 016）	方言點
淹	〔官〕贛州、白槎
浸	〔贛〕南昌、修水、資溪、宜黃、豐城、高安、新余、吉安、遂川 〔客〕寧都、瑞金、贛縣、黃坳、銅鼓
淊	〔贛〕湖口 〔官〕九江
揾	〔贛〕鄱陽、鉛山 〔客〕大溪 〔徽〕浮梁、婺源 〔吳〕上饒、廣豐
殳頁	〔贛〕撫州
㵎	〔客〕于都、龍南、尋烏、黃坳、太源
□k‘u	〔客〕南康、黃坳
□tu^{55}	〔閩〕銅山

江西方言稱呼「淹～死」有上述八種說法。說「浸」的是大多數贛方言點和部分客家方言點；說「揾」的主要是吳方言點、徽州方言點；說「㵎」的是部分客家方言點。其餘說法使用的方言點較少。

7.「曬穀簟」的說法

曬穀簟_{篾編的，可卷} （詞 062）	方言點
簟	〔吳〕廣豐
簟皮	〔吳〕上饒
曬穀簟	〔贛〕南昌、湖口
晒簟	〔贛〕撫州、豐城、高安、遂川
谷簟	〔徽〕婺源
竹簟	〔贛〕鄱陽、宜黃、新余
篾簟	〔贛〕鉛山 〔閩〕銅山
筐	〔客〕寧都
谷筐	〔客〕尋烏、大溪、太源
□ tsɔ²⁴ 筐嘞	〔客〕南康
簟筐	〔客〕瑞金、贛縣
竹蓆	〔官〕白槎
地箕	〔贛〕修水 〔客〕銅鼓
圍掇	〔贛〕資溪
扁子	〔官〕贛州
□mi⁵³ 曬嗒	〔客〕龍南
□□taŋ²¹²pa²¹²	〔客〕于都
□tɕ'iã31	〔官〕九江

　　江西方言稱說「曬穀簟篾編的，可卷」有上述十八種說法。

大體上看，說以「簟」為主要語素構成的詞語的是贛方言點、吳方言點、徽州方言點、閩方言點；說以「笘」為主要語素構成的詞語的是客家方言點。其餘說法多樣而使用的方言點較少。

8.「豌豆」的說法

豌豆（詞069）	方言點
豌豆（子/嘚）	〔贛〕南昌、湖口*、鄱陽、宜黃、高安、新余*、吉安 〔客〕銅鼓、太源 〔官〕九江、白槎 〔徽〕婺源
冬豆（子）	〔贛〕修水* 〔客〕于都、南康、龍南
雪豆	〔贛〕遂川 〔客〕寧都、瑞金*、贛縣*、尋烏 〔官〕贛州
麥豆	〔吳〕上饒、廣豐 〔閩〕銅山
魚眼豆	〔贛〕撫州、資溪
銃子豆兒	〔徽〕浮梁
釦子豆	〔贛〕鉛山

說明：* 湖口話說「豌豆嘚」，新余話說「豌豆子」。修水話說「冬豆子」。瑞金話、贛縣話說「雪豆子」。

江西方言稱說「豌豆」有上述七種說法。說「豌豆」的主要是贛方言點、官話方言點；說「冬豆」「雪豆」的主要是客家方言點。其餘說法多樣而使用的方言點較少。

9.「絲瓜」的說法

絲瓜（詞 071）	方言點
絲瓜	〔贛〕南昌、湖口、鄱陽*、吉安 〔官〕九江、贛州、白槎
梢瓜	〔贛〕修水
麻瓜兒	〔徽〕浮梁
囊瓜	〔客〕于都、贛縣、南康、龍南、尋烏
線瓜	〔客〕黃坳、銅鼓
刺瓜	〔閩〕銅山
紡線	〔贛〕撫州、資溪、宜黃、豐城
天蘿	〔贛〕鉛山 〔客〕大溪 〔吳〕上饒、廣豐 〔徽〕婺源
亂績	〔客〕寧都
亂絲	〔客〕瑞金魚
凍哩	〔贛〕高安
魚子	〔贛〕吉安
迷子	〔贛〕新餘
留舉	〔贛〕遂川

說明：＊鄱陽話說「絲瓜子」。

　　江西方言稱呼「絲瓜」有上述十四種說法。使用一般性說法「絲瓜」的方言點稍多，包括贛方言點、官話方言點；說「囊瓜」的是客家方言部分方言點；說「天蘿」的主要是吳方言點；說

「紡線」的主要是贛方言撫州片方言點。其餘說法多樣而使用的方言點較少。

10.「麻雀」的說法

麻雀（詞 096）	方言點
奸雀子/崽	〔贛〕南昌*、豐城*、高安*
奸精/尖嚼	〔贛〕修水、新余*
奸鳥哩	〔贛〕吉安
麻雀	〔贛〕宜黃 〔客〕大溪 〔官〕九江、白槎 〔吳〕上饒
麻雀咪/兒	〔贛〕撫州* 〔徽〕浮梁*
毛雀	〔吳〕廣豐*
麻鳥子/嚼/嘞	〔贛〕湖口*、鄱陽*、遂川* 〔客〕寧都*、瑞金*、于都*、贛縣*、南康*、銅鼓* 〔官〕贛州*
麻□pin^{35}鳥	〔客〕太源
禾雀崽	〔贛〕資溪
禾□piʔ子/嚼	〔客〕龍南*、尋烏*
谷□liu^{24}子	〔客〕黃坳斑
雀鳥	〔贛〕鉛山
粟鳥	〔閩〕銅山
童□niã11	〔徽〕婺源

說明：＊南昌話、高安話說「奸雀子」，豐城話說「奸雀崽」，新

余話說「奸尖嘚」。撫州話說「麻雀咪」，浮梁話說「麻雀兒」，廣豐話說「毛雀」。鄱陽話、寧都話、瑞金話、于都話、贛縣話、銅鼓話、贛州話說「麻鳥子」，湖口話、遂川話說「麻鳥嘚」，南康話說「麻鳥嘞」。龍南話說「禾口〔pi⁴⁴〕嘚」，尋烏話說「禾〔口pi？〕子」。

　　江西方言稱呼「麻雀」有上述十四種說法。使用一般性說法「麻雀」的有贛方言、客家方言、官話方言、吳方言、徽州方言的個別方言點；說「麻鳥子/嘚/嘞」的是客家方言部分方言點和少數贛方言點；說以「奸」構成的「奸雀子/崽」「奸精」「奸尖嘚」「奸鳥哩」的是部分贛方言點。其餘說法多樣而使用的方言點較少。

11.「產」的說法

產豬～崽 （詞 114）	方言點
生	〔贛〕南昌、修水、鉛山、撫州、資溪、高安、新余、吉安、遂川 〔客〕大溪 〔官〕九江 〔徽〕婺源* 〔吳〕上饒 〔閩〕銅山
產	〔官〕白槎 〔徽〕浮梁*

續上表

產豬～崽 （詞 114）	方言點
下	〔贛〕湖口、鄱陽、豐城* 〔客〕銅鼓 〔官〕贛州 〔徽〕浮梁*、婺源*
落	〔客〕寧都、瑞金、于都
供	〔客〕贛縣、龍南、尋烏、黃坳
養	〔客〕南康、太源 〔吳〕廣豐
得	〔贛〕豐城*
放	〔贛〕宜黃

說明：*浮梁話兼說「下」「產」，婺源話兼說「下」「生」，豐城話兼說「下」「得」。

江西方言稱呼「產豬～崽」有上述八種說法。使用一般性說法「生」的方言點稍多，主要是多數贛方言點；說「下」的主要是徽州方言點、部分贛方言點和少數客家方言點；說「供」「落」「養」的主要是客家方言點。其餘說法使用的方言點較少。

12.「廚房」的說法

廚房（詞 119）	方言點
廚下	〔贛〕修水、鉛山、撫州、資溪 〔徽〕浮梁
灶屋哩	〔贛〕南昌
灶房	〔官〕白槎

續上表

廚房（詞 119）	方言點
灶下（哩）	〔贛〕鄱陽、宜黃、豐城* 〔客〕贛縣、龍南、尋烏、黃坳、銅鼓、大溪 〔官〕九江
灶前	〔贛〕湖口、高安、吉安、遂川 〔客〕寧都、瑞金、于都、南康 〔官〕贛州
灶背	〔客〕太源
灶口	〔贛〕新余 〔閩〕銅山
灶門底	〔吳〕上饒、廣豐
家背	〔徽〕婺源

說明：＊豐城話說「灶下哩」。

　　江西方言稱呼「廚房」有上述九種說法。說「灶下」「灶前」的方言點較多，包括贛方言點、客家方言點、官話方言點；說「廚下」的是部分贛方言點。其餘說法多樣而使用的方言點較少。

13.「姑娘」的說法

姑娘未婚女青年 （詞 147）	方言點
女哩	〔贛〕撫州
女咿	〔贛〕宜黃
女崽	〔贛〕南昌*、資溪、豐城*、吉安*

續上表

姑娘 未婚女青年 （詞 147）	方言點
女子	〔贛〕鄱陽* 〔客〕于都 〔徽〕浮梁
女伢	〔贛〕湖口* 〔官〕白槎
女兒	〔官〕九江
女娃子	〔官〕贛州
女客	〔客〕寧都
□i^{55}只女	〔徽〕婺源姅
□tsɛn^{45}人	〔贛〕鉛山
閨女子	〔客〕瑞金
姑哩	〔贛〕修水
囡兒	〔吳〕上饒、廣豐*
查某囝	〔閩〕銅山
少娘	〔贛〕新余 〔吳〕廣豐*
妹子	〔贛〕遂川
妹子	〔贛〕高安 〔客〕黃坳、大溪、豐城*
細妹子	〔客〕尋烏
妹崽	〔贛〕豐城* 〔客〕太源
子/嘞/嘚	〔客〕贛縣、南康*、龍南*

說明：*南昌話說「女崽子」，豐城話兼說「女崽家哩」「妹崽」「妹子」。鄱陽話說「女兒〔ŋyn^{42}〕子」。湖口話說「女伢兒嘚」。南

康話說「妹崽嘞」，龍南話說「妹崽嘚」。廣豐話兼說「少娘」「囡兒」。

　　江西方言稱說「姑娘未婚女青年」有上述二十種說法。說以「女」為主要語素構成的詞語的主要是贛方言點、官話方言點、徽州方言點、吳方言點；說以「妹」為主要語素構成的詞語的主要是客家方言點。其餘說法多樣而使用的方言點較少。

14.「妯娌」的說法

妯娌（詞 187）	方言點
妯娌	〔贛〕湖口 〔官〕九江、白槎 〔徽〕婺源*
叔伯母	〔贛〕修水、高安、新余、吉安* 〔徽〕浮梁、婺源*
叔伯婆子	〔贛〕豐城
姨叔姨母	〔贛〕資溪
兩姆嬸	〔贛〕南昌
兩叔娣	〔贛〕撫州、宜黃
兩姊嫂	〔客〕寧都、瑞金、于都、贛縣、南康、龍南、 　　　尋烏、黃坳 〔贛〕遂川 〔官〕贛州
弟嫂子	〔客〕銅鼓
姑嫂	〔贛〕鄱陽
平肩娘	〔贛〕鉛山 〔客〕大溪 〔吳〕上饒、廣豐
同姒囝	〔閩〕銅山

說明：＊婺源話兼說「叔伯母」「妯娌」。吉安話說「叔伯母哩」。

　　江西方言稱呼「妯娌」有上述十一種說法。使用一般性說法「妯娌」的主要是官話方言點；說「叔伯母」的是部分贛方言點、徽州方言點；說「兩姊嫂」主要是客家方言點；說「平肩娘」的主要是吳方言點。其餘說法多樣而使用的方言點較少。

15.「出痲疹」的說法

出痲疹 （詞 221）	方言點
出痲 （子/嘞/嗲）	〔贛〕豐城＊、新余、吉安 〔客〕贛縣＊、南康＊、龍南＊、黃坳＊、銅鼓＊ 〔徽〕婺源
出痲花	〔贛〕遂川
出喜事	〔贛〕南昌
出豆子	〔官〕白槎
出疒每	〔閩〕銅山
出休	〔贛〕高安
做痲	〔客〕瑞金、尋烏＊ 〔官〕贛州
做好事	〔客〕于都
做細婆婆	〔客〕寧都
種痲	〔吳〕上饒、廣豐 〔客〕大溪 〔贛〕鉛山
過痲	〔贛〕鄱陽 〔客〕太源 〔徽〕浮梁

續上表

出麻疹（詞 221）	方言點
過喜事	〔贛〕資溪
過小喜	〔官〕九江
過娘娘	〔贛〕撫州、宜黃
過花花	〔贛〕湖口
小涼	〔贛〕修水

　　說明：＊豐城話、贛縣話、黃坳話、銅鼓話說「出麻子」，南康話說「出麻嘞」，龍南話說「出麻嘚」。尋烏話說「做麻子」。

　　江西方言稱呼「出麻疹」有上述十六種說法。使用一般性說法「出麻（子/嘞/嘚）」的方言點稍多，有贛方言、客家方言、徽州方言部分方言點。其餘說法多樣而使用的方言點較少。

16.「涎布」的說法

涎布小兒圍脖子的（詞 239）	方言點
方言點瀺枷（子/嘚）	〔贛〕修水、湖口＊、鉛山、撫州、資溪、高安＊ 〔客〕大溪 〔吳〕上饒
瀺兜	〔吳〕廣豐
兜	〔贛〕鄱陽＊、宜黃、吉安＊ 〔客〕寧都＊
圍兜	〔贛〕南昌＊
圍枷崽	〔贛〕豐城圍
嘴巴	〔贛〕遂川

續上表

涎布小兒圍脖子的（詞 239）	方言點
口圍子	〔官〕贛州
□læ44 圍子	〔客〕于都
□ts'au44 圍	〔官〕九江
圍□t'an55 子	〔官〕白槎
圍□fu51	〔徽〕婺源*
瀨枷	〔客〕瑞金、尋烏、銅鼓
瀨□se24	〔閩〕銅山
口枷	〔客〕贛縣、南康*、龍南*
頸枷	〔客〕太源口
水袋	〔客〕黃坳
□p'ɔ 2 袋	〔徽〕婺源*
隔隔巾	〔贛〕新余

說明：* 南昌話說「圍兜子」。湖口話說「瀺枷嘚」，高安話說「瀺枷子」。鄱陽話說「兜兜子」，宜黃話說「兜兜」，吉安話說「兜哩」，寧都話說「布兜兜」。南康話說「口枷嘞」，龍南話說「口枷嘚」。婺源話兼說「圍□〔fu51〕」「□〔p'ɔ 2〕袋」。

江西方言稱說「涎布小兒圍脖子的」有上述十八種說法。說「瀺枷（子/嘚）」的方言點稍多，主要是部分贛方言點。其餘說法多樣而使用的方言點較少。

17.「做夢」的說法

做夢（詞 272）	方言點
做夢	〔贛〕修水、湖口、高安、吉安、遂川 〔客〕銅鼓 〔官〕九江、白槎 〔徽〕婺源 〔吳〕上饒
眠夢	〔贛〕南昌、鄱陽、鉛山、撫州、資溪、宜黃、 豐城*、新余 〔客〕寧都、瑞金、于都、太源 〔徽〕浮梁
發夢	〔贛〕豐城* 〔客〕贛縣、南康、龍南、黃坳 〔官〕贛州
得夢	〔客〕大溪 〔吳〕廣豐 〔閩〕銅山
□puai?^{21} 夢	〔客〕尋烏*

說明：*豐城話兼說「眠夢」和「發夢天」。

　　江西方言稱說「做夢」主要有上述五種說法。使用一般性說法「做夢」的主要有部分贛方言點、官話方言點；說「眠夢」的主要是多數贛方言點和部分客家方言點；說「發夢」的是部分客家方言點。其餘說法使用的方言點較少。

18.「捉迷藏」的說法

捉迷藏 （詞 310）	方言點
躲密□lɛu²¹¹嘚	〔贛〕湖口
躲謀謀子	〔贛〕鄱陽
躲夜貓兒	〔徽〕浮梁
濛濛躲躲	〔贛〕南昌
閉躲	〔徽〕婺源
尋躲	〔贛〕修水、撫州*、資溪*、宜黃* 〔吳〕上饒*
尋縮縮	〔贛〕高安
躲攞	〔吳〕廣豐
藏迷的	〔官〕白槎
鑽□□kɔ n³⁵kɔ n⁰	〔贛〕豐城
蒙眼狗狗	〔官〕贛州
捉蒙牯	〔贛〕吉安
捉烏□mɛn⁵²	〔贛〕鉛山* 〔客〕大溪
捉蒙□fu⁴⁴	〔客〕太源
捉迷兒	〔官〕九江
躲俳	〔贛〕新余、遂川*
打俳（子/嘞）	〔客〕瑞金*、于都、贛縣*、南康*
打貓貓公嘚	〔客〕龍南
俳撲子	〔客〕尋烏*、黃坳、銅鼓
踏□ tsʻə ²¹	〔閩〕銅山

說明：＊撫州話說「尋躲嘚」，資溪話說「尋尋躲躲」，宜黃話說「尋尋躲」。上饒話說「躲躲尋尋」。鉛山話說「捉鳥□□〔mɛn³³mɛn³³〕」。遂川話說「躲偋嘚」。瑞金話說「打偋偋」，贛縣話說「打偋子」，南康話說「打偋嘞」。尋烏話說「偋□〔tsu²¹⁴〕子」。

江西方言稱說「捉迷藏」有上述二十種說法。各種說法使用的方言點都較少。大體上以「躲」「尋」為主要語素構成的詞語為贛方言點使用，以「偋」為主要語素構成的詞語為客家方言點使用。

19.「拔～蘿蔔」的說法

拔～蘿蔔 （詞 331）	方言點
拔	〔贛〕修水、鄱陽、宜黃、高安、新余 〔官〕九江、贛州 〔徽〕浮梁、婺源
扯	〔贛〕南昌、湖口、鉛山、豐城、吉安 〔客〕大溪 〔吳〕上饒、廣豐＊
拽	〔吳〕廣豐＊
□tsaŋ	〔贛〕撫州、資溪
搒	〔客〕寧都、瑞金、于都、贛縣＊、南康、龍南、 　　　尋烏、黃坳 〔贛〕遂川
挽	〔客〕太源 〔閩〕銅山
芼 mɔ	〔客〕贛縣＊、于都＊
□tɕin³¹²	〔官〕白槎

說明：＊廣豐話兼說「扯」「拽」。贛縣話兼說「搒」「芼」[33]。

　　江西方言稱說「拔～蘿蔔」主要有上述八種說法。使用一般性說法「拔」的主要有部分贛方言點、官話方言點、徽州方言點；說「扯」的主要是部分贛方言點和吳方言點；說「搒」的是多數客家方言點。其餘說法使用的方言點較少。客家方言點有的保留古語詞「芼」。

20.「漂亮」的說法

漂亮（詞449）	方言點
客氣	〔贛〕南昌、高安＊、新余、吉安＊
刮氣	〔官〕九江
排場	〔贛〕鄱陽、撫州、宜黃 〔徽〕浮梁
齊整/正	〔贛〕修水、鉛山＊、資溪、高安＊ 〔客〕太源
喫價	〔贛〕豐城
標緻	〔贛〕吉安＊、遂川＊ 〔客〕寧都、瑞金、于都、南康＊
靚	〔客〕贛縣、南康＊、龍南 〔官〕贛州
精	〔客〕尋烏、銅鼓、黃坳

33「芼」謝留文：《于都方言詞典》，江蘇教育出版社 1998 年版。寫作「卯」。

續上表

漂亮（詞449）	方言點
俏	〔贛〕遂川*
清揀	〔吳〕上饒、廣豐* 〔客〕大溪 〔贛〕鉛山*
姿媞	〔吳〕廣豐* 〔徽〕婺源*
好看	〔贛〕湖口 〔徽〕婺源*

說明：*鉛山話兼說「齊整」「清揀」，高安話兼說「客氣」「齊整」，吉安話兼說「客氣」「標緻」，遂川話兼說「俏」「標緻」，南康話兼說「靚」「標緻」，婺源話兼說「好看」「姿媞」，廣豐話兼說「清揀」「姿媞」。

　　江西方言稱呼「漂亮」有上述十二種說法。說「客氣」「排場」「齊整/正」「標緻」「清揀」的方言點稍多。「客氣」「排場」「齊整/正」大體上是贛方言點的說法，「標緻」「靚」「精」大體上是客家方言點的說法，「清揀」「姿媞」大體上是吳方言點、徽州方言點的說法。其餘說法多樣而使用的方言點較少。

二、江西方言詞語選釋

　　漢語方言中部分不同於共同語的詞語，往往有著較久遠的詞源歷史，從而顯示出方言的文化意蘊而富有特色。以下選擇本書第五章「江西方言代表方言點詞語對照」中部分詞語作考源解釋。

1. 表「霧」義的「霁（mén³⁴）」

《廣韻》平聲「東」韻「莫紅切」下：「霁，天氣下地不應。」「霁」又作「霿」「霿」，又音「莫鳳切」「蒙弄切」「莫宋切」。江西方言中有部分方言點稱「霧」為「霁」或「霁露」「霁紗」「霁霧」。

霧（詞 009）	方言點
霁	〔贛〕撫州、資溪、豐城 〔客〕寧都、太源 〔吳〕上饒
霁露	〔客〕贛縣、尋烏
霁紗	〔客〕瑞金
霁霧	〔客〕于都

撫州話「霁〔muŋ⁴⁵〕」、資溪話「〔霁 muŋ³⁵〕」為上聲，系讀「莫鳳切」一音；豐城話「〔霁 muŋ²¹³〕」、贛縣話「〔霁 muŋ⁴⁴〕」為去聲，寧都話「〔霁 muŋ⁴⁴〕」、上饒話「〔moŋ²¹²〕」為陽去，系讀「蒙弄切」（或「莫宋切」）一音；于都話「霁〔məŋ⁴⁴〕」、瑞金話「霁〔mɤŋ³⁵〕」、尋烏話「霁〔muŋ²¹⁴〕」、太源畲話「霁〔muŋ²¹²〕」為陽平，系讀「莫紅切」一音。

---

34 各方言點字音繁多，難以注出。此處注普通話字音，以作提示。下同。

2. 表「畔」義的「塍（chéng）」

《廣韻》平聲「蒸」韻「食陵切」下：「塍，稻田畦也，畔也。」江西方言中官話方言點以外的大多數方言點有以「塍」為主要語素構成的詞語「田塍」，用來稱說「田埂（水田臨更低處的埂子，用以蓄水）」。

田埂（詞 018）	方言點
田塍	〔贛〕南昌、修水、湖口、鉛山、撫州、資溪、宜黃、豐城*、高安、新余、吉安、遂川 〔客〕寧都、瑞金、于都、贛縣、南康、龍南、尋烏、黃坳、銅鼓、大溪、太源 〔徽〕浮梁、婺源 〔吳〕上饒、廣豐
塍岸	〔閩〕銅山*

說明：*豐城話說「田塍崽」。銅山福建話所說「塍岸」為閩方言閩南片的一般說法。

3. 表「夜晚」義、「日」義的「晡（pū）」

《廣韻》平聲「模」韻「博孤切」下：「晡，申時。」晡，引申為指「夜晚」。杜甫《大曆三年春白帝城放船四十韻》：「絕島容煙霧，環州納曉晡。」江西方言中，部分客家方言點以「晡」構成稱「夜晚」和「下午」的合成詞，並引申為表「日」義構成稱說「今天」「明天」「昨天」的合成詞。

	方言點
夜晡（頭）晚上 （詞 041）	〔客〕寧都、瑞金、于都、贛縣、南康、龍南*、 尋烏、黃坳、銅鼓、大溪*
晏晡晚上 （詞 041）	〔客〕尋烏、太源
下晡（頭） 下午（詞 044）	〔客〕寧都、于都、南康、龍南
今晡（日）今天 （詞 035）	〔客〕尋烏*、黃坳、銅鼓、大溪

說明：* 龍南話、大溪話說「夜晡頭」。尋烏話說「今晡日」。

4. 表「插秧」義的「蒔（shí）」

《說文解字》：「蒔，更別種。」段玉裁註：「今江蘇人移秧插田中曰蒔秧。」《方言》第十二：「蒔、植，立也；蒔，更也。」郭璞註：「謂更種也。」《齊民要術・種穀楮》：「移栽者，二月蒔之。」《廣韻》去聲「志」韻「時史切」下：「蒔，種蒔。」江西方言中主要是客家方言點稱「插秧」為「蒔田」「蒔禾」。

插秧（詞 052）	方言點
蒔田	〔贛〕吉安、遂川 〔客〕瑞金、于都、贛縣、黃坳 〔官〕贛州
蒔禾	〔客〕南康、尋烏 〔徽〕婺源

5. 表「看守」義的「暎（yìng）」

《集韻》去聲「映」韻「於諒切」下：「暎，視也。」江西方言部分方言點稱「放牛」為「暎牛」。放牛也即看守牛，故稱「暎牛」。

放牛（詞 055）	方言點
暎牛	〔贛〕南昌、修水、湖口、撫州、資溪、宜黃、豐城、高安、吉安 〔客〕寧都、瑞金、于都、贛縣、南康、銅鼓、太源 〔官〕贛州

6. 表「穗」義的「穑（sè）」

《集韻》入聲「陌」韻「色窄切」下：「穑，禾穗。」江西方言部分方言點稱「稻穗」為「禾穑」或「谷穑」。

稻穗（詞 065）	方言點
禾穑	〔贛〕南昌*、修水、鄱陽*、鉛山、撫州、資溪、宜黃、豐城、高安、新余、遂川 〔客〕寧都、尋烏*、銅鼓、太源 〔徽〕浮梁 〔吳〕上饒
谷穑	〔客〕大溪 〔徽〕婺源 〔吳〕廣豐

　　說明：＊鄱陽話說「禾子」。南昌話兼說「禾」「禾杪」，尋烏話兼說「禾」「禾串」。

7. 表「浮萍」義的「薸（piáo）」

《廣雅・釋草》：「萍，薸」，郭璞註：「水中浮萍，江東謂之薸。」江西方言多數點稱浮萍為「薸」，或以「薸」為主要語素構成的合成詞相稱。

浮萍（詞 078）	方言點
薸	〔贛〕修水、鄱陽、鉛山、撫州、資溪、宜黃、高安、新余、遂川 〔客〕于都、黃坳、銅鼓、大溪、太源 〔吳〕上饒、廣豐 〔閩〕銅山
薸子/嘞/嘚/仂	〔客〕瑞金*、南康*、龍南* 〔徽〕婺源*
浮薸	〔贛〕南昌 〔客〕贛縣
青薸	〔徽〕浮梁
水薸哩/子	〔贛〕豐城* 〔客〕尋烏*

說明：* 瑞金話說「薸子」，南康話說「薸嘞」，龍南話說「薸嘚」，婺源話說「薸仂」。豐城話說「水薸哩」，尋烏話說「水薸子」。

8. 表「荊棘」義的「𣐽（lì）」

《廣韻》入聲「職」韻「林直切」下：「**𣐽**，趙魏間呼棘，出《方言》。」但《方言》無此詞。據溫美姬（2009）[35]推論可

---

35 溫美姬：《梅縣方言古語詞研究》，華南理工大學出版社 2009 年版。

能存在。江西方言中大部分贛方言點和客家方言點把草木的「刺」稱為「勞」。

（草木的）刺（詞081）	方言點
勞	〔贛〕南昌、撫州、資溪、宜黃、豐城、高安、新余 〔客〕寧都、瑞金、于都、贛縣、南康、龍南、尋烏、黃坳、太源

9. 表「動物雄性」義的「牯」

《廣韻》上聲「姥」韻「公戶切」下：「牯，牯牛」。江西方言大部分方言點都以「牯」作表示畜類動物性別的語素，構成「牛牯（公牛）」「豬牯（公豬）」「狗牯（公狗）」的說法。

公牛（詞083）	方言點
牛牯	〔贛〕南昌*、修水、湖口*、鉛山、撫州、資溪、宜黃、豐城、高安*、新余、吉安、遂川 〔客〕寧都、瑞金、于都、贛縣、南康*、龍南、尋烏、黃坳、銅鼓、大溪、太源 〔官〕贛州 〔吳〕上饒、廣豐 〔閩〕銅山
煬沙牯	〔贛〕南昌*
騷牯	〔贛〕湖口*、高安*
水牯｜黃牯	〔贛〕鄱陽 〔徽〕浮梁、婺源

說明：* 南康話說「牛牯嘞」。南昌話兼說「牛牯」「煬沙牯」，

湖口話、高安話兼說「牛牯」「騷牯」。鄱陽話和浮梁話、婺源話不
說「牛牯」，分別稱公的水牛和黃牛為「水牯」「黃牯」。

10. 表「窩」義的「窠（kē）」

《說文解字》：「穴中曰窠，樹上曰巢。」徐鍇系傳：「一曰
鳥巢。」《廣韻》平聲「戈」韻「苦禾切」下：「窠，窠窟，又
巢。」江西方言部分方言點稱「鳥窩」的「窩」為「窠」。

鳥窩（詞 095）	方言點
鳥窠	〔贛〕鉛山、遂川 〔客〕大溪 〔吳〕上饒、廣豐
鳥鳥子窠	〔贛〕鄱陽
鳥崽窠	〔贛〕修水、資溪
鳥嘚窠	〔贛〕撫州、新余
鳥兒窠	〔徽〕浮梁
雀子窠	〔贛〕南昌、高安

11. 表「蟑螂」義的「蚻（zhá）」

《爾雅·釋蟲》：「蚻，蜻蜻。」郭璞註：「如蟬而小。」《廣
韻》入聲「黠」韻「側八切」下：「蚻，小蟬。」江西方言部分
方言點以「蚻」為主要語素構成稱「蟑螂」的合成詞。

蟑螂（詞 102）	方言點
蚻	〔贛〕撫州、資溪、宜黃
蚻蟲	〔贛〕鉛山 〔客〕大溪

續上表

蟑螂（詞 102）	方言點
蚻婆	〔贛〕南昌*、修水*、豐城、高安、新余、遂川
蚻孃子	〔贛〕鄱陽
蚻巴子	〔官〕九江
黃蚻	〔客〕寧都、瑞金、贛縣、南康*、龍南、尋烏、黃坳、銅鼓 〔官〕贛州

　　說明：* 南昌話稱「蚻撥子」，修水話稱「蚻□〔ka³⁴〕婆」。南康話稱「黃蚻嘞」。

12. 表「蚯蚓」義的「蜆（xiǎn）」

　　《廣韻》上聲「隱」韻「休謹且」下：「蜆，蚯蚓也，吳楚呼為寒。」又《玉篇》「許偃切」。江西方言部分方言點以「　」為主要語素構成稱「蚯蚓」的合成詞。

蚯蚓（詞 104）	方言點
蜆	〔贛〕遂川
蜆公	〔客〕南康、黃坳
寒蜆	〔贛〕湖口*、鉛山 〔客〕銅鼓 〔官〕贛州
河蜆	〔客〕瑞金、于都、贛縣
黃蜆	〔客〕尋烏*、大溪 〔吳〕上饒、廣豐
曲憲	〔贛〕鄱陽、新余、吉安*
□mε²¹蜆	〔贛〕鉛山
蜆蛇唧	〔客〕龍南

說明：＊湖口話說「寒嗻」。尋烏話說「黃子」。吉安話說「曲哩」。

13. 表「螞蟥」義的「蜞（qí）」

《集韻》平聲「之」韻「渠之切」下：「蜞、蟲名、水蛭也。」江西方言部分方言點以「蜞」為主要語素構成稱「螞蟥（水蛭）」的合成詞。

螞蟥（詞 106）	方言點
蜞仍	〔徽〕婺源
湖蜞	〔客〕黃坳
□gɔ²¹蜞	〔閩〕銅山
螞蟥蜞	〔贛〕宜黃＊、新余＊ 〔客〕寧都、瑞金、于都、南康、銅鼓 〔官〕贛州

說明：＊宜黃話說「蟥蜞」，新余話說「螞螞蜞」。

上述以「蜞」稱「螞蟥」方言點多數所說的「螞蟥蜞」是江西方言中一個詞語構造上有特點的詞語，即「雙音節合成詞的兩個語素分別來自不同的語言或方言」的「合璧詞」[36]。

14. 表「孵化」義的「菢（bào）」和「伏（fù）」

《方言》卷二：「抱，㜷，耦也。荊吳江湖之間曰菢、㜷，宋穎之間或曰 」。《廣韻》去聲「號」韻「薄報切」下：「菢，

36 游汝傑：《漢語方言學導論》，上海教育出版社 2000 年版。

鳥伏卵。」《廣韻》去聲「宥」韻「扶富切」下：「伏，鳥菢子。又音服。」江西方言大多數方言點稱「孵」為「菢」或「伏」。

孵～小雞 （詞 113）	方言點
菢	〔贛〕南昌、修水、湖口、撫州、資溪、宜黃、 　　豐城、高安、新余、吉安 〔客〕寧都、瑞金、于都、贛縣 〔官〕贛州、白槎 〔吳〕上饒
伏	〔贛〕鄱陽、鉛山 〔客〕南康、龍南、尋烏、黃坳、大溪、太源 〔徽〕浮梁、婺源 〔吳〕廣豐 〔閩〕銅山

上述方言點所說的「伏」不讀一般的入聲（即讀「扶富切」的音，不讀「服」的音），也不同於共同語和其他方言中所說的「孵（《廣韻》平聲『芳無切』）」，讀重唇（雙唇音）聲母，聲調為去聲（或陽去）。

15. 表「閹割」義的「驐（dūn）」和「鐅（xiàn）」

《廣韻》平聲「魂」韻「都昆切」下：「驐，去畜勢，出《字林》。」所謂「去畜勢」即去掉雄性家畜家禽的生殖器。《正字通》釋「鐅」：「今俗雄雞去勢謂之鐅，與宦牛、閹豬、騸馬義同。《篇海類編》：「鐅」音「先諫切」。「鐅」另可寫作「線」，宋・戴復古《常寧縣訪許介之途中即景》：「區別鄰家鴨，群分各線雞。」江西方言部分方言點稱「閹割」為「驐」或「鐅」。

閹~雞｜~豬 （詞 115）	方言點
鐵	〔贛〕南昌*、修水、湖口、鄱陽、撫州*、 資溪*、宜黃、豐城*、高安*、新余、吉安* 〔客〕寧都*、銅鼓* 〔官〕九江*、白槎*
驏	〔徽〕浮梁*、婺源*〔贛〕鉛山、撫州*、豐城*、 吉安*、遂川 〔客〕于都、贛縣、南康、黃坳、銅鼓*、大溪、 太源 〔官〕贛州 〔吳〕上饒、廣豐 〔閩〕銅山

說明：＊南昌話、撫州話、資溪話、豐城話、高安話、吉安話、寧都話、銅鼓話、九江話、白槎話、浮梁話、婺源話「鐵」只用於稱「鐵雞」。撫州話、豐城話、吉安話、寧都話、銅鼓話「驏」只用於稱「驏豬」。

16. 表「橡子」義的「桷（jué）」

《廣韻》入聲「覺」韻「古岳切」下：「桷，橡也。」江西方言有部分方言點以「桷」為主要語素構成稱說「橡子」的合成詞。

橡子（詞122）	方言點
桷	〔官〕九江
桷子/哩/崽/团	〔贛〕撫州*、資溪*、宜黃*、豐城* 〔客〕寧都*、瑞金*、太源* 〔閩〕銅山*
瓦桷（子/嘞）	〔客〕于都*、贛縣*、南康*、龍南、尋烏、黃坳* 〔官〕贛州*
屋桷子/兒	〔贛〕鄱陽* 〔徽〕浮梁*

　　說明：*撫州話、資溪話、豐城話、寧都話、瑞金話說「桷子」，宜黃話說「桷哩」，太源話說「桷崽」，銅山福建話說「桷团」。于都話、贛縣話、黃坳話、贛州話說「瓦桷子」，南康話說「瓦桷嘞」。鄱陽話說「屋桷子」，浮梁話說「屋桷兒」。

17. 表「窗」義的「屎（qiǎn 或 kǎn）」「閣（gé）」

　　《廣韻》上聲「模」韻「苦減切」下：「屎，牖也。」《廣韻》入聲「合」韻「古沓切」下：「閣，《爾雅》：『小閨』。」江西方言中部分方言點稱「窗戶」為「屎」或以「屎」為主要語素構成的「屎子」、「屎嘚」、「屎兒」、「屎門」。個別方言點稱「閣子」。「屎」音義合；「閣」音合義近。

窗戶（詞123）	方言點
屎（子/嘚/兒）	〔贛〕鄱陽*、資溪、豐城*、高安*、新余* 〔徽〕浮梁*、婺源
屎門	〔贛〕鉛山、撫州 〔客〕太源
閣子	〔贛〕南昌

說明：＊鄱陽話、豐城話、高安話說「屎子」，新余話說「屎嘚」，浮梁話說「屎兒」。

18. 表「鍋」義的「鑊（huò）」

《方言》第五：「鍑，或謂之鑊。」晉郭璞註：「鍑，釜屬也。」《周禮・天官・亨人》：「亨人掌共鼎鑊。」鄭玄註：「鑊，所以煮肉及魚臘之器。」《淮南子・說山》：「嘗一臠肉，知一鑊之味。」高誘註：「有足曰鼎，無足曰鑊。」《廣韻》入聲「鐸」韻「胡郭切」下：「鑊，鼎鑊。」江西方言有相當一部分方言點稱「鍋」為「鑊」。

鍋蓋（詞 138）	方言點
鑊	〔贛〕南昌、修水、湖口、鄱陽、資溪、豐城、高安、新余、遂川 〔客〕寧都、瑞金、于都、贛縣、南康、尋烏、黃坳、銅鼓、太源 〔官〕九江

19. 表「蒸飯具」義的「甑（zèng）」

《唐韻》《集韻》《韻會》《正韻》：「甑，子孕切，增去聲。」《說文》：「甑，甗也。」《廣韻》：「古史考曰：『黃帝始作甑』。」《韻會》：「屬也。甗無底曰。」《周禮・冬官考工記陶人》：「甑實二鬴，厚半寸。」江西方言各方言點基本上稱蒸米飯的木製器具為「甑」或「甑子」「飯甑」。

甌子（詞 139）	方言點
甌	〔贛〕湖口、撫州、資溪、宜黃、豐城、高安、 　　　新余、吉安、遂川 〔客〕黃坳、銅鼓 〔官〕九江
甌子	〔贛〕修水 〔徽〕浮梁
飯甌	〔贛〕南昌、鄱陽、鉛山 〔客〕寧都、瑞金、于都、贛縣、龍南、尋烏、 　　　大溪、太源 〔官〕贛州*、白槎 〔徽〕婺源 〔吳〕上饒、廣豐

說明：＊贛州話說「飯甌子」。

20. 表「炊𥰓」義的「筅（xiǎn）」

《廣韻》上聲「銑」韻「先典切」下：「筅，筅𥰓，飯具。」
「筅，上同（筅）。」《集韻》：「筅，蘇典切，音銑。筅，筅𥰓。」
江西方言中有部分方言點稱「炊𥰓」為「筅𥰓」。

炊𥰓（詞 140）	方言點
筅𥰓	〔贛〕鄱陽、鉛山、豐城、新余、吉安、遂川 〔客〕太源*

說明：＊客家方言太源畬話稱「鑊筅崽」。

21. 表「嬰兒」義的「（伢）（yá）」

《集韻》平聲「麻」韻「牛加切」下：「吳人謂赤子曰𡣺。」

「孖」今通常寫作「伢」。江西方言多數方言點都以「伢」為主要語素構成對「嬰兒」的稱呼。

嬰兒（詞 145）	方言點
伢	〔官〕九江、白槎
伢（子/哩/嘚/崽/兒）	〔贛〕南昌*、修水*、鄱陽*、撫州*、資溪*、宜黃*、豐城*、吉安* 〔客〕于都*、龍南、黃坳 〔官〕九江 〔徽〕婺源 〔吳〕上饒*
毛頭伢	〔吳〕廣豐 〔客〕大溪
奶伢子	〔贛〕鄱陽
赤伢子	〔客〕寧都
安伢子	〔客〕龍南*、銅鼓
□ŋ⁴⁴伢嘚	〔客〕龍南
細伢哩	〔贛〕遂川

說明：* 南昌話、于都話說「毛伢子」，修水話、吉安話說「毛伢哩」，撫州話、資溪話、豐城話說「毛伢崽」，宜黃話說「□〔mɔŋ⁴⁵ 伢崽〕」，上饒話說「毛伢兒」。

22. 表「母親」義的「嫛（mī）」

《廣韻》平聲「支」韻「武移切」下：「嫛，齊人呼母。」江西方言部分方言點以「嫛」為主要語素構成對「母親」的稱呼。

母親（詞160）	方言點
嫷	〔客〕于都、贛縣、大溪 〔吳〕廣豐 〔閩〕銅山
姆	〔贛〕鄱陽、鉛山、資溪、新余
阿	〔客〕黃坳、銅鼓、太源

23. 表「腳跟」義和「胳膊肘」義的「踭（zhēng）」

《集韻》平聲「耕」韻「側莖切」下：「踭、足筋。」又「梗」韻「側杏切」下：「踭、足跟筋也。」江西方言大多數方言點以「踭」為主要語素引申構成指「腳跟」和「胳膊肘」的合成詞。

腳跟（詞212）	方言點
腳踭	〔贛〕南昌、修水、湖口、鄱陽、鉛山、撫州、 　　　資溪、宜黃、高安、豐城、新余、遂川 〔客〕寧都*、瑞金、于都、贛縣、南康、龍南、 　　　尋烏、黃坳、銅鼓、大溪、太源 〔官〕贛州 〔徽〕婺源 〔吳〕上饒、廣豐* 〔閩〕銅山*

　　說明：*寧都話稱「腳後踭」，廣豐話稱「骹踭」，銅山福建話稱「骹後踭」。

胳膊肘 （詞 200）	方言點
手睜	〔贛〕修水 〔客〕寧都*、瑞金、于都、贛縣、南康、龍南、 　　尋烏、黃坳、銅鼓*、大溪* 〔官〕贛州
斗睜	〔徽〕婺源斗〔贛〕南昌、撫州、資溪、宜黃、 　　豐城、高安、吉安

説明：＊寧都話稱「手彎」，銅鼓話稱「手骨」，大溪話稱「手掌」。

24. 表「唾液」義的「瀺」和「瀬（濡）」

江西方言中部分方言點分別以「瀺」和「瀾」為主要語素構成稱「唾液」的詞語。

口水（詞 198）	方言點
瀺	〔贛〕修水、湖口*、鄱陽、鉛山* 〔官〕九江 〔徽〕浮梁* 〔吳〕上饒*、廣豐 〔客〕大溪
瀾	〔贛〕宜黃* 〔客〕寧都*、瑞金*、于都*、尋烏*、太源* 〔閩〕銅山

説明：＊湖口話稱「口瀺」，鉛山話、上饒話稱「口瀺水」，浮梁話說「瀺兒」。寧都話、瑞金話稱「口瀾」，宜黃話、于都話、太源畬話稱「口瀾水」。

　　上述吳語方言點和部分贛方言點以及官話方言九江話、徽州方言浮梁話、客家方言大溪話分別說「瀺」「瀺兒」「口瀺」「口瀺水」。部分客家方言點以及贛方言宜黃話、閩方言銅山福建話分別說「瀾」「口瀾」「口瀾水」。

　　《集韻》平聲「咸」韻「士咸切」切下：「瀺，瀺灂，水落貌。」《廣韻》平聲「寒」韻「落干切」切下：「瀾，大波。」「瀺」音同義近，當為本字。「瀾」則意義不合，為從俗寫法。

　　客家方言點所說「瀾」一詞，梅縣話讀〔lan⁴⁴〕，于都話讀〔lã³¹〕，寧都話讀〔lan⁴²〕，均為陰平調。《于都方言詞典》中寫作「瀾」。《梅縣方言詞典》中寫作「㳻」，引《集韻》平聲「山」韻「離閒切」下「㳻，水貌」，意義也不合。寧都縣田頭鄉方言稱魚類體膚表面的粘液叫「〔lan⁵¹〕」，人類、動物的唾液也叫「〔lan⁵¹〕」，大概取其沾染、濡濕的意義。著者考證其本字當為「瀨」，而「濡」為同族詞或更早期的本字。

　　《漢語大詞典》：「濡……4. 浸漬；沾濕。《易·夬》：『獨行，遇雨若濡，有慍，無咎。』……5. 滋潤。《詩經·小雅·皇皇者華》：『我馬維駒，六轡如濡。』」《說文解字》：「灘，水濡而干也。」大概沙灘就是含水的沙渚，被淺水濡濕而成。《漢語大詞典》：「瀨……3. 淺水沙石灘。《漢書·司馬相如傳》下：『東馳土山兮，北揭石瀨。』顏師古註：『石而淺水曰瀨。』」「瀨」「濡」之間有語源關係，也與其均有「沾濕、滋潤」義有關。

　　唾液與「濡」和「瀨」的「沾濕、滋潤」意義相關聯。讀音上，也符合語音對應規律。

　　《經典釋文》：「濡，而轉反」，又「奴亂反」。客家方言中

日母、泥母都有讀成〔l-〕聲母的現象。聲調上，客家方言有次濁上讀陰平的現象。「瀨」也有陽聲韻的讀法，《說文解字注》：「瀨渚謂之陵水……自瀨渚東流為瀨溪，鄉民誤曰爛溪。」方言中，「瀨」讀陽聲韻的例子也有，廈門話中「瀨」有陰陽韻兩讀。與「瀨」字同偏旁的「懶」字也讀陽聲韻。聲調上，「瀨」讀去聲，但考慮到同部字「懶」在客家方言中讀陰平的現象，「瀨」也有可能讀陰平。

另外，少數民族語言中「唾液」的說法和客家方言區古人的詩歌，也可證明「瀨」是唾液的本字。鄧曉華《客家話跟苗瑤壯侗語的關係問題》[37]一文中有「lai2 泰，la:i2 傣；la:i2，mla:i2 壯」的記錄。清初著名散文家寧都三魏之一的魏禧在《賊平後經頭陂墟市》詩中有「鵝鴨籠中喧白瀨，兒童樹下數青錢」之句，其中前句意即鵝鴨在籠子中大聲鳴叫，使得唾液直流。

所以，「瀨」音義皆通，都有可能為唾液的本字，考慮到少數民族語言的讀音，「瀨」大概是更直接的來源，「濡」則為同族詞或更早期的本字。

25. 表「飯粒」義的「糝（sǎn）」

《廣韻》上聲「感」韻「桑感切」下：「糂，羹糂。糝，上同。」《說文解字》：「古文糂作糝，以米和羹也。一曰粒也。」《周禮·天官》：「羞豆之實，酏食糝食。」江西方言部分方言點稱

---

37 鄧曉華：《客家話跟苗瑤壯侗語的關係問題》，《民族語文》，1999 年第 3 期。

「米飯粒兒」為「糝」：

飯粒（詞 247）	方言點
飯糝	〔贛〕鉛山、豐城、高安 〔客〕銅鼓、大溪、太源 〔徽〕婺源 〔吳〕上饒、廣豐
米糝	〔贛〕湖口、鄱陽

26. 表「脂肪少」的「瘦」義的「腈（jīng）」

《集韻》平聲「清」韻「咨盈切」下：「腈，肉之粹者。」
江西方言中大部分方言點稱「瘦肉」為「腈肉」。

瘦肉（詞 250）	方言點
腈肉	〔贛〕南昌、修水、鄱陽、鉛山、撫州、資溪、 　　　宜黃、豐城、高安、新余、吉安、遂川 〔客〕寧都、瑞金、于都、贛縣、南康、龍南、 　　　尋烏、黃坳、銅鼓、大溪 〔官〕白槎 〔徽〕浮梁、婺源 〔吳〕上饒、廣豐 〔閩〕銅山

27. 表「煮」義的「煠（shà）」

《廣韻》入聲「洽」韻「士洽切」下：「煠，湯煠。」江西
方言部分方言點稱「把蛋放在清水中煮」為「煠蛋」。

清水中煮～蛋 （詞 277）	方言點
煠	〔贛〕南昌、鉛山、撫州、資溪、豐城、高安、 　　新余 〔客〕瑞金、于都、贛縣、南康、龍南、尋烏、 　　黃坳、銅鼓、大溪 〔徽〕浮梁 〔吳〕上饒、廣豐 〔閩〕銅山

28.表「玩」義的「嬉（娭）」

《方言》卷十「媱，愓，游也。江沅之間謂戲為媱，或謂之愓，或謂之嬉」。江西方言中，贛方言鉛山話、徽州方言婺源話和吳方言上饒話、廣豐話稱「玩耍」為「嬉」，讀陰平調。《廣韻》平聲「之」韻「許其切」下：「嬉，游也。」《集韻》平聲「之」韻「許其切」下：「娭，並音熙……又戲也。」

玩兒（詞 309）	方言點
嬉（娭）	〔贛〕鉛山 〔徽〕婺源 〔吳〕上饒、廣豐

29.表「潛水」義的「沕（mèi）」

《史記・屈原賈生列傳》：「襲九淵之神龍兮，沕深潛以自珍。」司馬貞索引：「張晏曰：『沕，音密，又音勿也。』」《集韻》去聲「隊」韻「莫佩切」下：「沕，潛藏。」江西方言大部分方

言點都以「汋」為主要語素構成稱呼「潛水」的合成詞。

潛水（詞 317）	方言點
打/鑽汋子	〔贛〕南昌*、修水、鉛山、撫州*、宜黃、豐城、高安*、新余*、吉安*、遂川* 〔客〕贛縣*、太源 〔官〕九江、白槎
打/鑽水汋	〔客〕于都 〔客〕浮梁 〔吳〕廣豐
打浸/泅汋	〔客〕寧都、瑞金、南康
鑽烏汋	〔吳〕上饒 〔客〕大溪
汋水（子）	〔客〕龍南、尋烏、黃坳、銅鼓
汋腦	〔贛〕鄱陽

　　說明：*南昌話說「入汋古子」，撫州話、高安話說「口〔sa〕汋子」，新余話說「下汋子」，吉安話說「打汋牯哩」，遂川話說「作汋」，贛縣話說「鑽汋口〔ɕi⁴⁴〕子」。

30. 表「點頭」義的「頷（ǎn）」

　　《說文》：「頷，低頭也。從頁金聲。」徐鍇系傳：「點頭以應也。」《廣韻》中「頷」有三音：平聲「侵」韻「去金切」、上聲「寑」韻「欽錦切」「五感切」。江西方言中稱「點頭」為「頷頭」的主要是客家方言點和部分贛方言點。

點～頭 （詞 318）	方言點
鎮	〔贛〕修水、鉛山、撫州、資溪、宜黃、高安 〔客〕寧都、瑞金、于都、贛縣、南康、尋烏、 　　　黃坳、銅鼓、太源

31. 表「咀嚼」義的「噍（jiào）」

《說文解字》：「噍，齧也。從口焦聲。嚼，噍或從爵。」《說文》中「噍」「嚼」用法相同。在《廣韻》中「噍」「嚼」已分：噍，「才笑切」，為舒聲韻；嚼，「才爵切」，為入聲韻。江西方言贛方言點和客家方言點基本上稱「咀嚼」為「噍」。

嚼～飯 （詞 321）	方言點
噍	〔贛〕南昌、修水、鉛山、撫州、資溪、宜黃、 　　　豐城、高安、新余、吉安、遂川 〔客〕寧都、瑞金、于都、贛縣、南康、龍南、 　　　尋烏、黃坳、銅鼓

32. 表「扯、拔」義的「搒（pāng）」

《集韻》平聲「庚」韻「哺橫切」下：「搒，相牽也，或作扌方。」早期客家文獻中有體現，字作「掶」，「鈀子一張田裡擦，掶來掶去甚艱辛」。江西方言中主要是客家方言點「拔蘿蔔」的「拔」多說「搒」。

拔～蘿蔔 （詞 331）	方言點
捞	〔客〕寧都、瑞金、于都、贛縣、南康、龍南、 　　　尋烏、黃坳 〔贛〕遂川

33. 表「分開、掰開」義的「搣（miè）」

《廣韻》入聲「薛」韻「亡列切」下：「搣，手拔，又摩也。」江西方言大多數方言點都稱「掰開橘子」的「掰」為「搣」。

掰～橘子 （詞 333）	方言點
搣	〔贛〕湖口、鉛山、撫州、資溪、豐城、高安、 　　　新余、吉安 〔客〕寧都、瑞金、贛縣、南康、龍南、尋烏、 　　　銅鼓、大溪、太源 〔官〕贛州、白槎 〔徽〕浮梁 〔吳〕上饒、廣豐

34. 表「拔」義的「搴（qián）」

《集韻》平聲「鹽」韻「徐廉切」下：「搴，摘也。」「再多說，我把你這鬍子還搴了呢！」（《紅樓夢》）「果然自己一把一把將那頭髮大絡搴將下來。」（《醒世姻緣傳》）江西方言部分方言點稱「拔雞毛」為「搴雞毛」。

拔～雞毛 （335）	方言點
撏	〔贛〕鄱陽、鉛山、撫州、資溪、宜黃、豐城、 高安、新余、吉安 〔客〕銅鼓、大溪、太源 〔官〕白槎 〔吳〕廣豐

35. 表「挑」義的「挗（kài）」

《廣韻》上聲「海」韻「胡改切」下：「挗，動也。」《集韻》：「挗，一曰擔也。」江西方言中客家方言點都稱「挑擔」為「挗擔」。

挑～擔 （詞340）	方言點
挗	〔客〕寧都、瑞金、于都、贛縣、龍南、尋烏、 黃坳、銅鼓、大溪

「挗」應為俗字，其更古老的本字當作「荷」。《廣韻》：「荷，胡可切。」《左傳・昭公元七年》：「其子弗克負。」《注》：「荷，擔也。」《論語》：「有荷蓧而過孔氏之門者。」《疏》：「荷，擔揭也。」

36. 表「扛、抬」義的「掆（gāng）」

《廣韻》平聲「唐」韻「古郎切」下：「掆，舉也。」江西方言多數方言點都以「掆」來稱說「扛、抬」，其中部分方言點以「掆」稱「抬（兩人或更多人共同以手或肩搬物）」，部分方

言點以「搁」稱一般性的「扛（以肩承載物）」。

扛、抬 （詞 341）	方言點
搁一人～一根	〔贛〕湖口*、鄱陽、吉安 〔客〕黃坳
搁兩人～一根	〔贛〕湖口*、鉛山、撫州、資溪、宜黃、豐城、 高安、新余、遂川 〔客〕寧都、瑞金、于都、贛縣、南康、龍南、 尋烏、銅鼓、太源 〔徽〕浮梁、婺源

說明：＊湖口話「搁」適用於一人動作和多人動作。

37. 表「站立」義的「徛（jì）」

《廣韻》上聲「紙」韻「渠綺切」下：「徛，立也。」江西方言大多數方言點「站立」都稱「徛」。

站（詞 342）	方言點
徛	〔贛〕南昌、修水、湖口、鄱陽、鉛山、撫州、 資溪、宜黃、豐城、高安、遂川 〔客〕寧都、瑞金、于都、贛縣、南康、龍南、 尋烏、黃坳、銅鼓、大溪、太源 〔徽〕浮梁、婺源 〔吳〕上饒、廣豐 〔閩〕銅山

「徛」為中古上聲全濁聲母字，在上述說「徛」的方言點中，讀陽上調的有：〔吳〕上饒、廣豐；〔徽〕婺源；〔贛〕遂川；

讀陽去調的有：〔贛〕修水、資溪、高安；〔客〕大溪；〔徽〕浮
梁；讀陰平調的有：〔贛〕南昌、鄱陽、鉛山、撫州、宜黃、豐
城；〔客〕寧都、瑞金、于都、贛縣、南康、龍南、尋烏、黃
坳、太源。讀陽上調、陽去調的，符合古今聲調對應一般規律。
客家方言點多數讀陰平調，贛方言點有部分讀陰平調，則表現了
贛方言和客家方言「濁上歸陰平」的特點。湖口話讀陰去，銅鼓
話讀陽平，情況特別。

38.表「蹲」義的「跍（kū）」和「（bū）」「跼（qú）」

《廣韻》平聲「模」韻「苦胡切」下：「跍，蹲貌。」《廣韻》
平聲「模」韻「博孤切」下：「趉，伏地。」《集韻》平聲「虞」
韻「權虞切」下：「跼……一曰拘跼不伸。」江西方言中部分方
言點稱「蹲」的動作為「跍」或「趉」，個別方言點稱「跼」。
「跍」音義合；「趉」和「跼」音合義近。

蹲（詞 343）	方言點
跍	〔贛〕南昌、修水、鉛山、撫州、高安、新余 〔客〕寧都、太源 〔官〕白槎 〔徽〕浮梁* 〔閩〕銅山
趉	〔贛〕吉安、遂川 〔客〕瑞金、于都、贛縣、南康、龍南、尋烏、黃坳 〔官〕贛州
跼	〔徽〕浮梁

*說明：*浮梁話兼說「跍」「跼」。

39.表「藏」義的「囥（kàng）」和「偋（屏）（bìng）」

《集韻》去聲「宕」韻「口浪切」下：「囥，音亢。藏也。」
《廣韻》去聲「勁」韻「防正切」下：「偋，隱僻也，無人處。
又蒲徑切。」江西方言表「藏」義的動詞主要是「囥」和「偋」。

	方言點	
囥～東西 （詞 354）	〔贛〕修水、鄱陽、鉛山、撫州、資溪、宜黃 〔客〕大溪、太源 〔徽〕浮梁、婺源 〔吳〕上饒、廣豐 〔閩〕銅山	
偋	偋～東西（詞 354）｜ 躲藏（詞 355）	〔客〕寧都、瑞金、于都、 　　贛縣、南康、龍南、 　　尋烏、黃坳、銅鼓
	偋～（詞 354）	〔贛〕新余、吉安、遂川 〔官〕贛州
	偋（詞 355）	〔客〕太源

40.表「知道」義的「曉」

《方言》卷一：「黨，曉，哲，知也。楚謂之黨，或曰曉。」
江西方言表示「知道」除個別方言點以外，絕大部分方言點都說
「曉得」。

知道（詞362）	方言點
曉得	〔贛〕南昌、修水、湖口、鄱陽、鉛山、撫州、資溪、宜黃、豐城、高安、新余、吉安、遂川 〔客〕寧都、瑞金、于都、贛縣、南康、龍南、尋烏、黃坳、銅鼓、大溪、太源 〔官〕九江、贛州、白槎 〔徽〕婺源 〔吳〕上饒、廣豐 〔閩〕銅山

41. 表第三人稱的「渠（qú）」

《集韻》平聲「魚」韻「求於切」下：「佢，吳人呼彼稱，通作渠。」古代書例中常用「渠」字，如《古詩為焦仲卿妻作》：「雖與府吏要，渠會永無緣。」江西方言大部分方言點都以「渠」作第三人稱。

他（詞393）	方言點
渠	〔贛〕南昌、修水、鄱陽、鉛山、撫州、資溪、宜黃、豐城、高安、新余、吉安、遂川 〔客〕寧都、瑞金、于都、贛縣、南康、龍南、尋烏、黃坳、銅鼓、大溪、太源 〔官〕九江 〔徽〕浮梁、婺源 〔吳〕上饒、廣豐

42. 表「（長度、高度）量大」義的「猛（孟）」

江西方言中表示長度、高度的「量大」有以「猛」相稱的說法。

長繩子～ （詞 411）	方言點
猛（孟）	〔贛〕南昌、湖口、鄱陽、鉛山、撫州、資溪、宜黃、豐城、高安、新余 〔客〕寧都、瑞金、于都、贛縣 〔徽〕浮梁

本書中將上述方言點表「長」義一詞記作「猛」，是從準確記音考慮。著者認為，該詞的本字當為「孟」。《說文》：「孟，長也……莫更切」，而《類篇》：「長……展兩切，孟也，進也」。「孟」「長」互訓。「長」本身的幾個意義之間的關係是相關聯的，《類篇》：「長，久遠也……直良切」「展兩切，孟也進也」，特別是「孟也，進也」，長幼秩序的「長」明顯與「進」有關。麥耘教授說：「孟，由輩分的長幼引申為長度的長短，完全可能。」

「孟」與「猛」聲調有異。《類篇》：「孟，莫更切，長也……又母浪切」，「孟」為去聲。但著者發現，「母浪切」中反切下字「浪」也有上聲的讀法，《類篇》：「浪，盧當切，滄浪水名……又裡黨切」，可見「浪」於去聲之外還有平聲、上聲兩讀。因此，「孟」也可以讀同「猛」。

「孟」在南昌話等贛方言點讀上聲，在客家方言寧都話、瑞金話、于都話中讀陰平，則依據客家方言古次濁上歸讀陰平的條

例。所以，「孟」為各點〔maŋ〕的本字，音義皆合。

43. 表「短」義的「口」

江西方言中表示長度的「量小」在「短」以外還有以下說法。

短繩子～ （詞 412）	方言點
口	〔贛〕修水：lon²¹、豐城：naŋ⁴¹、高安：lan⁴²、 新余：lan⁴² 〔客〕寧都：naŋ¹³、瑞金：naŋ³⁵

上述贛方言點和客家方言點表示「短」的讀舌尖中鼻音或邊音聲母的說法，有可能是少數民族語言的底層詞。著者發現畬語裡「短」也有類似上面的說法。李云兵《現代畬語有鼻冠音聲母》[38]引了博羅、惠東的例子：「長坑 nᵗaŋ55 ₍₃₎ →嶂背 nᵗaŋ55 ₍₃₎ →陳湖 nᵗaŋ33 ₍₃₎ → 下 nᵗaŋ55 ₍₃₎ →大坪 naŋ53 ₍₃₎」，前面四個點聲母帶鼻冠音，最後一個鼻冠音成主要聲母，讀成〔n〕。金理新[39]的精組與端組的擬音，說明鼻冠音〔nt〕與鼻冠音〔nts〕存在著密切關係。

基於上述兩種現象，可以推斷出〔n-〕的發展過程，可擬為①nts＞nt＞ts，或者②nt＞nts＞n。 寧都話中「挣（用力）」一

---

38 李云兵：《現代畬語有鼻冠音聲母》，《民族語文》，1997 年第 1 期。

39 金理新，《精組的上古讀音構擬》，《溫州師範學院學報》，2000 年第 4 期。

詞，說〔nuŋ³¹〕或〔tsɯŋ³¹〕，也可證明以上推論。

44. 表「乾」義的「燶（zāo）」

《廣韻》平聲「豪」韻「作曹切」下：「燶，火余木也。」《說文解字》釋「燶」：「焦也。」江西方言中主要是客家方言點稱「曬乾」的「乾」為「燶」，其中部分方言點「渴」也稱「燶」。

乾曬～｜渴口～ （詞 428）	方言點
燶	〔贛〕宜黃* 〔客〕寧都*、瑞金、于都、贛縣*、南康*、 　　　龍南*、尋烏*、黃坳、大溪*、太源 〔官〕贛州*

說明：* 宜黃話、贛縣話、南康話、龍南話、尋烏話、大溪話、贛州話「燶」只稱「曬乾」的「乾」。寧都話「燶」只稱「渴」。

45. 表「晚」義的「晏（àn）」

《廣韻》去聲「翰」韻「烏旰切」切下：「晏，晚也。」江西方言各方言點基本上都稱「晚」為「晏」。

晚（詞 431）	方言點
晏	〔贛〕南昌、修水、湖口、鄱陽、鉛山、撫州、 　　　資溪、宜黃、豐城、高安、新余、吉安、 　　　遂川 〔客〕寧都、瑞金、于都、贛縣、南康、龍南、 　　　銅鼓、大溪、太源 〔官〕九江、贛州 〔徽〕浮梁、婺源 〔吳〕上饒、廣豐 〔閩〕銅山

《廣韻》「晏」又注「於諫切」，為二等韻，義非「晚」。江西方言表「晚」義的「晏」都讀一等韻的「烏旰切」，與「按案」同音，讀洪音。

46. 表「肥、胖」義的「壯」

《方言》卷一：「秦晉之間凡人之大謂之奘，或謂之壯。」江西方言大部分方言點都以「壯」來稱說「肥、胖」，其中多數方言點「壯」兼用於人和動物，少數方言點「壯」只用於動物。

胖｜肥（詞 439）	方言點
壯人～｜豬～	〔贛〕鄱陽、鉛山、宜黃、高安、新余、 　　　吉安、遂川 〔客〕瑞金、于都、龍南、尋烏、黃坳、 　　　銅鼓、大溪、太源 〔吳〕上饒、廣豐
壯豬～	〔贛〕南昌、修水、湖口、撫州、資溪、豐城 〔客〕贛縣 〔徽〕浮梁、婺源

下面再選擇江西方言中未見於本書第五章「江西方言代表方言點詞語對照」的部分詞語作簡略詞源考釋。

櫼

唐代慧琳《一切經音義》：「（楄），又作櫼，同先結反，江南言櫼，子林反。」《集韻》平聲「鹽」韻「將廉切」下：「櫼，《說文解字》：『楔也。』」江西方言部分方言點稱「楔子」為「櫼」，見於贛方言、客家方言、吳方言。「櫼」還可以作動詞，義為「擠進去」。

坼

《集韻》入聲「陌」韻「恥格切」下：「坼，《說文解字》：『裂也』。」江西方言部分方言點稱「裂縫」為「坼」，見於贛方言、客家方言、吳方言。

碫

《廣韻》去聲「換」韻「丁貫切」下：「礛石。《詩經·大雅》：『取厲取碫』，毛傳云『碫，石也』。」台階多以石砌成，因以「碫」稱。江西方言部分方言點稱「台階」為「碫」「碫子」，見於客家方言。

匏

音「蒲」。《說文解字》：「匏，瓠也。」「匏」即「瓠子，葫蘆」。《廣韻》平聲「肴」韻「薄交」切，「肴」韻一部分字在上古歸「幽」部，讀〔-u〕韻母，保留古音。江西方言部分方言點稱「瓠子，葫蘆」為「匏」，見於贛方言、客家方言、吳方言。

椑

《廣韻》平聲「支」韻「府移切」下：「木名，似柿。《荊州記》曰，宜都分大椑。」江西方言部分方言點稱「柿子」為「椑」，見於贛方言、客家方言。

雁鵝

《方言》卷八「雁，南楚之外謂之鵝」。江西方言部分方言點稱「雁」為「雁鵝」，見於贛方言。

　　《廣韻》入聲「樂」韻「居縛切」下：「，《說文》曰『大也』。」「」即今「鋤」。江西方言部分方言點稱「鋤頭」為

「頭」，見於客家方言。

筲

《方言》卷十三「籅，南楚謂之筲」。江西方言部分方言點稱一種常見竹器為「筲箕」，見於贛方言區。

崽

《方言》卷十「崽者，子也，湘沅之會，凡言子者謂之崽」。江西方言部分方言點稱「兒子」為「崽」，見於贛方言。

盪

《廣韻》上聲「蕩」韻「徒朗切」下：「盪，滌盪，搖動貌。《說文》曰：『滌器也』。」江西方言部分方言點稱「蕩滌（容器）」為「盪」，見於贛方言、客家方言、吳方言。贛方言和客家方言中不少方言點「盪」依據「濁上歸陰平」的條例讀陰平調，音義俱合。

晾

《集韻》去聲「宕」韻「郎宕切」下：「晾，暴也。」「晾」在典籍中也有「晾」的意思：陸游《春日》詩有「遲日園林嘗煮酒，和風庭院新絲」句。江西方言部分方言點稱「晾（衣服）」為「晾」，見於贛方言、客家方言、吳方言、徽州方言。

縈

《廣韻》平聲「清」韻「於營切」下：「縈，繞也。」《詩經·周南·樛木》：「南有樛木，葛藟縈之」，毛傳，「縈，繞也」。江西方言部分方言點稱「繞（線）」為「縈」，見於贛方言、客家方言。

俵

《廣韻》去聲「笑」韻「方廟切」下：「俵，散。」江西方言部分方言點稱「分（物）、分給」為「俵」，見於贛方言、客家方言、吳方言。

舞

章炳麟《新方言》：「盧之合肥，黃之蘄州，皆謂做事為舞。」《儒林外史》：「你們各家照分子派，這事就舞起來了。」江西方言部分方言點稱「做（事）」為「舞」，見於贛方言、客家方言、吳方言。

攎

《集韻》平聲「模」韻「落胡切」下：「攎，攎斂。」江西方言部分方言點稱「摟（物）」為「攎」，見於贛方言、客家方言、吳方言。

摎

《集韻》「肴」韻「力交切」下：「摎，物相交也。」江西方言部分方言點稱「把（物）混合」為「摎」，見於客家方言，多讀陰平調。

挼

《廣韻》平聲「戈」韻「奴禾切」下：「挼莎，兩手相切摩也。」江西方言部分方言點稱「揉搓」為「挼」，見於贛方言、客家方言、吳方言。

揞

《方言》卷六：「揞、揜、錯、摩、藏也。荊楚謂 。」《廣雅・釋詁四》：「揞，藏也。」王念孫疏證：「揞，猶揜也。」《廣

韻》上聲「感」韻「烏感切」下：「揜，庵上聲。藏也，手覆也。」江西方言部分方言點稱「（手）按」為「揜」，見於贛方言、客家方言。

搲

《類篇・手部》上聲「馬」韻「烏瓦切」下：「吳俗謂手爬物曰搲。」也見於近代漢語，指手抓住物體。明張岱《陶庵夢憶・爐峰月》：「余挾二樵子從壑底　而上，可謂疾絕。」江西方言部分方言點稱「用手抓取」為「搲」，見於贛方言、客家方言、吳方言。

涿

《集韻》入聲「屋」韻「都木切」下：「涿，流下滴。」江西方言部分方言點稱「淋雨」為「涿雨」，見於贛方言、客家方言和徽州方言。

構

《廣韻》去聲「候」韻「古候切」下：「構，架也，合也，成也，蓋也，亂也。」江西方言少數方言點稱「結冰」為「打構」「起構」，見於客家方言、吳方言。

熝

《集韻》入聲「屋」韻「盧谷切」下：「熝，煉也。」江西方言稱部分方言點「（用、被熱水）燙」為「熝」，見於客家方言。

賸

《說文》：「賸，物相加也」。徐鍇系傳：「今鄙俗謂物余為賸。」《廣韻》去聲「證」韻「以證切」下；「賸，增益。又實

證切」。《集韻》「證」韻「以證切」：「賸，余也，俗剩。」江西
方言部分方言點稱「剩餘」為「賸」，見於贛方言、客家方言、
徽州方言。

三、江西方言詞彙特點概述

（一）江西方言詞彙特點總述

　　1. 江西方言中，一些詞音同字同，意義上卻有差別。如果不
弄清它們的意義，會造成很大的誤解。例如「公公」，有的地方
指祖父，有的地方指外祖父，有的地方指夫之父。「爹爹」也可
指父親或祖父。

　　①公公——祖父；外祖父；夫之父

　　祖父：〔贛〕南昌、湖口、撫州、宜黃、豐城、新余、
　　　　　　　　吉安、遂川

　　　　　〔客〕寧都、瑞金、于都

　　　　　〔官〕九江

　　外祖父：〔官〕贛州

　　夫之父：〔贛〕南昌、修水、鄱陽、宜黃、吉安

　　　　　〔客〕銅鼓

　　　　　〔官〕九江、白槎

　　　　　〔徽〕浮梁、婺源

　　　　　〔吳〕上饒、廣豐

　　　　　〔閩〕銅山

　　②爹爹——父親；祖父

父親：〔贛〕湖口、鄱陽、撫州、宜黃、豐城、新余、
　　　　　吉安、遂川
　　　　〔客〕贛縣、南康、龍南
　　　　〔官〕贛州
祖父：〔贛〕湖口、鄱陽、鉛山、撫州
　　　　〔客〕瑞金

2. 從音節上看，江西方言都有一部分詞與共同語相應詞語有單、複音詞形式的差異。方言中一些單音詞，普通話與之相對應的則是複音詞。例如（以下對應的詞語，破折號前的是方言詞語，破折號後對應的是普通話詞語）：

屋──房子　惡──凶惡　塘──池塘　聲──聲音

也有些江西方言中的複音詞，普通話與之相對應的是單音詞。例如：

梨子──梨　腦蓋──頭　腳魚──鱉

另有些詞語，江西方言與普通話表現為構詞語素序位不一樣。例如：

裝假──假裝　人客──客人　鬧熱──熱鬧
歡喜──喜歡　碑石──石碑　天老爺──老天爺

3. 詞義有平行交叉，或一個通名包括幾個專名，這樣就產生了方言中的許多同義詞和多義詞。比如說「買」東西，因所買的東西不同而處置的手段或方式也就跟著不同，各方言都有不同的說法。例如「買酒」的「買」，贛方言點說「買」「打」，客家方言點說「買」「打」，官話方言點說「買」「打」，徽州方言點、吳方言點說「打」；閩方言點說「拍」。又如下面幾個例子，通

行於各方言點：

　　爭，欠，短

　　笨，木，憨，蟬，戀，傻，呆

　　開水，滾水，踮水，熱水，滾湯

　　丟，扔，摔，舍，棄，拋，投

　　擔，挑，荷

　　4. 造詞理據的差異，即為事物命名所依據的事物特徵的不同，也是方言與共同語或方言之間詞語形式不同的一個重要原因。例如：

種公豬

豬公：〔贛〕南昌

豬牯：〔贛〕修水、撫州、資溪、宜黃、豐城、高安、
　　　　　　新余、吉安、遂川

　　　〔客〕寧都、瑞金、于都、贛縣、南康、龍南、
　　　　　　尋烏、黃坳、銅鼓、大溪

　　　〔吳〕廣豐、上饒

　　　〔閩〕銅山

豬郎：〔贛〕湖口

　　　〔徽〕浮梁

郎豬：〔贛〕鄱陽

　　　〔官〕白槎

豬王：〔贛〕鉛山

　　　〔客〕太源

公豬：〔官〕九江

種豬：〔官〕贛州

豬斗：〔徽〕婺源

喜鵲

喜鵲：〔贛〕南昌、鄱陽、高安

阿鵲：〔贛〕東鄉

　　　〔客〕寧都、瑞金、于都、贛縣、南康、龍南、銅鼓

喜雀：〔贛〕撫州、吉安

阿雀：〔贛〕修水、湖口

喜鳥嘚：〔贛〕新余

蝙蝠

簷老鼠：〔贛〕南昌、修水、湖口、鄱陽、資溪、宜黃、吉安

　　　　〔官〕九江

　　　　〔客〕寧都、瑞金

飛簷老鼠：〔客〕銅鼓

飛老鼠：〔贛〕遂川

翼老鼠：〔贛〕撫州、高安、新余

皮老鼠：〔贛〕鉛山

　　　　〔客〕大溪

　　　　〔吳〕上饒

　　　　〔閩〕銅山

老鼠皮：〔吳〕廣豐

扁老鼠：〔贛〕豐城

琵琶老鼠：〔客〕于都、贛縣、南康、龍南、尋烏、黃坳

　　　　　〔官〕贛州

老鼠蒲翼：〔徽〕婺源

蝙蝠兒：〔徽〕浮梁

向日葵

葵花：〔贛〕南昌、湖口、鄱陽、鉛山

　　　〔官〕白槎

葵花子：〔贛〕撫州、資溪、豐城

　　　　〔客〕于都、尋烏、大溪

　　　　〔官〕贛州

　　　　〔徽〕浮梁、婺源

　　　　〔吳〕上饒、廣豐

　　　　〔閩〕銅山

太陽葵：〔贛〕修水

向日葵：〔贛〕宜黃、吉安

　　　　〔客〕寧都、瑞金、贛縣、南康、龍南

　　　　〔官〕九江

向東蓮：〔贛〕高安

　　　　〔客〕銅鼓

拜東蓮：〔贛〕新余

拜子蓮：〔贛〕遂川

　　語言詞彙往往反映一定社會的生活狀況。方言通行於不同地域。方言區域在自然環境、社會經濟、風俗習慣以及居民心理狀態都會有所不同，一些方言詞彙的差異就直接反映了這些方面的特點。例如在客家方言寧都話中，地名詞語中的通名語素有：

　　形、尖、咀、塯、潭、灣、崗、壟、坪、灘、塘、丘、溪、

壩、坑、塅、坳、嶂、港、洲、沖、塢

在贛方言鉛山話中，地名詞語中的通名語素有[40]：

寨、關、棚、廠、坊、岩、排、壟、塢、塆、坑、坪、寮、畈、墩、港、溪、塘、源、埠、腦、窩、尖

對比寧都話與鉛山話中地名詞語中的通名語素，便可以看出這兩處贛方言點與客家方言點在詞彙上的聯繫以及差異。

5. 江西方言各方言點之間，都有一些詞彙上的差別。

這個差別既表現在一般詞彙上，也表現在基本詞彙上。以「太陽」為例，贛方言中北部方言點、官話方言點、徽州方言點、閩方言點都說「日頭」，客家方言點說「日頭」或「熱頭」，贛方言南部一些方言點也說「熱頭」。

有些通用的詞在各地意義寬窄不完全一致。比如詞根「鼻」，客家方言點、閩方言點不但用來指五官之一的鼻子，也用來指鼻涕或動詞「聞」，而在官話方言點、徽州方言點、吳方言點只指鼻子。官話方言中「肥」專用於人以外的動物，「胖」專用於人；但贛方言大多數方言點和徽州方言點指動物用「壯」，「胖」專用於人；在客家方言大多數方言點和吳方言點不論人畜都用「壯」。贛方言萍鄉話不管蒼蠅、蚊子都叫「蚊子」，而蓮花話則分別稱為「飯蚊蒼蠅」「蚊蚊子」。

又如「手絹」「毛巾」「頭帕」是三個平行的名稱。大多數

40 胡松柏：《鉛山方言研究》，中國社會科學出版社 2008 年版，第 155、156 頁。

客家方言點稱「手絹」為「手帕」，但同時「帕」又是個通名：面帕毛巾、尿帕子尿布。贛方言點、徽州方言點、吳方言點中，「毛巾」的主要語素為「巾」。官話方言九江話、贛州話稱「手絹」為「手帕」。

同一概念，在贛客方言中有的詞形不同。例如：

乾燥：燥──干　山：嶺──山　吃：食──吃

交配：鳥──戳　　拔：捞──扯、拔

睡覺：睡、歇──眠　墳墓：地──墳

贛客方言與其他方言有所區別的是，幾乎各地都有一個通用性的動詞「舞」，意思為「做、弄」等。如「舞正呃做好了」「舞飯食做飯吃」。另外還有「整」字，可用於表「修理、整治」等意思。

贛客方言中表味道的詞語，經常可以前加某類語素，使得詞義意味加強。這些語素起初可能也是實義詞，可能後來意義虛化了。例如：

贛方言中、北部方言點：

辛甜、津甜、聽甜──很甜

揪酸、遮酸、津酸、打酸──很酸

接淡、寡淡、夾酸、刮淡──很淡

客家方言南部方言點：

陌苦、陌咸、陌辣

在江西方言各方言點之間，詞和詞的組合關係也常有不同，這也是方言詞的語法意義的差異。例如贛方言點、客家方言點、吳方言點、閩方言點「吃飯」「喝茶」「抽菸」都說「食」或

「吃」，「下棋」說「作棋」「走棋」或「動棋」。部分方言點稱說「吃早飯」「吃午飯」「吃晚飯」，用「動詞＋時間詞」方法表示，例如江西客家方言南部一些方言點說「食朝」「食晝」「食暗」，吳方言上饒話說「吃天光」「吃晏晝」「吃黃昏」。

6. 各方言裡都有一批委婉語，即由於避諱而改用委婉的說法，或避凶趨吉，或避粗趨雅。

通常關於死亡、病痛的詞語有一些避諱的說法。江西方言同全國其他方言一樣，忌言「棺材」，老人生前備置的棺材稱為「壽木」「壽材」「壽床」「千年屋」「長生板」等。忌言「藥」，「藥」常說成「茶」，如「買藥」說「撿茶」「點茶」，「吃藥」說「喫茶」。一些地方忌言「芹菜」，因「芹」與「沉」同音或與「窮」同音或音近。贛客方言關於「豬舌頭」基本都有避諱說法，說「招財」「豬脷」「豬賺」等，因為「舌」與「折」音同或音近。「開藥方」說「開單子」，「豬血」說「豬旺」或「豬紅」。人們忌諱「死」字，老年人死亡經常說成「老了」「過身」「歸仙」。寧都話、石城話「四」與「死」音近，在喜慶的場合避言「四」字，改稱「紅」。

7. 江西方言部分方言點的一些詞語屬於古百越族語言的底層成分。底層成分是其他民族語言與漢語發生語言融合而在漢語中遺留下來的語言成分。

例如江西客家方言關於「燙（～傷）」的動作名稱，部分方言點有聲母為〔l-〕、韻母為入聲韻的說法：寧都話說「□

〔lok⑦〕**41**，瑞金話說「□〔lɤʔ⁴⑦〕」，贛縣話說「□〔lɛʔ⑥〕」，尋烏話說「□〔luʔ²⁴⑥〕」，黃坳話說「□〔luk²⑤〕」，銅鼓話說「□〔luk³⑤〕」。一般寫作「爣」。與這些客家方言點有音義對應的非漢族語言說法有：武鳴壯語說「〔lo:k⑧〕」，龍州壯語說「〔luk⑧〕」，德宏傣語說「〔lok⑧〕」。

8. 地理上的相互交接，使得江西方言中發生了許多方言之間因方言接觸而借貸詞語的情況。

這裡包括作為主體方言的贛方言與客家方言之間的相互借貸詞語，贛方言、客家方言與非主體方言的吳方言、徽州方言的相互借貸詞語，還有各類方言島向包圍方言島的周邊的本地主要通行方言借入詞語。例如，贛方言遂川話的「番瓠南瓜」「演文講客氣」是向客家方言借入的詞語，客家方言寧都話的「栽禾插秧」「跍蹲」是向贛方言借入的詞語；徽州方言浮梁話的「蘆粟高粱」「眠夢做夢」是向贛方言借入的詞語，贛方言鉛山話的「平肩娘妯娌」「清揀漂亮」則是向吳方言上饒話借入的詞語；官話方言贛州話的「牛放牛」「琵琶老鼠蝙蝠」向客家方言借入的詞語，客家方言銅鼓話的「搟拔，～雞毛」「橡皮橡子」是向贛方言借入的詞語。

（二）江西贛方言的詞彙特點

第一人稱代詞多說「我」，判斷動詞常用「是」，否定詞多

41 為便於比較，此處所列舉的音標聲調以加圈號的數字表示調類。」

用「莫」「不」。差、次一般叫〔so〕；豬血、豬舌頭、豬耳朵大多數縣市分別叫「旺子、豬旺子、血旺」「順風、豬順風」「腑子、豬腑子、賺頭、豬賺頭」。買賣第一次成交或第一次使用的吉祥語多叫「發市」。衣服一般稱「衣裳」。父親背稱為「爺」；母親面稱為「姆媽」，背稱為「娘、娘老子」。男孩子一般叫「崽哩、伢哩、伢崽」。「霞」「砣」「賀」是贛方言親屬稱謂中較有特色的前綴。「砣」「賀」的本字是「大」。「霞」作為前綴限於長輩和平輩，分佈範圍較廣。「砣」適用於比父親大的姑母、比母親大的姨母，有的還擴大到大姑父、大姨父。「賀」與「砣」適用範圍一樣，但分佈區域侷限於撫州片。挑一般叫「擔、挑」。胳膊肘叫「斗」。女陰叫「鱉」，交合叫「戳鱉」。喝酒、抽菸、吃飯三個動詞都用「喫、吃」。蹲大多叫「跍」。烤火叫「炙火」；買肉、買布叫「斫肉」「扯布」。蚯蚓一般叫「蟮蟥子、曲蟮」以及帶「蟮」「蟥」「蟮」的詞。蟑螂一般叫「蚻、蚻婆」等，不叫「黃蚻」。蝙蝠大多縣市叫「簷老鼠」。稻穗多叫「禾」。正屋旁邊的低矮雜物小屋叫「廈、廈哩」等。廁所不少縣市老年層叫「東司」。窗戶多叫「屃子、格子」。竹製的刷帚叫「筅帚」。垃圾多叫「屑哩、屑子」。飯粒，或掉在飯桌上、地上的飯粒老年層稱「糝、飯糝」。米湯大多縣市叫「飲、飲湯」。餛飩大多縣市叫「清湯」。包粽子的竹葉大多數縣市老年層叫「箬、箬葉」。桀驁不馴多叫「傲戾」。直爽、辦事快捷一般叫「撒脫」。心術不正叫「雀博」。表「被」「給」的意思稱「拿」「等」，處置義的「把」多讀「〔pai〕」。

　　根據目前所調查的南昌、豐城、吉安等贛方言點的一小部分

方言詞彙來看，獲得的初步印象是，贛方言同其他江西方言有密切來往，而受北方話（特別是江淮官話）的影響最深。

贛方言北部點有些詞語似與吳方言接近。例如：南昌話

手節頭手指大拇節頭大拇指小拇節頭小拇指

有些詞語同湘方言接近。例如：

崽兒子細伢子小孩子

動物的雌性別往往在動物名稱後加「婆」表示，這一點接近湘方言。後加表雄性的語素「公」，湘閩粵方言都有，「牯」則是贛客粵閩湘方言都有。

贛方言也有一批詞語，在旁的方言裡很少遇見的。例如：

先前日大前日萬後日大後日巴紗蜘蛛拜東蓮向日葵

南昌話的名詞詞尾「子」，比普通話的應用範圍要廣泛得多。「巷子胡同」「窗子窗子」「磨子」「枴子瘸子」等，這些跟北京話略有出入，但是在廣大地區也還可以通行無阻。

資溪話、宜黃話的「唧」和湖口話、新余話、撫州話、遂川話的「嘚」，都相當於「子」，可是應用範圍受了限制。例如資溪話和遂川話的詞：

「唧」：桌唧桌子剪唧剪刀伯唧伯父娘唧母親

「嘚」：細伢兒嘚嬰兒編嘚辮子猴嘚猴子妹嘚妹妹

指示代詞和表示方位或方式的各種形式有自己的特點，也有與其他方言相同之點：

箇個這個箇些這些許個那個許些那些什哩什麼

「到」附加在旁的動詞後面，卻相當於普通話的「著」。這與客家方言等的「倒」相似。比如南昌話說：

坐到吃比站到吃要好些坐著吃比站著吃好些

（三）江西客家方言的詞彙特點

第一人稱代詞多說「𠊎」；「是」說「係」；「不」說「唔」；「挑」叫「荷（核）」。另外，也有各片具有自己特色的詞。

客籍話

「什麼」叫「脈個」；稱謂前多有詞頭「阿」；「要」說「愛」；「起床」稱「上〔ɤoŋ〕床」；「祖父」說「阿公」，「祖母」說「阿婆」，「父親」說「阿爸」，「母親」說「阿𡟥」，「哥哥」說「阿哥」，「姐姐」稱「阿姐」，也就是說稱謂前常用詞頭「阿」。雄性動物稱「公、牯」，雌性稱「嫲」。一些無雌雄性別之分的事物也往往加上「公」「嫲」，如「索嫲繩子」「舌嫲舌頭」「碗公大碗」。兒子說「徠子」，女兒說「妹子」。表「被」「給」的意思說〔pun〕」「畀」。

本地話

「要」說「要」；「起床」多說「條起」「爬起」，牆上的「上」多讀〔hoŋ〕。沒有詞頭「阿」；雄性動物稱公、牯，雌性稱婆。表「被」「給」的意思說「拿」「討」。

寧石話

「要」說「要」；「起床」多說「上〔ɤoŋ〕床」。 沒有詞頭「阿」；雄性動物稱公、牯，雌性稱婆。表「被」「給」的意思具有兩面性，既可說「分〔pun〕」「畀」，也可說「拿」「等」。

客家方言的單音詞比普通話要多一些。例如：

被被子皮皮膚鼻聞，鼻涕桌桌子屋房子

　　有少數語詞客家方言和普通話在含義上有較大的距離。例如：

　　走：等於普通話的「跑」。

　　行：等於普通話的「走」。

　　屋：等於普通話的「房子」。

　　叫：等於普通話的「哭」。

　　治：殺（～禽畜）。

　　愛：等於普通話的「喜愛」和「要」的意思。

　　講：相當於普通話的「談」「說」「講」。

　　客家方言詞彙中保存了不少古漢語的語詞。這些詞，在普通話中現在一般已不常用於口語，只出現在書面語言或特殊詞組裡（這類詞組結合很緊，有的也像複合詞）。例如：

　　烏黑面臉索繩食吃禾稻子嚼嚼

　　客家居民喜歡在外國傳入的物品名稱上加「番」「洋」「紅毛」等字樣。這跟閩、粵等方言有共同之處。例如：

　　番茄茄番豆花生番瓠南瓜紅毛灰水泥

（四）江西吳方言的詞彙特點

　　1. 有一批與普通話或其他方言不同的常用詞語。例如：

老馬妻子	囡兒女兒
禾稿稻草	魚鱗魚鱗
毒（～死）度	攎拿
□（讀「碰」陰平）聞，嗅	推板差，次

　　這些詞語，除了「囡兒」「推板」見於吳方言較廣的區域外，

其他的主要只見於吳方言處衢片，是江西吳方言的特色詞語。

一些複合詞，詞素語序不同於普通話，而詞義相當、相近或並不相干。例如：

鬧熱熱鬧　　　　　　　頭梳梳子

連牽接連，連著　　　　料作木料、布料等原料

2. 吳方言「兒」尾和「頭」尾比較發達，江西吳方言也充分具有這一特點。例如廣豐話中：

毛頭兒嬰兒　　　　　　狗兒小狗

伯兒伯父　　　　　　　打謎兒出謎語

廣豐話的「兒」尾有兩種語音形式：「毛頭兒」「狗兒」中「兒」是一個獨立的音節「〔nin⁴⁴〕」，「伯兒」「謎兒」中「兒」只是一個鼻尾音，附在前字後合成一個音節充當韻尾，「伯兒」「謎兒」分別讀「〔pæ̃n⁵²〕」「〔mĩn²¹²〕」。

指口〔læʔ⁰〕頭手指　　　貓兒頭膝蓋

望頭可作指望的　　　　覷頭值得看的

「望頭」「覷頭」一類詞語中的「頭」為構詞詞綴，「動詞＋頭詞綴」式的構詞格式是吳方言詞彙特色之一。

3. 「儂」是典型的吳方言詞。《六書故》：「儂，吳人謂人。儂即人聲之轉。」「儂」本指「人」。但今吳方言區域中多已不再指「人」，更多的是作人稱代詞，可指第一人稱，也可指第二人稱。江西吳方言廣豐話、玉山話「儂」還主要用來指「人」，同時作詞尾用來構成人稱代詞。例如：

衰儂小孩　　丑儂壞人　　咋儂誰

阿儂我　　　爾儂你　　　渠儂他

4.江西吳方言位於吳方言區域西南一隅，西鄰贛方言，受贛方言影響，詞彙中有不少贛方言性質的詞語。例如：

跌古丟臉看牛放牛飛絲蟲蜘蛛

特別是屬於江西吳方言西片的上饒話，與贛方言區域的鉛山縣、橫峰縣直接接壤，受贛方言影響較大，在詞彙方面表現出來的是很多詞語與鉛山話、橫峰話相同而與江西吳方言東北片的玉山話、東南片的廣豐話不同。例如：

	廣豐話	上饒話	鉛山話
人	儂	人	人
吃	唾	吃	吃
家	處裡	歸里	歸里
親戚	親情	親眷	親眷

（五）江西徽州方言的詞彙特點

徽州方言的性質較為複雜，它兼有江淮官話、贛方言、吳方言的特點。如小稱的「兒」尾，同於吳方言。否定副詞用「不」，同於江淮官話和贛方言。

平田昌司主編的《徽州方言研究》[42]提出的 16 條徽州方言共同的基本詞：

落雨 屋 房檻 灶司 面 反手 順手 腳膝頭

---

42 平田昌司主編：《徽州方言研究》，《中國語學研究・開篇》（單刊第 9 種），東京好文出版株式會社 1998 年版。

索　　物　自家　倚　　嬉　曉得　牢　　硬

其中有半數與南部吳方言相同。

王福堂[43]在比較了各種處理方案之後，認為把徽語歸入吳方言的處理比較合適。李小凡、項夢冰[44]用了一系列的語音標準，也認為徽語應歸入南方方言。

徽州方言獨有的詞語有「猴猻猴子、女陰、堂前廳堂」等。江西徽州方言因為與贛方言、吳方言交錯連接，所以具有較多贛方言、吳方言的詞語。例如浮梁話，借入的贛方言詞就有「夜彎夜晚」「鑊鍋」「眠夢做夢」等。

（六）江西官話方言的詞彙特點

本書調查的江西官話方言三個代表點，九江市區潯陽區的「九江話」、贛州市章貢區的「贛州話」和永修縣白槎鎮的「白槎河南話」，分別屬於中原官話信陽蚌埠片、江淮官話黃岡孝感片以及西南官話。

江西官話方言主要詞彙特點有以下：

第三人稱單數一般說「他」，但九江話說「渠」。

動物表性名稱中的表性別語素一般在前。比較：

---

43 王福堂：《漢語方言的語音演變和層次》，語文出版社 2005 年版。

44 李小凡、項夢冰：《漢語方言學基礎教程》，北京大學出版社 2009 年版。

	公雞	母雞	公牛	母牛
九江	公雞	母雞	公牛	母牛
白槎	公雞	母雞	公牛	母牛
贛州	雞公子	雞婆	牛牯	母牛

語序與南方一些方言不同。例如，說「菜花」不說「花菜」，說「乾菜」不說「菜乾」，說「喜歡」不說「歡喜」，說「客人」不說「人客」。不過贛州話有時候兩種皆可說，如「客人」和「人客」皆可說。

官話方言對江西方言的影響很大，特別是贛方言、吳語。

官話方言島受到當地大方言的一定影響。例如贛州官話受到客家方言影響，借入不少客家方言的詞語：

「蝙蝠」說「琵琶老鼠」，「插秧」說「蒔田」，「放牛」說「睺」。

（七）江西閩方言的詞彙特點

作為江西閩方言代表點的廣豐縣棪底鎮的銅山福建話，屬於閩方言閩南片泉州小片。銅山福建話具有閩南本土閩方言的重要詞彙特點。一些依然使用漢語古語詞，保留了唐代以前的說法。例如：

囝兒子　　箸筷子　　秫糯米　　餜糕餅　　拍打、擊
曝曬　　　沃澆灌　　鼎鐵鍋　　喙嘴　　　骹腳、腿

這些都是閩方言的重要特徵詞。另有些常用詞本字未能確

知，也是閩語的特徵詞。例如：

厝房子、家　　　　　遘到達　　　　　　蜀一

燋乾燥　　　　　　　儕多　　　　　　　踢跎玩耍

有一些比較有特色的詞語。例如：

丈夫男子　　　　　　查某婦女　　　　　扁食餛飩

糜粥　　　　　　　　涂糜爛泥巴　　　　尾溜尾巴

還有與客家方言相同的詞語。例如：

（食）早起（吃）早飯　　　（食）日晝（吃）午飯

暗時晚上　　　　　　　　　愛要

有一些詞語與吳方言相同。例如：

親情親戚　　　老氣老練　　　洗浴洗澡　　　跋摔倒

銅山福建話中有一些詞語受到當地吳方言廣豐話的影響。例

如：

老馬妻子　　　清揀漂亮　　　跌古丟臉　　　撇脫爽快

（八）江西贛客方言特徵詞

李如龍認為「方言特徵詞是不同方言之間的詞彙上的區別特
徵，即一定批量的本區方言共有的而在外區方言少見的方言詞；
各種方言都有自己的方言特徵詞；方言特徵詞批量的大小取決於
不同的地域及其歷史文化條件」[45]。

本書著重考察江西贛客方言的特徵詞。根據李如龍的論述，

---

45 李如龍：《論方言特徵詞》，《中國語言學報》，2000 年第 10 期。

溫昌衍仿此將客家方言特徵詞界定為：一定批量的區內方言多見、區外方言少見的客家方言詞。[46]本書仿此也將贛方言特徵詞界定為：一定批量的區內方言多見、區外方言少見的贛方言詞。

　　黃小平根據自己的調查及結合溫昌衍、曹廷玉的論述，確定了新的客贛方言特徵詞，並且把它們分為兩部分：二百核心詞[47]中的特徵詞，二千一般詞彙[48]中的特徵詞。[49]

1. 二百詞中的客家方言特徵詞

　　嶺山、嶺崗山、岌小山崗、暗晡晚上、夜晡晚上、樹頭樹根、蟲嫲虱子、雞春雞蛋、號名字、男兒人/男子人男子、婦人家/婦娘人婦女、頭那頭、毛頭那～：頭髮、舌嫲舌頭、舌刁舌頭、奶姑奶，讀陽聲韻、肚屎/屎肚肚子、食～飯：吃飯、食～茶：喝茶、啉飲、講說、睡、歇睡、知得知道、劌殺、𠊎我、丁人/當人相當於「們」、莽人某人、脈個什麼、嬪美好，好、旱、燒熱、唔不、落□〔kʻen˩〕結冰、塵灰、工天，量詞、婆母親面稱、嫽玩、搞玩、打交打架、相打打架、啐吸、鼻聞、捞拔、𢱢扔、幫磨，擦、揔拭、□〔cŋam〕斬、改挖、擘撕、獵追，趕、恂沉思、驚怕、左片左邊、左手枷左邊、右片右邊、右手枷右邊、鄙差，次、戀傻、係對、賣厚、□〔me˩〕髒、生～魚：活魚、係在、同和、捞和、交和

　　以上客家方言特徵詞共六十八條。

---

46 溫昌衍：《客家方言特徵詞研究》，暨南大學博士學位論文，2001 年。

47 二百核心詞指的是斯瓦德什二百核心詞。

48 實際詞彙（概念）數量為 2275 條。

49 黃小平：《客贛方言詞彙比較研究──以六個點為中心》中山大學博士學位論文，2011 年。

2. 二百詞中贛方言特徵詞

樹葉子樹葉、樹蔸樹根、螆螆子、男客/男客婆裡男子、女客/女客婆裡婦女、腦蓋/腦/腦殼腦袋、鼻子、嘴巴、奶奶子，讀陰聲韻、喫吃、睏睡、觑看，望、走、站、我、什仔/什哩什麼、箇這、許那、過勁好、吃價了不起、孟長、干、不、莫、構～冰：結冰、霧、灰塵、爺老子/爺老父親背稱、姆媽母親、娘、娭嬉戲、打架、嗅、淘飲湯，動詞、簊縫、落丟失、箇裡這裡、□〔so〕差、次、怕、木笨，傻、蟬傻、是、邋遢、鏖糟腌臢、活、在、跟。

以上贛方言特徵詞共 47 條。

3. 二千詞中的客家方言特徵詞

溪河、湖小水坑、沙壩沙灘、湖洋田泥沼田、鍬鏽、晡表示時間的語素，今～：今天、崠山或房子的頂部、蒔田插秧、穀燦/穀串稻穗、禾庭曬穀場、笪粗竹蓆、𤲃穀撮、儠㑝垃圾、擔竿扁擔、荷挑、胖穀秕子、精穀飽滿的穀子、口瀨口水、蒜芎蒜薹、耳蒂、馬薺荸薺、掌牛放牛、雞僆小母雞、茶～卵：未受精的蛋、哥表動物名稱的語素，蛇～、蟧蠄蜘蛛、干蜱/烏蜱/枯蜱臭蟲、黃蚻蟑螂、叮蜇（人）、蟬兒、白翼蛾子、蛤兒青蛙、湖蜞螞蟥、寮簡易的房子、桸兒橡子、門磴/石磴台階、戶檻門檻、頭表物名稱的語素，鎖～、灶～、黃棚/樓棚樓板、寶窩，狗～、地墳墓、雞廄雞窩、雞𤲃/雞盞蓋雞的罩子、屎粉末狀物體，鋸～、木～、樹柿/木柿/柿殼塊狀木屑、瘌鑊～、飯～：鍋巴、鑊頭鍋、兜端、釜讀入聲，端、屋下家裡、俫兒人男孩或兒子、單只阿哥/單赤子單身漢、契哥情夫、阿名詞前綴，～公、滿～子：老幺、肚渴口渴、泌/泌芽/泌皴發芽、屎男

陰、觜鷩女陰、鳥交合、大腳髀大腿、臕汗垢、屙屎/卵屎精液、拱膿潰膿、作禍潰膿前發炎、曝蚊子等咬的包、瘭血泡、跛兒/跛腳子、璺裂痕、鞋邊底襯底、手鈪手鐲、舊飯剩飯、榜飯下飯、糼～袖子：挽袖子、安鈕子釘鈕子、食朝吃早飯、食晝吃中飯、食夜吃晚飯、肚肌餓了、上床起床、炙日頭曬太陽、面帕毛巾、斟～茶：倒茶、～酒：倒酒、行運走運、屏藏、揣讀陽聲韻，猜、雷滾、迎舉起、抬起、鎖頭低頭、瞤眼眨眼、骹腳蹺二郎腿、啜騙、惜疼愛、爁燙、泄傳染、痛因毒氣等化膿、長剩下、摎混合、搎搬、蹂讀入聲，踩踏、躎踩踏、擐挎、潑搧、㩹撈、掘扒，雞～食、中蓋、挽掛、靚、兩子爺/兩子嫩兩父子/兩母子、□〔～neu〕稠、痀/鈯鈍、鮮稀、糅稀軟、蘿稀疏、唔得巴不得、腆忘忘記、恆緊、打幫得力於某人，謝謝、片背背地裡、分被、過边過頭、盲沒、不、安作/安名叫做、供子生孩子、探伸長手夠、樵柴、轉側、刓用力搓汗垢等、唔使不須、愛要、唱喏/鎖喏鞠躬、耕田、狗蝨跳蚤、岩頭/岩額奔兒頭、舀飯/載飯盛飯、逋蹲、鯪鯉穿山甲、老蟹螃蟹、離手腳疲勞或秤尾低、鋸～弦兒：拉弦兒、打（百～百）（接近）、一裁一截、一莖一根、一尋兩臂伸開的長度、蝨～兒、～嬤女：第四代子孫

以上贛方言特徵詞共 143 條。

4. 二千詞中的贛方言特徵詞

石背、挎、窠蜂～：蜂窩、港崀/江子小河、凼小水坑、萬～後年：大後年，～後日：大後天、定日/定朝大後天、禾穗稻穗、䉍粗竹蓆、署屑垃圾、沃穀顆粒飽滿的穀子、蒂、虛了空心、穤穀秕子、荸救荸薺、騸～牛：閹割公牛、鐵～雞：閹割公雞、寡蛋未受精的蛋、崽子動物幼崽、蠿蛛子蜘蛛、蟻子螞蟻、蛐蛐、蜇撥子/油蛒/

蚻蟑螂、借落子/借幼知了、蛾子/飛蛾、蛤蟆仁子蝌蚪、橡子、礁子/礁石柱礅、屋裡家裡、被窩、屎兒窗戶、瓢羹羹匙、把碗/把缸搪瓷帶把的茶缸、鍋、鍋搭鍋蓋、剁皮子小木片、鋸屑鋸末、打單身、相好~媽:情婦、姐姐、崽兒子、肘胂胳膊肘、屁股、垢圿汗垢、打脾寒瘧疾、筍殼斑雀斑、枵子瘌子、缺子兔唇、敗子敗家子、衣裳、荷包兜兒、斗笠、現飯剩飯、飲湯米湯、清湯餛飩、饃饃饅頭、招財豬舌頭、旺子/血旺、揀、斫肉買肉、跳起/起來起床、瞌睏春~:打瞌睡、曬日頭曬太陽、該欠、行時走運、架腳、儘錯過、园藏、弄藏、著革愁、駃~罵:挨罵、徹騙、俵分發、詼戲謔、踔牛頂人、客氣漂亮、快鋒利、漾人膩、壯、話不張說不聽、歁淺、將腳/剛腳、及稠、敬似/另敬/成事故意、遝沿著、來不贏來不及、一莖一截、一稍~雨:一陣雨、跌古丟人、吃贏受/撿贏交占便宜、暝睅牛放牛、作田種地、數百~百:接近、鱉女陰、戳交合、瀉~茶:倒茶,~酒:倒酒、一庹兩臂伸開的長度、耿整、好先小心、斗風頂風、跍蹲、博士木匠、㧬驅趕、胎箕畚箕、帚笤~、打夜作加夜班、等被、手捏子手絹

以上贛方言特徵詞共 107 條。

（九）江西方言中的非漢族語言的底層詞

中國的南方地區歷史上曾稱為百越地區。《漢書‧地理志》臣瓚注云「自交趾至會稽七八千里，百越雜處，各有種姓」，《呂氏春秋‧恃君》說「揚漢之南，百越之際」。莊初升說：「客籍著名民族學家徐松石先生在論及嶺南的客家人曾推斷，『今日的客家乃是中原漢族和越族粵族的混合體，其中大約以中原漢族的

成分較為豐富』。」[50]漢語客家方言難免會留存有某些百越語的成分。客家方言如此，江西省境內的其他漢語方言也是如此。這種其他民族語言與漢語發生語言融合而在漢語中遺留下來的語言成分即稱為漢語中的非漢族語言的底層成分。底層成分主要表現為詞彙中的底層詞。

　　江西方言中的非漢族語言的底層詞，有些是純粹的其他民族語言底層詞，有些是漢藏語系有共同來源的同源詞。

　　以下列舉江西方言中部分非漢族語言的底層詞：

1.「母親」的說法

　　江西客家方言于都話說「□〔mɛ³⁵③〕[51]」，贛縣話說「□〔mei③〕」，黃坳話說「阿□〔mɛ①〕」，銅鼓話說「阿□〔mɛ①〕」，大溪話說「□〔mɛ①〕」，太源畲話說「阿□〔mɛ①〕」；贛方言鉛山話說「姆□〔mɛ⁰〕」，新余話說「姆□〔mɛ⁰〕」，資溪話說「姆□〔mɛ①〕」；吳方言廣豐話說「□〔me①〕」；閩方言銅山福建話說「□〔me～③〕」，通常寫作「」。

　　與上述江西方言的方言點有音義對應的非漢族語言說法有：傣語說「〔mɛ⑥〕」，苗語（湘西）說「〔mji〕」，畲語說「〔a①me⑥〕」。

2.「乳房」的說法

　　江西客家方言寧都話說「□〔nən③〕子」，瑞金話說「□

---

50 莊初升：《粵北土話音韻研究》，中國社會科學出版社 2004 年版。

51 為便於比較，此處所列舉的音標聲調以加圈號的數字表示調類。

〔nen④〕」，龍南話說「□□〔nain④nəʔ⁰〕」，尋烏話說「□〔nin③〕牯」，黃坳話說「□〔nɛn④〕牯」，銅鼓話說「□〔nən④〕牯」，太源畲話說「□〔nɛn③〕」。

與上述江西客家方言點有音義對應的非漢族語言說法有：泰語說「〔nom②〕」，老撾語說「〔nom②〕」，版納話說「〔num②〕」，龍州話說「〔num②〕」，琶寧話說「〔nəm②〕」。

3.「腳」或「腿」的說法

稱說「腳（包括腿）」，江西吳方言廣豐話說「骹〔k'ɑu①〕」，江西閩方言銅山福建話說「骹〔k'a①〕」。

與上述廣豐話和銅山福建話有音義對應的非漢族語言說法有：壯語說「〔ka①〕」或「〔k'a①〕」，傣語說「〔xa①〕」，黎語說「〔ha①〕」，水語說「〔q'a①〕」。

4.「臭蟲」的說法

江西客家方言于都話說「干蜱〔kõ①pe①〕」，龍南話說「干蜱〔kuɔn～(①pe①〕」，銅鼓話說「干蜱〔ɔn①pi①〕」；贛方言新余話說「蜱〔pi①〕」，宜黃話說「姑蜱〔ku①pi①〕」，吉安話說「虼皮〔kɛ①p'i②〕」。

與上述贛客方言點有音義對應的非漢族語言說法有：畲語說「〔kɔn③pi③〕」，勉語說「〔pi③〕」。

5.「穿山甲」的說法

江西贛客方言中部分方言點稱呼「穿山甲」有主要語素聲母為來母、韻母為陽聲韻的說法。如贛方言高安話說「鱗〔lin②〕甲」，修水話說「鱸〔dien③〕山甲」，宜黃話說「鱷〔tiɛn②〕

鯉」[52]；客家方言于都話說「鱗〔le-②〕甲」，南康話說「鱗〔lən②〕甲」，龍南話說「鱔〔tiɛn②〕鯉甲」。

與上述贛客方言點有音義對應的非漢族語言說法有：壯語、傣語說「〔lin⑥〕」，侗語說「〔lən⑥〕」，勉瑤語說「〔lai⑥〕」。

6.「青蛙」的說法

江西客家方言寧都話說「青拐〔kai③〕」，于都話說「青拐〔kuɛ④〕」，贛縣話說「拐〔kuæ④〕佬」，南康話說「拐〔kuæ③〕嘞」，龍南話說「老怪〔kai44④〕嘚」，銅鼓話說「拐〔kuai③〕子」，黃坳話說「拐〔kuai③〕子」，大溪話說「青拐〔kuə?45③〕」。

與上述江西客家方言點有音義對應的非漢族語言說法有：布努語說「〔keu③〕」，標敏語說「〔kwa③〕」，巴哼語說「〔kou5③〕」，畬語說「〔kwan③〕」，壯、傣、泰語說「〔kop⑦〕」，布依語說「〔tuə②kwe③〕」，侗語（田雞）說「〔je①kui③〕」。可以看到，客家方言此詞與苗瑤語更接近，應來源於苗瑤語。客家方言此詞的舌根音聲母和圓唇元音成分暗示其與苗瑤語、壯侗語均存在音義對應。

7.「浮萍」的說法

江西方言大部分方言點都以「藻」為主要語素構成對「浮萍」的稱呼。如贛方言南昌話說「浮藻〔p'iɛu②〕」，鄱陽話說「藻〔p'iau②〕」，豐城話說「水藻〔p'iɛu②〕哩」；客家方言寧

---

52 修水話、宜黃話古來母有讀同部位塞音的特點。

都話說「薸〔p'iau②〕」，瑞金話說「薸〔p'iɔ②〕子」，龍南話說「薸〔p'iɐu②〕哶」；徽州方言浮梁話說「青薸〔p'iɛu②〕」；吳方言上饒話說「薸〔p'iɔu②〕」。

與上述江西方言的方言點有音義對應的非漢族語言說法有：水語說「〔piu②〕」，壯語說「〔piəu②〕」，毛南語說「〔pieu②〕」。梁敏等將「浮萍」的古壯侗語形式構擬為「〔bieu〕」。濁音聲母清化後，贛客方言中一般變成相應的送氣音。

8.「絲瓜」的說法

江西客家方言寧都話說「亂績〔luon⑤tɕit⑥〕」，瑞金話說「亂絲〔luɛn⑤ʂʅ⑤〕」，太源畬話說「□□〔nan④tɕi④〕」；贛方言遂川話說「留舉〔liu②tɕy③〕」。

與上述江西贛客方言點有音義對應的非漢族語言說法有：勉瑤語說「〔lai①dze⑤〕」或「〔lai②dze⑤〕」。

9.「樓梯（可移動的）」的說法

江西客家方言瑞金話說「樓□〔kuɛ①〕」，寧都話說「樓□〔kuai①/k'uai①〕」。

與瑞金話、寧都話有音義對應的非漢族語言說法有：侗南話說「〔kwe③〕」，仏佬話說「〔ɤkœ③〕」。

10.「抬（～頭）」的說法

贛方言星子話說「□〔ŋau①〕」，撫州話說「□〔ŋau①〕」，宜黃話說「□〔ŋɔʔ⑥〕」，高安話說「□〔ŋau④〕」；客家方言寧都話說「□〔ŋo②〕」，龍南話說「□〔ŋɔŋ①〕」，全南話說「□〔ŋau④〕」。

與上述贛客方言點有音義對應的非漢族語言說法有：標敏語說「〔ŋɔ③〕」，布依語說「〔ŋa③〕」，黎語說「〔ŋua③〕」，壯語說「〔ŋa:ŋ③〕」。

11.「玩兒」的說法

江西客家方言于都話說「□〔liɔ②〕」，贛縣話說「□〔liɔ①〕」，南康話說「□〔liɔ④〕」，龍南話說「□〔liau⑤〕」，黃坳話說「□〔liau④〕」，銅鼓話說「□〔liau④〕」，大溪話說「□〔liau③〕」，太源畬話說「□〔lɑu③〕」。通常寫作「嫽」。

與上述江西客家方言點有音義對應的非漢族語言說法有：傣語說「〔ʔɛu①〕」「〔liau⑤〕」，龍州壯語說「〔liu⑥〕」，瑤語說「〔dzaau⑥〕」，畬語說「〔a①niu⑥〕」。

12.「蓋（～蓋子）」的說法

江西贛客方言中關於「蓋（～蓋子）」有聲母為舌根音、韻母為陽聲韻的說法，如贛方言南昌話說「□〔kon④〕」，修水話說「□〔xon④〕」，高安話說「□〔kon③〕」，撫州話說「□〔kon③〕」；客家方言寧都話說「□〔kan③〕」，瑞金話說「□〔kan③〕」，龍南話說「□〔kan④〕」，銅鼓話說「□〔kɛn③〕」。通常寫作「一贛」。

與上述贛客方言點有音義對應的非漢族語言說法有：武鳴壯

語說「〔ko:m⑤〕」，傣語說「〔hom⑤〕」，水語說「〔kə
m⑤〕」。

13.「洗、涮」的說法

江西贛方言餘干話說「□〔loŋ①〕」；客家方言于都話說
「〔loõ⑤〕」，瑞金話說「〔loŋ①〕」，龍南話說「〔lɔŋ⑤〕」，
上猶話說「〔lõ③〕」。

與上述贛客方言點有音義對應的非漢族語言說法有：泰語、
老撾語、傣語（版納、德宏、傣拉）、侗語（侗南、侗北）說
「〔la:ŋ④〕」，壯語（邑寧）說「〔klo:ŋ④〕」，仫佬語說「〔klɛ
a:ŋ⑤〕」。

14.「燙（～傷）」的說法

江西客家方言寧都話說「□〔lok⑦〕」，瑞金話說「□〔lɤʔ
⁴⑦〕」，贛縣話說「□〔lɛʔ⑥〕」，尋烏話說「□〔luʔ ²⁴⑥〕」，
黃坳話說「□〔luk²⑤〕」，銅鼓話說「□〔luk³⑤〕」。一般寫作
「爐」。

與上述江西客家方言點有音義對應的非漢族語言說法有：太
源武鳴壯語說「〔lo:k⑧〕」，龍州壯語說「〔luk⑧〕」，德宏傣語
說「〔lok⑧〕」。

15.「宰殺」的說法

江西閩方言銅山福建話說「□〔tʻai②〕」。與銅山福建話有
音義對應的非漢族語言說法有：黔東苗語說「〔ta①〕」，川黔滇苗
語說「〔tua⑤〕」，勉瑤語說「〔tai⑤〕」，標敏瑤語說「〔tai⑤〕」。

16.「（粥）稠」的說法

江西贛方言南昌話說「□〔tɕʻit⑦〕」；客家方言寧都話說「□〔tsʻət⑥〕」，于都話說「□〔tɕʻyɛʔ⑥〕」。

與上述江西贛客方言點有音義對應的非漢族語言說法有：武鳴壯語說「〔kɯt〕」，柳江壯語說「〔kɯk〕」，臨高話說「〔kɔt⑧〕」。

第三節 ▶ 江西方言的語法特點

本節考察江西方言的語法特點。通過對江西方言若干語法項目的專題考察，概括江西方言語法的共同性特點和差異性特點。

本節討論江西方言語法情況，所涉及語法項目主要參見本書第六章「江西方言代表方言點語法例詞、例句對照」，並依據該章中語法例詞、例句索引列出語法項目編號，以便於檢索查閱，如「語法 54：碗被打破了」。部分詞法項目參見本書第五章「江西方言代表方言點詞語對照」，並依據該章中詞條索引列出詞語編號，如「詞 69：不～去」。未見於第六章「語法例詞、例句對照」的詞法項目，係根據其他資料及本書著者調研成果的引用。

一、江西方言語法特點專項考察

以下考察江西方言三十二處代表方言點的主要語法特點，包括詞法特點和句法特點。

（一）名詞前綴

「霞〔xa〕」「賀〔xo〕」是贛方言特有的用在表親屬稱謂名詞前面的詞綴。「霞」作為名詞前綴既可表示平輩稱謂也可以表示長輩稱謂。例如贛方言部分方言點，撫州話、宜黃話和豐城話背稱姐姐為「霞姊」；宜黃話稱舅父為「霞舅」，宜黃話、撫州話、資溪話稱舅母為「霞妗」；撫州話背稱伯父為「霞伯」，背稱叔父為「霞叔」。「賀」用作名詞前綴則多表示長輩親屬稱謂。例如撫州話、資溪話、宜黃話稱姑母為「賀姑」，稱姨母為「賀姨」。在有些贛方言點中，「賀」「霞」並用表示親屬稱謂的長幼之別。例如宜黃話稱父之姐、母之姐為「賀姑」「賀姨」，稱父之妹、母之妹為「霞姑」「霞姨」。

「阿」是客家方言客籍話中常用在表親屬稱謂名詞前面的詞綴。「阿」作為名詞前綴既可表示平輩稱謂也可以表示長輩稱謂，且多用於背稱。例如：

	姊背稱	妹	兄背稱	弟	伯父背稱	叔父背稱	祖父背稱	祖母背稱
〔客〕黃坳話	阿姐		阿哥		阿爺	阿叔	阿公	阿婆
〔客〕太源話	阿姐	阿妹	阿哥	阿弟	阿伯	阿叔	阿公	阿婆

少數情況下「阿」可用於面稱。如黃坳話面稱父親為「阿爸」，太源話面稱父親為「阿爹」。

江西方言其他方言點一般沒有詞綴「阿」，但部分贛方言點可以在長輩稱謂前加「阿」。例如贛方言的南昌話、修水話、湖

口話、撫州話、資溪話和宜黃話背稱外祖父為「阿公」，背稱外祖母為「阿婆」。

「老」在江西方言中用作名詞前綴比較普遍，可用作表示人稱、姓氏、排行次序及物稱名詞的前綴。用來表示姓氏、排行次序的，例如「老張」「老王」「老大」「老二」；用於人稱的，例如「老公」「老婆」等。這些詞語在江西方言中是一致的，和普通話的用法也相同。「老」在江西方言中還可用於動物名稱前，如「老鼠口〔bi²¹²〕蝙蝠（廣豐話）」「老怪嘜青蛙（龍南話）」等。此外，江西方言中的「老」用於人稱時還有一些附加意義，除了表示年長的含義外，例如「老爹曾祖父」（龍南話）、「老母姐母親（銅山話）」等，有的還表示年幼、親愛友好，例如「老弟」「老妹」「老俵」「老鄉」等。

（二）名詞後綴

後綴「子」在江西贛方言、客家方言和官話方言中使用比較普遍。一般附著在一些名詞性語素之後，構成名詞，與普通話的名詞後綴「子」「兒」相當，所構成的詞語主要有以下幾類：

1. 器具用品名稱，例如：筷子、繩子、桌子、梳子、襪子等。

2. 植物瓜果名稱，例如：冬豆子豌豆、薯子紅薯、迷子絲瓜、辣子辣椒、柚子等。

3. 動物名稱，例如：猴子、鳥子鳥兒、洋迷子蝴蝶、蟻子螞蟻等。

4. 親屬稱謂名詞，例如：嫂子、妹子、孫子等。

5. 特指具有某些特徵的人，例如：缺子兔唇、斗子斜視眼、啞子啞巴、蟬子傻子等。

　　江西方言中的後綴「子」還可以構成一些特殊的詞彙。在贛方言鄱陽話中，後綴「子」可以附於名詞重疊形式之後表示細小之意，例如「灰灰子灰塵」「屑屑子垃圾」、「弄弄子胡同」等。某些贛方言點和客家方言點中的「子」可以後附於時間名詞，例如尋烏話說「明年子明年」「去年子去年」等；「傍晚」一詞在部分贛方言點或客家方言點裡都用「子」構詞，例如南昌話的「斷夜邊子」，鄱陽話和高安話的「夜邊子」，瑞金話的「來夜邊子」，贛縣話的「天晏邊子」，南康話的「斷暗邊子」，銅鼓話的「捱夜子」等。

　　「唧/仂」「嘚」「哩」是江西方言特有的名詞詞綴，主要功能和用法與名詞後綴「子」基本相同。從本書所列的代表點看，「唧」在客家方言南康話中較多使用，「仂」是徽州方言婺源話常使用的後綴。「嘚」主要在贛方言湖口話、遂川話、撫州話、新余話及客家方言寧都話、龍南話中使用，「哩」主要在贛方言豐城話、高安話和吉安話中使用。

　　「仔/崽」作為名詞詞綴分佈地域較小。在本書所列的代表點中，「仔」主要在贛方言新余話中使用。例如：「嬸仔」「妹仔」「嫂仔」「褂仔」「腳車仔自行車」。後綴「崽」的分佈略廣，在贛方言修水話、撫州話、資溪話、豐城話、新余話及客家方言大溪話、太源畬話中都有使用。例如「繩崽」「辮崽」「日頭崽向日葵」「柚崽」「猴崽」「雀崽鳥兒」「圍枷崽涎布」「布鈕崽布紐扣」「手巾崽手絹兒」等。由於「仔/崽」有小的意思，因此

有些方言點還用「仔/崽」和其他語素組合成複合詞尾。例如「牛崽嘮小牛」「毛伢崽嬰兒」「賴崽嘮小夥子」「女崽哩小姑娘」等。

後綴「頭」可以附加於名詞之後構成名詞，也可後附於動詞或形容詞。「頭」在江西方言中使用較普遍，有很多是與普通話相同的。例如「鋤頭」「饅頭」「指頭」「舌頭」「吃頭」「甜頭」「苦頭」等等。也有一些是普通話裡不用「頭」構詞的。例如某些客家方言點用名詞後綴「頭」構成一些表時間的名詞：「日子頭白天」「夜晡頭晚上」「晝邊頭上午」「下晡頭下午」「早晨頭早晨」「晏晡頭傍晚」等等。有些客家方言點在家畜、家禽名詞後加「頭」表示種畜、種禽，例如「豬牯頭用來交配的公豬」「雞公頭用來交配的公雞」。

後綴「兒」在江西方言中分佈不廣，在本書所列的代表點中，後綴「兒」主要分佈在贛方言宜黃話、鄱陽話、鉛山話，徽州方言浮梁話和吳方言點，附著於名詞之後。例如宜黃話的「雹兒冰雹」「屑兒灰塵」；鄱陽話的「姨兒姨母」；鉛山話的「姑兒姑母」；浮梁話的「垃圾兒」「梳兒」；上饒話的「夜邊兒傍晚」、「牛伢兒小牛」等。

後綴「兒」在贛方言中讀音為〔ɛ〕或〔ə〕。例如宜黃話的「巷兒〔ɛ⁰〕」「柚兒〔ɛ⁰〕」；鉛山話「老公兒〔lau⁴⁵ko ŋ³³ŋɛ⁰〕曾祖父」「妗兒〔tɕin³³nɛ⁰〕舅母」；鄱陽話的「口兒〔u⁴⁴uə⁰〕叔父」「娘兒〔ŋiẽ²⁴nə⁰〕叔母」。徽州方言點和吳方言點讀音為〔ŋi〕或〔nǐn〕。例如徽州方言浮梁話的「鳥兒〔ŋi⁰〕」「抽笥兒〔ŋi⁰〕抽屜」，吳方言上饒話的「孫兒〔ŋi⁰〕」「囡兒〔ŋi⁰〕女兒」，廣豐話的「牛兒〔nǐn²⁴〕」「毛頭兒〔nǐn⁴⁴〕嬰兒」。

後綴「牯」在江西方言裡一般是用在動物名稱後表示動物的性別（詳見下文）。除此之外，「牯」也可以用在表示一般名物的名詞之後。例如贛方言新余話的「日牯太陽」「斗膝牯胳膊肘」，吉安話的「膝頭牯哩膝蓋」，客家方言尋烏話的「□〔nin⁴²〕牯乳房」等。這裡的「牯」不表示性別意義，只是名詞的構詞標誌，有的附帶表示事物圓形狀態、結實性質等附加意義。另外，後綴「牯」也可以構成特指具有某些特徵的人的名詞，例如贛方言修水話的「蠢牯傻子」，客家方言瑞金話的「啞牯啞巴」等。

後綴「孻」也有類似的用法，可放在表一般名物的名詞後。例如贛方言鄱陽話的「蜇孻子蟑螂」，客家方言大溪話「舌孻舌頭」，龍南話的「笠孻斗笠」等。

「佬」在江西方言中是一個專門指人的名詞後綴，可以用在名詞、動詞、形容詞以及其他詞後面構成名詞，並附有一定的感情色彩。一種是表示對長輩的尊敬和對晚輩的暱稱，例如「爺佬父親」「伯佬伯父」「叔佬叔父」「丈人佬」「兄佬」「弟佬」「妹佬」等。一種則含有輕賤之意，例如「打鐵佬」「鄉下佬」「剃頭佬」「作田佬」「討飯佬」等。在客家方言點中也用作對有生理缺陷者的稱呼，例如于都話的「啞佬」「□〔ŋɤ⁴⁴〕佬傻子」寧都話的「□佬斜視眼〔tɕʻiau¹³lau⁴²〕」等。另外，「佬」還經常用在地名之後，以籍貫稱人。這種用法也大多帶有不敬的色彩。例如「廣東佬」「南昌佬」「日本佬」等等。「佬」的使用面很廣，基本通行於江西方言各方言點。

（三）表性動物名稱的構成

　　漢語中稱呼動物需要指稱其性別時，一般由動物總名語素加合表性語素構成表性動物名稱。表性語素有位於動物總名語素之前和位於動物總名語素之後的兩種結構位置，表性動物名稱的構造格式可以按表性語素的位置分為「前位式」和「後位式」兩種。漢語方言表性動物名稱的構成通過構造格式以及所使用的表性語素顯示其區域性特點。

　　江西方言中的動物表性名稱主要以「後位式」構成，所用表性語素也較多種。

1. 後位式——動物總名語素＋表性語素

　　江西方言中動物表性名稱處於後位的表性別語素主要有「公、牯、郎、王、斗、婆、嬤、牸、娘、母」等。具體使用情況如下：

普通話	方言	方言點
公牛	牛牯	〔贛〕南昌、修水、湖口、鄱陽、鉛山、撫州、資溪、宜黃、豐城、高安、新余、吉安、遂川
		〔客〕寧都、瑞金、于都、贛縣、南康、龍南、尋烏、黃坳、銅鼓、大溪、太源
		〔官〕贛州
		〔徽〕浮梁、婺源
		〔吳〕上饒、廣豐
		〔閩〕銅山

續上表

普通話	方言	方言點
母牛	牛婆	〔贛〕南昌、修水、湖口、豐城、高安、新余、 吉安、遂川 〔客〕寧都、瑞金、于都、贛縣、南康
	牛孃	〔贛〕鉛山、撫州、資溪、宜黃 〔客〕龍南、尋烏、黃坳、銅鼓、大溪 〔吳〕上饒、廣豐
	水牸/ 黃牸	〔贛〕鄱陽 〔徽〕浮梁、婺源
	牛娘	〔客〕太源
	牛母	〔閩〕銅山
公豬	豬牯	〔贛〕修水、撫州、資溪、宜黃、豐城、高安、 新余、吉安、遂川 〔客〕寧都、瑞金、于都、贛縣、南康、龍南、 尋烏、黃坳、銅鼓、大溪 〔吳〕上饒、廣豐 〔閩〕銅山
	豬公	〔贛〕南昌
	豬郎	〔贛〕湖口 〔徽〕浮梁
	豬王	〔贛〕鉛山 〔客〕太源
	豬斗	〔徽〕婺源
母豬	豬婆	〔贛〕南昌、修水、湖口、豐城、高安、新余、 吉安、遂川 〔客〕寧都、瑞金、于都、贛縣、南康 〔官〕九江、贛州、白槎

續上表

普通話	方言	方言點
	豬孃	〔贛〕鉛山、撫州、資溪、宜黃 〔客〕龍南、尋烏、黃坳、銅鼓、大溪 〔徽〕浮梁 〔吳〕上饒、廣豐
	豬娘	〔贛〕鄱陽 〔客〕太源 〔徽〕婺源
	豬母	〔閩〕銅山
公雞	雞公 （頭/子 /嘚）	〔贛〕南昌、湖口、鄱陽、鉛山、撫州、資溪、 　　宜黃、豐城、新余、遂川 〔客〕寧都、瑞金、于都、贛縣、南康、尋烏、 　　黃坳、銅鼓、大溪、太源 〔官〕贛州 〔徽〕浮梁、婺源 〔吳〕上饒、廣豐
	雞牯頭	〔客〕龍南
	雞角	〔閩〕銅山
母雞	雞婆	〔贛〕南昌、修水、湖口、豐城、高安、新余、 　　吉安、遂川 〔客〕寧都、瑞金、于都、贛縣、南康 〔官〕贛州
	雞孃	〔贛〕鄱陽、鉛山、撫州、資溪、宜黃 〔客〕龍南、尋烏、黃坳、銅鼓、大溪 〔徽〕浮梁、婺源 〔吳〕上饒、廣豐
	雞娘	〔客〕太源

續上表

普通話	方言	方言點
	雞母	〔閩〕銅山
公狗	狗牯	〔贛〕修水、鉛山、資溪、宜黃、豐城、新余、遂川 〔客〕寧都、瑞金、于都、贛縣、南康、尋烏、黃坳、銅鼓、大溪、太源 〔官〕贛州 〔閩〕銅山
	狗公	〔贛〕南昌、撫州 〔吳〕上饒、廣豐
公鴨	鴨公	〔贛〕南昌、修水、湖口、鄱陽、鉛山、撫州、資溪、宜黃、豐城、新余、吉安、遂川 〔客〕寧都、瑞金、于都、贛縣、南康、尋烏、黃坳、銅鼓、大溪、太源 〔官〕贛州 〔徽〕婺源 〔吳〕上饒、廣豐
	鴨角	〔閩〕銅山

　　從上表可以看出，江西方言各方言點中位於後位的表性語素，雌雄兩性都有兩個或兩個以上，其中表雄性的以「公、牯」最多，表雌性的則以「婆、孃」最常見。在各方言點中這些語素大多不能混用。主要有兩種情況：

　　（1）在有的方言點中，對同一種動物的某個性別同時用兩種語素表示的，其中一種單表性別區別，一種則有突出性成熟、性能力的意思。例如廣豐話中「鴨公、鴨牯」並用，不管大、小

雄性鴨子都可稱「鴨公」，而「鴨牯」不能指小的雄性鴨，因其有鴨子四處逐騷的形象。

（2）在有的方言點中，雖然對某個性別同時用兩種語素表示，但並不同時用於同一種動物，而是分別用於不同的動物，例如「公、牯」這兩個表動物雄性的語素。在大多數贛方言點和客家方言點中，「牯」一般用於家畜，例如「牛牯、豬牯、狗牯」；而「公」一般用於家禽，例如「雞公、鴨公」等。在吳方言點中，「牯」通常表示形體大的動物，例如「豬牯、牛牯」；「公」則用來表示體型較小的動物，例如「雞公、鴨公、狗公」。

以上所考察的主要是蓄養的動物表性名稱的情況。而野生動物的表性名稱在江西方言各方言點中一般多用表性語素「公、母、雌、雄」以「前位式」構成。

2. 前位式——性別語素＋動物語素

江西方言中官話方言點大都使用「前位式」的動物表性名稱。事實上，其他方言的許多方言點也可以用處於前位的表性語素「公、母」來構成動物表性名稱。上述的「後位式」動物表性名稱也只是在使用頻率上高於「前位式」的動物表性名稱。這裡有兩個現象值得注意：

（1）在贛方言點和客家方言點中，除了「豬、牛、雞」這幾種動物外，其他畜禽使用「前位式」動物表性名稱的頻率很高。例如「公鴨、母鴨、公鵝、母鵝、公狗、母狗、公羊、母羊」等等。而在徽州方言點、吳方言點和閩方言點中「前位式」動物表性名稱的使用頻率遠不及「後位式」動物表性名稱高。

（2）除了「公、母」外，江西方言一些方言點還可以用其

他表性語素來構成動物表性名稱。例如贛方言鄱陽話稱公豬為
「郎豬」，湖口話和鄱陽話稱公狗為「犍狗」，徽州方言婺源話稱
公狗為「牯狗」，等等。

（四）動詞完成體

動詞完成體表示動作或事件的完成。漢語中以動詞之後附加
稱作「體標記」的助詞構成動詞完成體。漢語共同語中的動詞完
成體的體標記是「了〔$lə^0$〕」。例如：

①我吃了飯再去。

②拆了舊房子建新房子。

例①中的「了」表示動作、行為或事件的完成，通常稱作
「了₁」。例②中的「了」除了表示動作行為完成外還具有去除等
含義，通常稱作「了₂」。江西方言各方言點都有與普通話相對
應的完成體標記，總體上與普通話相一致，但也存在一些細微差
別。如普通話中完成體標記「了₁」與「了₂」同形，而江西方
言各方言點中「了₁」與「了₂」存在著三種對應關係。

1.「了₁」與「了₂」同形。完成體的這種用法在江西方言
中比較多見，各大方言的方言點都有這種用法。如：

普通話	了₁	了₂
〔贛〕湖口話	嘞〔$lɛ^0$〕	嘞〔$lɛ^0$〕
〔贛〕資溪話	了〔$tiau^0$〕	了〔$tiau^0$〕
〔客〕瑞金話	掉〔$t'iɔ^{44}$〕	掉〔$t'iɔ^{44}$〕
〔客〕贛縣話	了〔$liɔ^0$〕	了〔$liɔ^0$〕
〔客〕龍南話	了〔$liau^{53}$〕	了〔$liau^{53}$〕

續上表

普通話	了₁	了₂
〔客〕大溪話	哩〔li⁰〕	哩〔li⁰〕
〔客〕太源話	欸〔ε⁰〕	欸〔ε⁰〕
〔官〕九江話	咯〔lo⁰〕	咯〔lo⁰〕
〔官〕白槎河南話	咯〔lo⁰〕	咯〔lo⁰〕
〔徽〕浮梁話	嘀〔ti⁰〕	嘀〔ti⁰〕
〔徽〕婺源話	之〔tɕi⁰〕	之〔tɕi⁰〕
〔吳〕上繞話	吥〔puʔ⁰〕	吥〔puʔ⁰〕
〔吳〕廣豐話	姆〔m⁰〕	姆〔m⁰〕
〔閩〕銅山福建話	咯〔lə⁰〕	咯〔lə⁰〕

2.「了₁」與「了₂」不同形,「了₁」與「了₂」均為單音節詞。完成體的這種用法只見於贛方言點和客家方言點。如:

普通話	了₁	了₂
〔贛〕鉛山話	嘮〔lau⁰〕	吥〔pɣʔ〕
〔贛〕撫州話	哩〔lε⁰〕	唎〔tiε⁰〕
〔贛〕宜黃話	諛〔ε⁰〕	嘚〔tεʔ²〕
〔贛〕高安話	嘚〔tεt⁵〕	潑〔pʻɛt⁵〕
〔客〕寧都話	欸〔ε⁰〕	掉〔tʻiau³¹〕
〔客〕于都話	哩〔li⁰〕	了〔liɔ³⁵〕
〔客〕南康話	啦〔la⁰〕	了〔liɔ²¹〕
〔客〕尋烏話	嘞〔le⁰〕	了〔liau⁴²〕
〔客〕黃坳話	嘞〔lε⁰〕	咯〔lɔ⁰〕
〔客〕太源畲話	欸〔ε⁰〕	啊〔a⁰〕

3.「了₁」與「了₂」不同形，其中「了₁」為單音節詞，「了₂」為兩個單音節詞。這種用法多見於贛方言區域，是贛方言完成體標記使用上的一大特點。如：

普通話	了₁	了₂
〔贛〕南昌話	了〔lε u^0〕	呿了〔$\text{pit}^5\text{lε u}^0$〕
〔贛〕修水話	嘚〔tε t^0〕	刮了〔$\text{kuæt}^{42}\text{tau}^0$〕
〔贛〕鄱陽話	了〔liau^0〕	呿了〔$\text{pʔ}^{44}\text{lə}^0$〕
〔贛〕豐城話	哩〔li^0〕	落哩〔$\text{lɔ ʔ}^5\text{li}^0$〕
〔贛〕新余話	哩〔li^0〕	潑哩〔$\text{p'ə ʔ}^5\text{li}^0$〕
〔贛〕吉安話	哩〔li^0〕	潑哩〔$\text{p'θ}^{334}\text{li}^0$〕
〔贛〕遂川話	矣〔i^0〕	嘎矣〔ka^{55}i^0〕
〔客〕銅鼓話	哩〔li^0〕	脫哩〔$\text{t'ε k}^5\text{li}^0$〕
〔官〕贛州話	嘮〔lɔ^{45}〕	掉嘮〔$\text{tiɔ}^{212}\text{lɔ}^0$〕

（五）人稱代詞

1. 人稱三身代詞的構成

（1）第一人稱（詞 389）：

	方言點
我	〔贛〕南昌、修水、湖口、鄱陽、撫州、宜黃、豐城、高安、新余、吉安* 〔官〕九江、贛州、白槎 〔徽〕浮梁、婺源
阿	〔贛〕鉛山、資溪、吉安*、遂川 〔客〕大溪* 〔吳〕上饒、廣豐 〔閩〕銅山

續上表

	方言點
𠊎	〔客〕寧都、瑞金、于都、贛縣、南康、龍南、尋烏、黃坳、 　　銅鼓、大溪*、太源

說明：*吉安話兼說「我」「阿」，大溪話兼說「𠊎」「阿」。

第一人稱代詞「𠊎」「阿」「我」的基本讀音「〔ai〕（包括〔ŋai〕、〔ŋæ〕）」「〔a〕（包括〔ua〕）」「〔o〕（包括〔uo〕、〔ŋo〕）」都同一個來源，分別屬於中古果攝開口一等字早、中、晚期的讀音。在江西方言各方言點中，第一人稱讀「𠊎」的全是客家方言點，讀「阿」的是吳方言點、閩方言點以及少數贛方言點，讀「我」的是多數贛方言點和徽州方言點、官話方言點。

（2）第二人稱（詞391）：

	方言點
爾	〔贛〕南昌、修水、湖口、鉛山、資溪*、宜黃*、高安 〔客〕于都、尋烏、大溪 〔官〕九江、白槎 〔徽〕浮梁、婺源 〔吳〕上饒、廣豐
你	〔贛〕鄱陽、撫州、豐城、新余、吉安、遂川 〔客〕寧都、瑞金、贛縣、南康、龍南、黃坳、銅鼓、太源 〔官〕贛州
汝	〔閩〕銅山

說明：*資溪話說「□〔nɛ^{35}〕」，宜黃說「□〔lɛ^{33}〕」，應是「爾」與後綴的合音。

第二人稱說「爾」的是吳方言點和徽州方言點。客家方言點多數說「你」。贛方言點分別說「爾」和「你」。官話方言贛州話（屬於西南官話）說「你」，九江話（屬於江淮官話）和白槎河南話（屬於中原官話）說「爾」。閩方言銅山福建話的「汝」是閩南方言的典型說法。

（3）第三人稱（詞393）：

	方言點
渠	〔贛〕南昌、修水、鄱陽、鉛山、撫州、資溪、宜黃、豐城、高安、新余、吉安、遂川 〔客〕寧都、瑞金、于都、贛縣、南康、龍南、尋烏、黃坳、銅鼓、大溪、太源 〔官〕九江 〔徽〕浮梁、婺源 〔吳〕上饒、廣豐
伊	〔贛〕湖口 〔閩〕銅山
他	〔官〕贛州、白槎

「渠」在江西方言中分佈最廣，贛方言、客家方言、徽州方言及吳方言各方言點普遍第三人稱稱為「渠」。官話方言贛州話、白槎河南話說「他」，「伊」則在閩方言點和個別贛方言點使用。

江西方言多數方言點中人稱三身代詞單數形式是單音節的，少部分方言點人稱三身代詞單數形式則有單音節和雙音節並存的情況，例如：

	第一人稱	第二人稱	第三人稱
鉛山話	阿〔a³³〕阿哩〔a³³li⁰〕	爾〔ŋʻ³³〕爾哩〔ŋʻ³³li⁰〕	渠〔kʻɯ³³〕渠哩〔〔kʻɯ³³li⁰〕
上饒話	阿〔a²⁴〕阿人〔a24nĨn⁰〕	爾〔n̩²⁴〕爾人〔n̩²⁴nĨn⁰〕	渠〔gə²⁴〕渠人〔gə²⁴nĨn〕
廣豐話	阿〔gə²⁴〕阿農〔ɑ²¹noŋ²⁴〕	爾〔n̩²⁴〕爾農〔n̩²¹noŋ²⁴〕	渠〔ŋɐ²⁴〕渠農〔nɐ²¹noŋ²⁴〕

　　鉛山話人稱代詞單數的兩種語音形式在句法上存在對立，其單音節形式可做句子的主語、定語，雙音節形式一般只做賓語，如「阿幫唔哩，唔幫阿哩」。上饒話、廣豐話人稱代詞單數的兩種語音形式在用法上沒有主格、賓格之分，可以自由地充當句子的主語和賓語。

　　江西方言的人稱代詞在做定語時，用在表示普通事物的名詞之前一般要加結構助詞「個」，用在表示親屬、處所的名詞之前可加可不加，一般以不加為常式。加「個」多表示強調是「誰的」意思。

2. 人稱代詞複數的構成（詞390、392、394）

　　江西方言各方言點中人稱代詞表示複數形式的附加成分，大多數是單音節形式。也有部分方言點用雙音節形式，如客家方言尋烏話用「眾人」、吳方言上饒話用「大家」表示兩個人以上的代詞複數。

　　江西方言人稱代詞複數形式附加成分主要有：

複數附加成分	方言點
等	〔贛〕南昌、豐城 〔客〕贛縣、龍南、銅鼓
哩	〔贛〕南昌、修水、高安、新余 〔客〕于都、大溪
嘚	〔贛〕鉛山、遂川 〔客〕太源
人	〔贛〕湖口、撫州、宜黃 〔客〕于都、南康
多	〔贛〕資溪 〔客〕寧都、太源
來	〔贛〕新余 〔吳〕廣豐
們	〔客〕贛縣

　　〔官〕九江、贛州江西方言除上述人稱代詞複數形式的主要附加成分外，有部分方言點使用特殊的附加成分構成人稱代詞複數形式。如贛方言吉安話用「東〔tuŋ³³⁴〕」，客家方言瑞金話用「班〔pan⁴⁴〕」、黃坳話用「兜〔tɛu24〕」，徽州方言浮梁話用「□〔sɛn⁵⁵〕」、婺源話用「□〔xã⁵⁵〕」。閩方言銅山福建話以在第一、二、三身人稱代詞單數後加鼻音尾〔-n〕的方式構成仍為單音節形式的第一、二、三身人稱代詞複數「□〔uon⁴⁴³〕我們」「□〔lien⁴⁴³〕你們」和「□〔ien³³〕他們」，這種表示人稱代詞複數的語音變化體現了閩方言的典型特點。

　　江西方言人稱代詞的複數形式分別與普通話的「我們」「你

們」「他們」相當，在句子中可以做主語、賓語、定語。做定語時通常要加「個」，但在表示親屬、處所的名詞之前可加「個」，也可以不加「個」。吳方言廣豐話、閩方言銅山福建話和客家方言于都話中，第一、二人稱代詞用在親屬、處所名詞前做定語時，單、複數同形，都用複數形式表示。例如廣豐話中：

阿來爺我們父親＝我父親爾來〔nei²³¹〕處裡你們家＝你家。

（六）指示代詞

江西方言各方言點指示代詞基本上作近指和遠指二分。以下是各方言點與普通話「這個、那個」（詞 405、406）和「這裡、那裡」（詞 407、408）對應的說法：

普通話	方言	方言點
這個	個個/只	〔贛〕南昌、修水、鄱陽、宜黃、吉安
	該個/只	〔贛〕撫州、資溪、豐城、高安、新余
	改個/只	〔客〕贛縣、南康、龍南、太源
	底個/只	〔贛〕遂川 〔客〕寧都、瑞金、于都、尋烏、大溪
	伊個/只	〔贛〕湖口 〔客〕黃坳、銅鼓 〔徽〕婺源 〔吳〕廣豐
	這個	〔贛〕鉛山 〔官〕贛州 〔吳〕上饒 〔閩〕銅山
那個	許個/只	〔贛〕南昌、修水*、豐城、高安、新余、吉安 〔閩〕銅山

續上表

普通話	方言	方言點
	唔個/只	〔贛〕湖口、鉛山、資溪 〔客〕太源 〔徽〕浮梁
	介個/只	〔贛〕遂川 〔客〕寧都、瑞金、于都、黃坳、銅鼓、大溪
	那個	〔官〕贛州、白槎
這裡	個裡	〔贛〕南昌、修水、鄱陽、宜黃、豐城、高安、新余、吉安
	該裡	〔贛〕撫州、資溪
	改裡	〔客〕贛縣、南康、龍南、太源
	底裡	〔贛〕遂川* 〔客〕寧都、瑞金、于都、尋鳥、大溪
	伊裡	〔贛〕湖口、新余 〔客〕黃坳*、銅鼓 〔徽〕婺源 〔吳〕廣豐
	這裡	〔贛〕鉛山 〔官〕贛州 〔吳〕上饒 〔閩〕銅山
那裡	許裡	〔贛〕南昌、豐城、高安、新余、吉安
	唔裡	〔贛〕湖口、鉛山、資溪 〔客〕太源
	介子	〔贛〕遂川 〔客〕寧都、瑞金、黃坳、銅鼓、大溪
	那個	〔官〕九江、白槎

說明：*修水話「那個」說「□個〔xɛn²⁴kɔ⁵⁵〕」，遂川話「這裡」說「□□〔tiə⁵⁵tiə⁵⁵〕」，黃坳話「這裡」說「□子〔iɔŋ²⁴tsɿ⁰〕」。

1. 表示近指的指示代詞在贛方言點多用「個」或「個」和「一」的合音詞「該」，客家方言區則多用「改」和「底」。其他方言點則用「伊」或「這」。

2. 表示遠指的指示代詞贛方言多用「許」和「唔」，客家方言主要用「介」，「那」則常見於官話方言區。除此之外，遠指代詞在江西方言一些方言點中還有一些其他的用法，如客家方言贛縣話說「□〔mi⁴⁴〕」、南康話說「□〔niɛ³³〕」、龍南話說「□〔nen⁴⁴〕」、尋烏話說「□〔ai⁴²〕」，官話方言九江話說「□〔uei²¹〕」，吳方言上饒話說「□〔muʔ⁵〕」、廣豐話說「□〔xɐʔ⁵〕」。

（七）疑問代詞

江西方言各方言點主要的疑問代詞（詞 397-404）如下：

普通話	方言	方言點
誰	哪個	〔贛〕南昌、湖口、吉安 〔客〕南康 〔官〕九江、贛州、白槎
	何個	〔贛〕鄱陽、撫州、資溪、宜黃、高安 〔徽〕浮梁
	哪人	〔客〕南康、龍南、黃坳、銅鼓 〔吳〕上饒

續上表

普通話	方言	方言點
	麼人	〔贛〕鉛山 〔客〕尋烏
什麼	什哩	〔贛〕南昌、豐城、高安
	什/咋個	〔贛〕撫州、宜黃 〔客〕太源 〔閩〕銅山 〔贛〕吉安 〔吳〕上饒
	麼哩/嘚	〔贛〕修水、鉛山、湖口
	麼個	〔客〕贛縣、南康、尋烏、黃坳、銅鼓
	麼事	〔官〕九江、白槎
哪個	哪（一）個/只	〔贛〕南昌、修水、湖口、鉛山、 　　　新余、吉安、遂川 〔客〕寧都、瑞金、于都、贛縣、 　　　南康、龍南、尋烏、黃坳、 　　　銅鼓、大溪、太源 〔官〕九江、贛州、白槎 〔吳〕上饒
	何一個/只	〔贛〕鄱陽、撫州、資溪、宜黃、 　　　豐城、高安 〔徽〕浮梁、婺源
為什麼	為/做/舞什哩/個/嘚	〔贛〕南昌、撫州、宜黃、豐城、高安 〔客〕太源
	做麼個/什/哩	〔贛〕鉛山 〔客〕龍南、尋烏、黃坳、銅鼓、大溪
	為麼事	〔官〕九江、白槎

續上表

普通話	方言	方言點
	為咋個/事	〔吳〕上饒、廣豐
哪裡	哪裡/嘞/哩/子/塊	〔贛〕南昌、修水、湖口、鉛山、新余、吉安、遂川 〔客〕寧都、瑞金、于都、贛縣、南康、龍南、黃坳、銅鼓、大溪 〔官〕九江、贛州、白槎 〔吳〕上饒、廣豐
	何裡	〔贛〕鄱陽、撫州、資溪、宜黃、豐城、高安 〔徽〕浮梁、婺源
多少	幾多	〔贛〕南昌、修水、湖口、鄱陽、鉛山、撫州、資溪、宜黃、豐城、高安、新余、吉安、遂川 〔客〕寧都、瑞金、于都、贛縣、南康、龍南、尋烏、黃坳、銅鼓、大溪、太源 〔官〕九江、贛州 〔徽〕浮梁、婺源 〔吳〕上饒、廣豐

　　1. 詢問人的疑問代詞，江西贛方言部分方言點用「何個」。贛方言南昌片、宜春片、吉安片及官話方言多用「哪個」，而江西客家方言點多用「哪人」。這些詞的用法與普通話的「誰」相當，在句子中可以做主語、賓語、定語等。

　　2. 詢問事物的疑問代詞，江西贛方言多數方言點用「什哩」「什個」，客家方言點多用「麼個」，官話方言點則多用「麼事」。

這些疑問代詞的用法與普通話的「什麼」相當，在句子中可以作主語、賓語、定語等。

3. 詢問原因的疑問代詞，江西贛方言多數方言點用「做什哩」「舞什哩」，客家方言點多用「做麼個」，官話方言點用「為麼事」。這些詞與普通話的「為什麼」基本相當。

4. 詢問處所的疑問代詞，江西部分贛方言點和徽州方言點用「何裡」，其他方言點多用「哪裡」。這些詞與普通話的「哪裡」「哪兒」基本相當，在句子中作主語、定語、賓語、狀語，還可以與介詞組合成介詞短語作狀語和補語。

5. 詢問性質、狀態、方式的疑問代詞在江西方言各方言點中差異很大（詳見詞語對照 400）。它們都相當於普通話的「怎麼」「怎麼樣」「怎樣」，在句子中作謂語、賓語、定語、狀語、補語。

6. 詢問數目、數量的疑問代詞，江西方言各方言點都用「幾多」，一致性較強。相當於普通話的「幾」「多少」「多」和「多麼」。

（八）否定詞

以下主要考察江西方言各方言點與普通話的「不～去（語法 69）」、「不用～買（語法 33）」「別～給他錢（語法 59）」「沒有/沒～紅、～買到（語法 10、41）」「沒有/沒～錢（詞 359）」相對應的否定詞。

普通話	方言	方言點
不～去	不	〔贛〕南昌、修水、湖口、鄱陽、鉛山、撫州、資溪、宜黃、豐城、高安、新余、吉安 〔官〕九江、贛州、白槎 〔徽〕浮梁、婺源 〔吳〕上饒
	唔/姆	〔贛〕遂川 〔客〕寧都、瑞金*、于都、贛縣、南康、龍南、尋烏、黃坳、銅鼓、大溪、太源 〔閩〕銅山
	弗	〔吳〕廣豐
不用～買	不要/不要（得）	〔贛〕南昌、修水、湖口*、鄱陽、鉛山*、撫州、資溪、宜黃、豐城 〔官〕白槎 〔徽〕浮梁*、婺源* 〔吳〕上饒*
	唔要/唔要	〔贛〕遂川 〔客〕寧都*、瑞金、黃坳、銅鼓
	唔/姆愛	〔客〕黃坳、銅鼓
	弗□sau²⁴（得）	〔吳〕廣豐*
	不用	〔贛〕吉安 〔官〕九江
	不著	〔贛〕高安、新余
	不消	〔官〕贛州

續上表

普通話	方言	方言點
	唔爭	〔客〕于都、贛縣、南康
	唔/嘸使	〔客〕龍南*、尋烏*、太源
	省得	〔客〕大溪
	免	〔閩〕銅山
別	不要/不要	〔贛〕南昌、鄱陽、鉛山、撫州、資溪、 新余、吉安 〔官〕贛州* 〔徽〕浮梁*、婺源* 〔吳〕上饒
	唔要/唔要	〔贛〕遂川 〔客〕寧都*、瑞金*、于都*、南康、大溪
	唔愛	〔客〕龍南*、尋烏*、大溪*、太源*
	莫 （個/得）	〔贛〕修水、湖口、宜黃、豐城、高安 〔客〕贛縣、龍南、尋烏、黃坳、銅鼓、 太源 〔官〕九江、白槎 〔徽〕浮梁、婺源 〔吳〕廣豐 〔閩〕銅山
沒有/沒 ～紅、 ～買到	冇	〔贛〕南昌、修水*、湖口、鄱陽、撫州、 資溪、宜黃、豐城、高安、新余、 吉安、遂川* 〔客〕寧都、于都、贛縣、銅鼓、大溪* 〔官〕九江 〔徽〕浮梁
	沒/沒有	〔官〕贛州*、白槎

續上表

普通話	方言	方言點
	無	〔贛〕鉛山 〔吳〕上饒、廣豐 〔閩〕銅山
	□p̃11	〔徽〕婺源
	未	〔客〕太源
	唔曾	〔客〕遂川*、瑞金、于都*、贛縣*、南康、 龍南、尋烏、黃坳
沒有/沒 ～錢	冇/冇有	〔贛〕南昌、修水*、撫州、資溪、宜黃、 豐城、高安、新余、吉安、遂川 〔客〕寧都、瑞金、于都、贛縣、南康、 龍南、尋烏、黃坳、銅鼓、太源 〔徽〕浮梁
	沒有/沒有	〔贛〕湖口*、鄱陽、鉛山* 〔官〕九江*、贛州*、白槎* 〔吳〕上饒*
	無/無有	〔客〕大溪 〔徽〕婺源 〔吳〕廣豐 〔閩〕銅山

　　說明：*瑞金話「不」說「□〔nan⁴⁴〕」。寧都話的「唔要」讀〔ŋ̩¹³nau³¹〕。廣豐話「不要」說「弗□〔sɑu²⁴（得）〕」，「□〔sɑu²⁴〕」義為「要」。龍南話、尋烏話「不要」分別說「唔□〔m̩³¹²ʂ̩²²〕」「唔□〔ŋ̩²¹⁴ʂ̩⁵⁵〕」。修水話「沒有」說「□〔məŋ²²〕、□〔məŋ²²〕有」。大溪話「沒有（買到）」說「□〔man²¹³〕」。遂川話「沒（紅）」說「唔曾」，「沒（買到）」說「冇」。白槎河南話「沒有」說「沒得〔mei³¹²tɛ⁰〕」。

*湖口話、鉛山話、浮梁話、婺源話、上饒話的「不要」，瑞金話、于都話的「唔要」，龍南話、尋烏話、大溪話、太源畬話的「嘸愛」，湖口話、鉛山話、九江話、贛州話、上饒話的「沒有」，都分別連讀合音為一個音節。

　　1. 江西方言中與普通話的「不」對應的否定詞有「不」和「唔/嘸」「弗」三個。贛方言點、官話方言點和徽州方言點與普通話相同都說「不」，客家方言點則都說鼻輔音充當的音節「唔/嘸」（「唔」「嘸」分別記錄〔ŋ̩〕、〔m̩〕），吳方言廣豐話則說「弗」。贛方言遂川話說「唔〔ŋ̩²²〕」，應與受客家方言影響有關；吳方言上饒話說「不〔puʔ⁴〕」，應與受贛方言影響有關。江西方言各方言點的「不」和「唔/嘸」「弗」用法和普通話基本一致，一般用來否定動作和情狀。

　　與普通話的「不用」相同，江西方言除官話方言九江話和贛方言吉安話也說「不用」外，大多數方言點用「不」「唔/嘸」「弗」與「要」（包括與「要」同義的「愛」）構成「不/唔/嘸/弗要」「唔/嘸愛」以及「不著」「唔爭」等對事實上必要性作否定的復合否定詞。

　　2. 江西方言中與普通話表示勸阻和禁止的「別」對應的否定詞有兩類說法，一類是「莫（個/得）」，一類則使用上述的「不/唔要」。贛方言南昌話、鄱陽話、鉛山話、撫州話、資溪話、新余話、吉安話和徽州方言浮梁話、婺源話以及官話方言贛州話、吳方言上饒話表示勸阻和禁止都說「不要」或「不要」的合音；客家方言的寧都話、瑞金話、于都話、南康話、大溪話說「唔

要」，龍南話、尋烏話、大溪話、太源畬話說「唔愛」。贛方言及客家方言的部分方言點、官話方言九江話、白槎話以及吳方言廣豐話、閩方言銅山福建話說「莫（個/得）」。

江西方言部分方言點中，「不/唔要」既否定事實必要性，也表示勸阻和禁止。這部分方言點有：贛方言南昌話、鄱陽話、鉛山話、撫州話、遂川話，客家方言寧都話、瑞金話、于都話，徽州方言浮梁話、婺源話，吳方言上饒話。

3. 普通話中的否定詞「沒有/沒」，用於體詞性成分之前是動詞，表對「領有、具有」的否定，用於一般謂詞性成分之前是副詞，表對「已然」「曾經」的否定。江西方言各方言點與普通話的「沒有/沒」對應的否定詞除部分方言點也說「沒有/沒」外，多數方言點說「冇/冇有」，有少數方言點說「無/無有」。

江西方言中說「冇/冇有」的方言點主要為贛方言點和客家方言點，其中大部分方言點「冇/冇有」兼表對「領有、具有」的否定和對「已然」「曾經」的否定。江西方言各方言點中還有部分方言點否定「領有、具有」和否定「已然」「曾經」的否定詞形式不同。特別值得注意的是，客家方言多數方言點否定「已然」「曾經」有一個與否定「領有、具有」的「冇/冇有」有差別顯著的「唔曾」，遂川話兼說「冇」和「唔曾」，應與受客家方言影響有關。

（九）處置句

處置句表示動作的接受者即受事受到動作的影響而產生某種結果或狀態。江西方言各方言點的處置句大多有兩種表達句式：

一種使用處置介詞，相當於漢語共同語中的「把」字句。另一種則是不用處置介詞的一般句式，這種無介詞的處置句主要在除官話方言點外的大部分方言點使用。例如：

語法 50	把門關上！別把東西丟了（！）
〔贛〕修水話	關到門！東西莫〔mɔ ʔ⁵〕落刮〔kuæt⁴²〕了〔tau⁰〕
〔客〕寧都話	關掉〔tʻiau³¹〕門來！唔□〔ŋ̩¹³nau³¹〕跌掉〔tʻiau³¹〕東西
〔客〕于都話	關穩門！不要〔ŋiɔ³²³〕跌了〔liɔ³⁵〕東西嘞〔lɛ⁰〕
〔徽〕浮梁話	關到門！不要〔piau²¹³〕跌嘀〔ti⁰〕東西

江西方言中使用無介詞處置句的方言點還可以把句中的賓語提到句首作主語，使之話題化。例如：

語法 50	把門關上！別把東西丟了（！）
〔客〕尋烏話	門關穩來！呣愛〔muɐi⁵⁵〕著〔tsɔʔ²¹〕東西跌了〔liau⁴²〕嘞〔le⁰〕
〔吳〕上饒話	門關倒！東西不要〔piɔu⁴³〕跌吥〔puʔ⁰〕
〔閩〕銅山話	門關起！東西莫得〔məʔ²tieʔ⁴〕無咯〔lə⁰〕

語法 51	把這頭牛牽回家去（！）
〔贛〕鉛山話	這條牛牽去歸
〔客〕大溪話	底條牛牽轉去
〔吳〕廣豐話	乙條牛跟渠拖去歸

在使用介詞的處置句中，江西方言各方言點所使用的處置介詞除官話方言點與共同語一樣用「把」外，其他各方言點有較大

差異。其中，贛方言點常用的處置介詞主要有「拿」「把」「擺」。
例如：

語法 52	把弟弟帶來了（。）
〔贛〕南昌話	拿〔laʔ⁵〕老弟帶來了〔lɛu⁰〕
〔贛〕遂川話	拿〔nãn²²〕老弟帶過來矣〔i⁰〕
〔贛〕鄱陽話	把〔pɒ⁴²〕弟郎帶來唰〔lie⁰〕
〔贛〕吉安話	把〔pa⁵³〕老弟帶得〔tɛ³³⁴〕來哩〔li⁰〕
〔贛〕撫州話	擺〔pai⁴⁵〕弟崽帶來哩〔li⁰〕
〔贛〕宜黃話	擺〔pai⁴⁵³〕弟帶來欸〔ɛ⁰〕

客家方言點常用的處置介詞主要有「拿」「把」「撇」「著」。
例如：

語法 51	把這頭牛牽回家去（！）
〔客〕贛縣話	拿〔na²⁴〕改隻牛牽歸去
〔客〕黃坳話	拿〔na²⁴〕伊條牛牽回去
〔客〕寧都話	把〔pa²¹⁴〕底隻牛牽歸屋□〔ka⁴²〕去
〔客〕龍南話	撇〔iaʔ⁴³〕該隻牛牽歸屋□〔kʻa²⁴〕去
〔客〕尋烏話	著〔tsɔʔ²¹〕底隻牛牽歸去

吳方言點和徽州方言婺源話用「幫」作處置介詞，徽州方言
浮梁話用「擔」作處置介詞，閩方言銅山福建話用「甲」作處置
介詞。例如：

語法 52	把弟弟帶來了（。）
〔吳〕上饒話	幫〔pɔ̃ŋ⁴⁴〕弟郎帶來嘮〔lɔu⁰〕
〔吳〕廣豐話	幫〔piãn⁴⁴〕弟郎帶起來啵〔pɯu⁰〕

語法 51	把這頭牛牽回家去（！）
〔徽〕婺源話	幫〔pã⁵⁵〕伊匹牛牽去家
〔徽〕浮梁話	擔〔to⁵⁵〕□〔lɛ⁵⁵〕條牛牽去家
〔閩〕銅山話	即隻牛甲〔kæʔ⁴〕伊牽道去

（十）被動句

現代漢語被動句一般指包含有表被動介詞的句式，這一句式在共同語中大致有兩種基本形式：

A. N 受事＋被動介詞＋N 施事＋VP：這件事被他說中了。

B. N 受事＋被動介詞＋VP：碗被打破了。

江西方言各方言點中的被動句常用上述 A 句式表達，句子結構與漢語共同語相同，各方言點在 A 式被動句中使用的介詞多不相同。各方言點被動句中常見的介詞有：

被動介詞	方言點
等	〔贛〕南昌、湖口、鄱陽、撫州、吉安 〔客〕寧都、銅鼓 〔徽〕婺源 〔吳〕廣豐 〔閩〕銅山
馱	〔贛〕南昌、修水、撫州、資溪

續上表

被動介詞	方言點
拿	〔贛〕修水、遂川 〔客〕于都、贛縣、南康
讓	〔贛〕南昌、鉛山、新余 〔客〕大溪、太源 〔吳〕上饒
被	〔官〕九江、贛州、白槎
得	〔贛〕鉛山、宜黃 〔徽〕浮梁
討	〔贛〕豐城、高安 〔客〕瑞金
撇	〔贛〕鉛山 〔客〕龍南 〔吳〕廣豐
分	〔客〕尋烏

　　上述 B 式被動句只在部分官話方言點中使用，其他方言點均無相同格式的說法。若要表示與漢語共同語 B 式被動句相同的意思，江西各方言點大多使用不帶被動介詞的一般主謂句。例如「碗被打破了」一般說成：

語法 54	被打破了（。）
〔贛〕南昌話	碗打破了〔lɛu⁰〕
〔客〕寧都話	碗打爛欸〔ɛ⁰〕
〔徽〕婺源話	碗打破之〔tɕi⁰〕啦〔la⁰〕
〔吳〕廣豐話	碗打破啵〔pəɯ⁰〕
〔閩〕銅山福建話	碗口〔kʻa⁴⁴〕破咯〔lə⁰〕

在部分贛方言點和客家方言點中，B 式被動句也可以加上泛指代詞「人家」作動作施事而轉換成 A 式被動句使用。例如「被罵了一頓」可以說成：

語法 55	（他）被罵了一頓（，不敢再說話了。）
〔贛〕吉安話	等〔tɛn⁵³〕人家罵潑〔p'ɵ³³⁴〕一餐
〔贛〕遂川話	拿〔nãn²²〕人家罵嘎〔ka⁵⁵〕一餐
〔客〕寧都話	等〔tən²¹⁴〕人家罵欵〔ɛ⁰〕一餐
〔客〕于都話	拿〔na³¹〕人家罵哩〔li⁰〕一餐
〔客〕尋烏話	分〔pun²⁴〕人家罵嘞〔le⁰〕一餐
〔客〕太源畬話	讓〔ŋioŋ⁴²〕人家罵啊〔a⁰〕一陣

（十一）給予句

給予句是表示給某人以某物的句子。漢語共同語中給予句的句式主要有以下三種，其中 A、B 是給予句的雙賓式，C 是給予句的與格式[53]：

A. N 施事＋V 給予＋N 與事＋N 受事：我給他一本書。

B. N 施事＋V 給予＋給＋N 與事＋N 受事：我送給他一本書。

C. N 施事＋V 給予＋N 受事＋給＋N 與事：我送一本書給他。

雙賓式給予句在江西方言各方言點中的表達有兩個特點，一是很少使用 B 式句，多用 A 式句；二是 A 式句在江西方言各方言點中有兩種語序，即與共同語相同的 A1 式：

---

53 沈家煊：《「在」字句和「給」字句》，《中國語文》，1999 年第 2 期。

N 施事＋V 給予＋N 與事＋N 受事

以及特有的 A2 式：

N 施事＋V 給予＋N 受事＋N 與事

江西方言各方言點在使用 A 式句時，官話方言九江話、贛州話和白槎話，徽州方言婺源話和客家方言寧都話、黃坳話、龍南話等多用 A1 式。例如：

普通話	方言點
給他一支筆（！）	〔官〕九江話：給〔kei^{213}〕渠一支筆
別給他錢（！）	〔官〕白槎話：莫〔mo^{42}〕給〔kei^{42}〕他錢
（外婆）給了我壓歲錢（。）	〔徽〕婺源話：給〔kɔ^{51}〕之〔tɕi^{0}〕我壓歲錢
（朋友）借給他一間房間（。）	〔客〕黃坳話：借分〔puən^{24}〕渠一間屋
（外婆）給了我壓歲錢（。）	〔客〕龍南話：攦〔iaʔ^{43}〕分〔pun24〕壓歲錢

贛方言南昌話、湖口話、鉛山話、撫州話、新余話，吳方言上饒話、廣豐話以及客家方言贛縣話、大溪話等多使用 A2 式。如：

語法 59	給他一支筆（！）
〔贛〕湖口話	□〔ma^{213}〕支筆伊
〔贛〕鉛山話	攦〔iaʔ^{4}〕/把〔pa^{45}〕支筆渠哩
〔贛〕撫州話	擺〔pai^{45}〕一支筆渠
〔贛〕新余話	把〔pa^{213}〕支筆渠

續上表

語法 59	給他一支筆（！）
〔客〕贛縣話	拿〔na²⁴〕一支筆渠
〔客〕大溪話	拿〔na⁴³⁵〕支筆渠
〔吳〕上饒話	撮〔iɐʔ⁵〕支筆渠人
〔吳〕廣豐話	撮〔iæʔ⁵〕支筆渠

　　上述使用雙賓式的贛方言點和客家方言點一般都可以用與格式表示給予句，而客家方言瑞金話、于都話、尋烏話、銅鼓話、太源畬話和閩方言銅山福建話使用與格式給予句的頻率更高。例如：

語法 60	（外婆）給了我壓歲錢（。）
〔客〕瑞金話	討〔tʻɔ²¹²〕哩〔li⁴⁴〕壓歲票子口〔kan⁴²〕
〔客〕尋烏話	拿〔na²¹⁴〕分〔pun²⁴〕壓歲錢過〔ko⁵⁵〕
〔客〕銅鼓話	拿〔nak⁵〕哩〔li⁰〕壓歲錢得〔tɛk³〕
〔客〕太源畬話	拿〔nan⁴⁴〕欸〔ɛ⁰〕壓歲錢分〔pun⁴⁴〕
〔閩〕銅山福建話	口〔tʻue³³〕咯〔lə⁰〕口〔te⁴⁴³〕歲錢互〔xɔ²¹〕我

　　江西方言各方言點中的與格式給予句還有另一個特點，即給予句中的給予動詞和與格標記詞同形。這種用法在江西方言的贛方言點、客家方言點和徽州方言點中都有。例如：

語法 59	給他一支筆！別給他錢（！）
〔贛〕鄱陽話	把〔p⁴²〕一支筆把〔p⁴²〕渠！不要把〔p⁴²〕錢把〔p⁴²〕渠
〔贛〕資溪話	擺〔pai³⁵〕一支筆擺〔pai³⁵〕渠！莫擺〔pai³⁵〕錢擺〔pai³⁵〕渠
〔贛〕宜黃話	擺〔pai⁴⁵³〕一支筆擺〔pai⁴⁵³〕渠！莫擺〔pai⁴⁵³〕錢擺〔pai⁴⁵³〕渠
〔客〕南康話	拿〔na³³〕一支筆拿〔na³³〕渠！唔要拿〔na³³〕錢拿〔na³³〕渠
〔徽〕浮梁話	擔〔to⁵⁵〕支筆擔〔to⁵⁵〕渠！不要擔〔to⁵⁵〕錢擔〔to⁵⁵〕渠

（十二）比較句

1.同級比較

　　江西方言各方言點中表同級比較的句子與普通話大致相同，其基本句式為「甲跟乙一樣（A形容詞）」或「甲跟乙差不多（A形容詞）」，只是方言點之間作連接比較項的詞語略有差異。大部分方言點同級比較項連接詞用「跟」，部分客家方言點用「摎（lóu）」[54]例如：

---

54 《廣韻》《集韻》「力求切」下：「摎，束也，捋也。」「同」，官話方言點多用「和」。

比較項連接詞	方言點
跟	〔贛〕南昌、修水、湖口、鄱陽、鉛山、撫州、豐城、高安、新余、吉安、遂川 〔客〕寧都、黃坳、大溪 〔官〕九江 〔徽〕浮梁 〔吳〕上饒、廣豐
摎	〔贛〕資溪 〔客〕于都、贛縣、龍南、尋烏、太源
同	〔客〕南康、銅鼓
和	〔贛〕宜黃 〔官〕贛州、白槎

另有個別方言點在同級比較句子中使用較特殊的連接詞。如客家方言瑞金話用「□〔kan⁴²〕」，徽州方言婺源話用「□〔xã⁵⁵〕」，閩方言銅山福建話用「甲〔kæʔ⁴〕」。

2. 差級比較

江西方言各方言點表示差級比較的句子主要有以下幾種形式。

（1）用「比」字的比較句

這類比較句基本句式有兩種，一種是「甲＋比＋乙＋程度副詞＋形容詞」。這一基本句式在江西方言內部一致性較強，各方言點之間的差別主要體現在程度副詞上，其中，贛方言點、官話方言點、吳方言點以及徽州方言浮梁話多用「更」「還」；客家方言點以及徽州方言婺源話多用「較」。例如：

語法 62	（今天）比昨天更熱（。）
〔贛〕南昌話	比昨日更〔kɛn⁴⁵〕熱
〔贛〕撫州話	比昨日還〔xai²⁴〕熱
〔官〕贛州話	比昨天更〔kəŋ²¹²〕滾
〔官〕白槎話	比昨天還〔xai⁵⁵〕熱
〔徽〕浮梁話	比昨日還要〔xo²⁴·iau²¹³〕熱
〔吳〕廣豐話	比昨暝更〔kæ～n⁴³〕熱
〔客〕瑞金話	比昨日較〔kɔ⁴²〕熱
〔徽〕婺源話	比昨日較〔kɔ³⁵〕熱

另一種用「比」字的基本句式是「甲＋比＋乙＋形容詞＋數量詞」。這一句式在江西各方言中用法基本一致（參見「語法63」）。

（2）不用「比」字的比較句

這類比較句也有兩種基本句式，一種是「甲＋形容詞＋乙＋數量詞」。這一句式在客家方言、吳方言、閩方言多數方言點以及贛方言少數方言點使用，並且在表示差級比較時可以與「甲＋比＋乙＋形容詞＋數量詞」句式互換。例如：

語法 63	（他）比我高三公分（。）
〔客〕寧都話	高　佢三公分/比　佢高三公分
〔客〕于都話	高　佢三公分/比　佢高三公分
〔客〕贛縣話	高　佢三公分/比　佢高三公分
〔客〕南康話	高　佢三公分/比　佢高三公分
〔客〕龍南話	高　佢三公分/比　佢高三公分

語法 63	（他）比我高三公分（。）
〔客〕大溪話	高　偓三公分/比　偓高三公分
〔吳〕上饒話	高阿人三公分/比阿人高三公分
〔吳〕廣豐話	高阿三公分/比阿高三公分
〔閩〕銅山話	懸〔kuĩ²⁴〕我三公分/比我懸〔kuĩ²⁴〕三公分
〔贛〕鉛山話	高阿哩三公分/比阿哩高三公分
〔贛〕宜黃話	高我三公分/比我高三公分

另一種不用「比」字的比較句的句式是「甲＋否定詞＋乙＋指程度代詞＋形容詞」。這種句式在江西方言各方言點中結構基本一致，差別只體現在句中指示程度的代詞有所不同。贛方言點和官話方言點在此種比較句中使用的指示代詞多是雙音節的，大致與共同語的「這麼」「那麼」相當。而其他方言則多使用單音節的指示代詞。例如：

語法 64	（我）沒有他那麼傻（。）
〔贛〕鄱陽話	沒有〔mə⁴⁴iəu⁴²〕渠呢麼〔ŋi²⁴mə⁰〕混
〔官〕九江話	冇〔mau²¹〕渠唔麼〔n̩²¹mo⁰〕憨
〔客〕瑞金話	唔會〔ŋ³⁵muɛ⁵¹〕渠□〔kan³⁵〕□〔ŋo〕⁴²
〔徽〕浮梁話	冇〔mau²⁴〕渠□〔ŋia³¹〕□〔ŋau³³〕
〔吳〕廣豐話	無〔muɤ⁵²〕渠□〔ãn⁵²〕呆
〔閩〕銅山話	無〔bɔ²¹〕伊□〔xua⁴³〕呆

江西方言中還有一種表示差級的比較句式：「甲＋形容詞＋過＋乙」。此種句式在江西各方言中使用頻率不高，只在部分客

家方言點中使用。例如客家方言銅鼓話差比句「（今天）比昨天更熱」「（他）比我高三公分」可以說成：

熱過〔kɔ⁵¹〕昨晡　　　高過〔kɔ⁵¹〕　　三公分

（十三）表時間先後和表方位的成分與動詞的語序位置

漢語中，動詞與表時間先後的成分和表方位的成分組合可以有不同的語序位置，從而構成不同的結構格式。

1. 表時間先後的成分與動詞組合的語序位置

江西方言各方言點表時間先後的成分與動詞組合構成三種結構格式：

A式：先＋V動詞（＋賓語）

B式：V動詞（＋賓語）＋起/先

C式：先＋V動詞（＋賓語）＋起

語法 75	先喝酒（，後吃飯。）		
	A 式	B 式	C 式
〔贛〕南昌話	先喫酒	喫酒起	先喫酒起
〔贛〕鄱陽話	先喫酒	喫酒起	先喫酒起
〔贛〕撫州話	先喫酒	喫酒起	先喫酒起
〔贛〕豐城話	先喫酒	喫酒起	先喫酒起
〔贛〕吉安話	先喫酒		
〔客〕寧都話		食酒先	
〔客〕瑞金話	先食酒	食酒起	先食酒起
〔客〕南康話	先食酒		
〔客〕銅鼓話	先食酒		

續上表

語法75	先喝酒（，後吃飯。）		
	A式	B式	C式
〔客〕大溪話	先食酒	食酒起	先食酒起
〔官〕九江話	先喝酒		
〔徽〕婺源話	先喫酒	喫酒起	先喫酒起
〔吳〕上饒話	先喫酒	喫酒起	先喫酒起
〔閩〕銅山福建話	先食酒	食酒起	先食酒起

　　江西方言中大部分贛方言點和吳方言點、徽州方言點、閩方言點都兼具上述 A、B、C 三種句式結構。這些方言點中，A 式結構為方言與漢語共同語所共有，表時間先後成分位於動詞之後的 B 式句為方言常用句式，C 式結構系 A、B 兩式的融合式。大部分客家方言點和官話方言點只有 A 式句式。

　　2. 表方位的成分與動詞組合的語序位置

　　江西方言各方言點表方位的成分與動詞組合構成三種結構格式：

　　A式：方位詞＋V動詞

　　B式：在/到＋方位詞＋V動詞

　　C式：V動詞＋方位詞

語法74	（你路熟，你）前面走（。）		
	A式	B式	C式
〔贛〕南昌話		到前頭走	
〔贛〕湖口話		在前裡走	走前裡
〔贛〕鄱陽話			走得前頭

續上表

語法 74	（你路熟，你）前面走（。）		
	A 式	B 式	C 式
〔贛〕撫州話			走前頭
〔贛〕豐城話			走面前
〔贛〕吉安話			走前頭
〔客〕寧都話			行前高
〔客〕瑞金話		□e^4 面前行	
〔客〕南康話			走前頭
〔客〕銅鼓話			走向前
〔客〕大溪話	前頭走		
〔官〕九江話			走前頭
〔徽〕婺源話		到前頭走	
〔吳〕上饒話			走前底
〔閩〕銅山福建話			走頭前

　　江西方言中只有個別方言點使用 A 式句，少數方言點使用由 A 式擴展的 B 式句，大部分方言點使用 C 式句。C 式句是江西方言中除徽州方言點以外的贛方言點、客家方言點和官話方言點、吳方言點動詞與方位成分組合的基本表達句式。

（十四）可能補語與賓語的語序位置

　　漢語中，動詞之後帶有表示可能的補語和賓語的時候，可能補語和賓語可以有不同的語序位置，從而構成不同的結構格式。在肯定句式中，有三種語序結構：

肯定 A 式：V 動詞＋得表示可能的助詞＋補語＋賓語

肯定 B 式：V 動詞＋得表示可能的助詞＋賓語＋補語

肯定 C 式：V 動詞＋賓語＋得表示可能的助詞＋補語

在否定句式中，也有三種語序結構：

否定 A 式：V 動詞＋否定詞＋補語＋賓語

否定 B 式：V 動詞＋否定詞＋賓語＋補語

否定 C 式：V 動詞＋賓語＋否定詞＋補語

　　肯定 A 式和否定 A 式是漢語共同語中的主要句式，例如說「打得過他」「打不過他」。肯定 B 式、肯定 C 式和否定 B 式、否定 C 式通常顯示出漢語方言的區域性特點。下面考察江西方言各方言點在可能補語與賓語的語序位置上所表現出來的不同情況。

　　肯定句的 A、B、C 三種語序格式在江西方言中都有使用：

語法 05	（我）打得過他（，）		
	A 式	B 式	C 式
〔贛〕南昌話	打得贏渠	打得渠贏	
〔贛〕鉛山話	打得贏渠哩	打得渠哩贏	
〔客〕瑞金話	打得贏渠	打得渠贏	
〔客〕尋烏話	打得贏渠	打得渠贏	打渠得贏
〔官〕贛州話	打得贏他	打得他贏	
〔官〕九江話	打得贏渠		
〔徽〕婺源話	打得贏渠		
〔吳〕上饒話	打得過渠		

　　否定句的 A、B、C 三種語序格式在江西方言中也都有使用：

語法 05	（他）打不過我（。）		
	A 式	B 式	C 式
〔贛〕南昌話	打不贏我	打我不贏	
〔贛〕鉛山話	打不贏阿哩	打阿哩不贏	打不阿哩贏
〔客〕瑞金話	打唔贏倨	打倨唔贏	
〔客〕尋烏話	打唔贏倨	打倨唔贏	
〔官〕贛州話	打不贏我	打我不贏	
〔官〕九江話	打不贏我	打我不贏	
〔吳〕廣豐話	打弗過阿	打阿弗過	
〔閩〕銅山福建話	拍唔過我	拍我唔過	
〔徽〕婺源話	打不贏我		

　　江西方言各方言點都具有與共同語相同的肯定 A 式和否定 A 式。大部分方言點兼具不見於共同語的肯定 B 式和否定 B 式，其中多數贛方言點、客家方言點具有肯定 B 式，多數贛方言點、客家方言點和吳方言點、閩方言點具有否定 B 式。個別客家方言點如尋烏話具有肯定 C 式，部分贛方言點如鉛山話和豐城話、高安話、新余話（說「做不三條褲子到」）具有否定 C 式，個別客家方言點如于都話（說「做唔三條褲到」）也具有否定 C 式。徽州方言點僅有肯定 A 式和否定 A 式。官話方言點除白槎河南話僅有肯定 A 式和否定 A 式外，贛州話肯定句、否定句兼具 A、B 兩式，九江話否定句兼具 A、B 兩式。

上述具有兩種或三種語序格式的方言點，其中 B 為常式，A 式應為受共同語影響而應用的晚起格式。肯定 C 式和否定 C 式是贛方言、客家方言少數方言點的特色格式。官話方言贛州話、九江話的 B 式與受贛方言、客家方言的影響有關。

二、江西方言語法特點概述

（一）江西贛方言的語法特點

1. 常用的名詞後綴「嘚」「哩」「兒」，相當於普通話的名詞後綴「子」。撫州片、南昌片、鄱陽片等部分方言點在親屬稱謂名詞前面使用名詞前綴「霞」「賀」。「霞」作為名詞前綴既可表示平輩稱謂也可以表示長輩稱謂，「賀」則多表示長輩親屬稱謂。

2. 動物表性名稱多以表性語素位於動物總名語素之後的「後位式」構成。常用的表性語素有表雄性的「公」「牯」和表雌性的「婆」「孃」等。

3. 表示動作、行為或事件的完成的體標記（相當於普通話的「了₁」）與具有去除等含義的體標記（相當於普通話的「了₂」）同形與不同形的均有。不同形的有單音節形式和雙音節形式兩種情況。

4. 第一人稱代詞用「我」「阿」；第二人稱代詞用「爾」「你」；第三人稱代詞用「渠」。近指代詞多用「個/該」；遠指代詞多用「許/唔」。指人疑問代詞多用「何個」「哪個」；指物疑問代詞多用「什哩/什個」。

5. 否定情狀的否定副詞常用「不」，表示勸阻和禁止的否定副詞多用「不要」或「不要」的合音。

6. 雙賓給予句常用「N施事＋V給予＋N受事＋N與事」式表達。「甲＋比＋乙＋程度副詞＋形容詞」式比較句中的程度副詞多用「更」「還」。

7. 動詞與表時間先後的成分組合，以表時間先後的成分位於動詞之後的為基本語序格式。動詞與表方位的成分組合，以表方位的成分位於動詞之後的為基本語序格式。

（二）江西客家方言的語法特點

1. 常用的名詞後綴「嘞」，與普通話的名詞後綴「子」功能相當。客家方言客籍話常在親屬稱謂名詞用前綴「阿」表示平輩或長輩。常用名詞後綴「頭」構成表時間的名詞。

2. 動物表性名稱多以表性語素位於動物總名語素之後的「後位式」構成。常用的表性語素有表雄性的「牯」和表雌性的「婆」「嬤」等。

3. 表示動作、行為或事件的完成的體標記（相當於普通話的「了₁」）與具有去除等含義的體標記（相當於普通話的「了₂」）同形與不同形的均有。不同形一般多是單音節形式。

4. 第一人稱代詞用「我」「𠊎」；第二人稱代詞用「爾」「你」；第三人稱代詞用「渠」。近指代詞多用「改/底」；遠指代詞多用「介」。指人疑問代詞多用「哪人」；指物疑問代詞多用「麼個」。

5. 否定情狀的否定副詞常用「唔」「嘸」，表示勸阻和禁止的否定副詞多用「唔要」「莫」。

6. 多用「N施事＋V給予＋N受事＋給＋N與事」句式表示雙賓句。常用「甲＋形容詞＋乙＋數量詞」句式來表達差級比較；在「甲＋比＋乙＋程度副詞＋形容詞」式比較句中，程度副詞多用「較」。

7. 動詞與表時間先後的成分組合，以表時間先後的成分位於動詞之前的為基本語序格式。動詞與表方位的成分組合，以表方位的成分位於動詞之後的為基本語序格式。

（三）江西吳方言的語法特點

1. 常用名詞後綴「子」「兒」，相當於普通話的名詞後綴「子」。

2. 動物表性名稱多以表性語素位於動物總名語素之後的「後位式」構成。常用的表性語素有表雄性的「牯」和表雌性的「嬭」等。

3. 表示動作、行為或事件的完成的體標記（相當於普通話的「了₁」）與具有去除等含義的體標記（相當於普通話的「了₂」）同形。

4. 第一人稱代詞用「阿」；第二人稱代詞用「爾」；第三人稱代詞用「渠」。人稱三身代詞單數形式單音節和雙音節並存。近指代詞多用「這/伊」。指人疑問代詞多用「哪人」；指物疑問代詞多用「咋個」。

5. 否定情狀的否定副詞常用「不」「弗」，表示勸阻和禁止的否定副詞多用「不要」「莫」。

6. 雙賓給予句常用「N施事＋V給予＋N受事＋N與事」式表達。

常用「甲＋形容詞＋乙＋數量詞」句式來表達差級比較；在「甲＋比＋乙＋程度副詞＋形容詞」式比較句中，程度副詞多用「更」「還」。

7. 動詞與表時間先後的成分組合，以表時間先後的成分位於動詞之後的為基本語序格式。動詞與表方位的成分組合，以表方位的成分位於動詞之後的為基本語序格式。

（四）江西徽州方言的語法特點

1. 動物表性名稱多以表性語素位於動物總名語素之後的「後位式」構成。常用的表性語素有表雄性的「牯」和表雌性的「牸」「娘」等。

2. 表示動作、行為或事件的完成的體標記（相當於普通話的「了₁」）與具有去除等含義的體標記（相當於普通話的「了₂」）同形。

3. 第一人稱代詞用「我」；第二人稱代詞用「爾」；第三人稱代詞用「渠」。近指代詞多用「伊」；遠指代詞多用「唔」。

4. 否定情狀的否定副詞常用「不」「弗」，表示勸阻和禁止的否定副詞多用「莫」。

5. 可以使用「N 施事＋V 給予＋N 與事＋N 受事」式雙賓給予句。「甲＋比＋乙＋程度副詞＋形容詞」式比較句中的程度副詞多用「較」。

6. 動詞與表時間先後的成分組合，以表時間先後的成分位於動詞之後的為基本語序格式。動詞與表方位的成分組合，以表方位的成分位於動詞之前的為基本語序格式。

（五）江西官話方言的語法特點

1. 動物表性名稱多以表性語素位於動物總名語素之後的「前位式」構成。常用的表性語素有表雄性的「公」和表雌性的「母」等。

2. 表示動作、行為或事件的完成的體標記（相當於普通話的「了₁」）與具有去除等含義的體標記（相當於普通話的「了₂」）同形。

3. 第一人稱代詞用「我」；第二人稱代詞用「爾」「你」；第三人稱代詞用「他」。近指代詞多用「這」；遠指代詞多用「那」。指人疑問代詞多用「哪個」；指物疑問代詞多用「麼事」。

4. 否定情狀的否定副詞常用「不」，表示勸阻和禁止的否定副詞多用「莫」。

5. 有「N 受事＋被動介詞＋VP」式被動句。多使用「N 施事＋V 給予＋N 與事＋N 受事」式雙賓給予句。「甲＋比＋乙＋程度副詞＋形容詞」式比較句中的程度副詞多用「更」「還」。

6. 動詞與表時間先後的成分組合，以表時間先後的成分位於動詞之前的為基本語序格式。動詞與表方位的成分組合，以表方位的成分位於動詞之後的為基本語序格式。

（六）江西閩方言的語法特點

1. 動物表性名稱多以表性語素位於動物總名語素之後的「後位式」構成。表雌性語素統一用「母」，表雄性家畜用「牯」；表雄性家禽用「角」。

2. 表示動作、行為或事件的完成的體標記（相當於普通話的「了₁」）與具有去除等含義的體標記（相當於普通話的「了₂」）同形。

3. 第一人稱代詞用「阿」；第二人稱代詞用「汝」；第三人稱代詞用「伊」。近指代詞多用「這」。

4. 否定情狀的否定副詞常用「呣」，否定情狀常用「省」和「免」這兩個動詞的肯定形式來表達，表示勸阻和禁止的否定副詞多用「莫」。

5. 常用「甲＋形容詞＋乙＋數量詞」句式來表達差級比較。

6. 動詞與表時間先後的成分組合，以表時間先後的成分位於動詞之後的為基本語序格式。動詞與表方位的成分組合，以表方位的成分位於動詞之後的為基本語序格式。

江西方言代表方言點的音系

本章描寫江西省境內三十二處代表方言點的語音系統並對其特點作簡要分析。三十二處方言點依次排列如下：

1. 南昌話（南昌市區）

2. 修水話（修水縣縣城義寧鎮）

3. 湖口話（湖口縣縣城雙鐘鎮）

4. 鄱陽話（鄱陽縣縣城鄱陽鎮）

5. 鉛山話（鉛山縣永平鎮）

6. 撫州話（撫州市市區臨川區）

7. 資溪話（資溪縣縣城鶴城鎮）

8. 宜黃話（宜黃縣縣城鳳崗鎮）

9. 豐城話（豐城市城區劍光鎮）

10. 高安話（高安市城區筠陽鎮）

11. 新余話（新余市市區渝水區）

12. 吉安話（吉安市市區吉州區）

13. 遂川話（遂川縣縣城泉江鎮）

14. 寧都話（寧都縣縣城梅江鎮）

15. 瑞金話（瑞金市城區象湖鎮）

16. 于都話（于都縣縣城貢江鎮）

17. 贛縣話（贛縣大田鄉）

18. 南康話（南康市城區蓉江鎮）

19. 龍南話（龍南縣縣城龍南鎮）

20. 尋烏話（尋烏縣縣城長寧鎮）

21. 黃坳話（井岡山市黃坳鄉）

22. 銅鼓話（銅鼓縣縣城永寧鎮）

23. 大溪話（上饒縣鐵山鄉大溪村）

24. 太源畲話（鉛山縣太源畲族鄉）

25. 九江話（九江市市區潯陽區）

26. 贛州話（贛州市市區章貢區）

27. 白槎（河南）話（永修縣白槎鎮）

28. 浮梁話（浮梁縣浮梁鎮舊城村）

29. 婺源話（婺源縣縣城紫陽鎮）

30. 上饒話（上饒市市區信州區）

31. 廣豐話（廣豐縣縣城永豐鎮）

32. 銅山（福建）話（廣豐縣桅底鎮銅山村）

一、南昌話音系

（一）南昌話聲韻調

1. 聲母：

p	布比幫不	pʻ	怕偏步別	m	摸門媽買	f	風非胡紅
t	多端當正	tʻ	拖太同道			l	路老腦南
ts	組早爭張	tsʻ	車倉曹潮			s	歲酸書師
tɕ	借節幾經	tɕʻ	秋氣齊局	ȵ	魚娘牛軟	ɕ	先西吸現
k	官貴間關	kʻ	看跪葵逛	ŋ	安岸硬咬	x	好寒蝦鞋
ø	蛙夜雨燕						

2. 韻母：

ɿ	資遲世紙	i	米是戲妹	u	租初母浮	y	女豬處書
a	爬牙車打	ia	茄謝寫夜	ua	瓦誇寡掛		
o	波多坐錯			uo	過禍		
ɵ	兒二而						
e	口那	ie	鋸魚去			ye	靴
ai	大菜街排			uai	外怪快歪		
ii	灰飛肥回			ui	威歲桂吹		
au	寶飽咬照						
ɛu	燒豆愁瘦	iɛu	表橋叫料				
		iu	流手九有				
an	南炭山反			uan	關慣萬玩		
ɛn	扇恨等肯	iɛn	尖甜邊根	uɛn			
on	貪暗汗半			uon	官完轉磚	yon	全軟原遠
ɨn	針深門分	in	林民斤冰	un	寸孫問滾	yn	軍群旬云
aŋ	冷彭硬爭	iaŋ	病井聽兄	uaŋ	橫梗		
ɔŋ	幫丈放江	iɔŋ	獎想良癢	uɔŋ	光狂旺網		
iuŋ	榮窮熊濃	uŋ	東龍風夢				

m̩　姆～媽：母親

n̩　爾你

ŋ̩　五蕪

at　搭插法辣　　　　　　　　　　tuat　刮滑襪

ɛt　舌北色熱　　iɛt　別貼接歇　　tuɛt　國

ot　盒割脫刷　　　　　　　　　　tou　活闊擴　　　yot　絕雪血月

it　濕織十力　　it　集急筆一　　ut　骨出屋窟　　yt　橘屈恤

aʔ　拍白尺客　　iaʔ　席脊錫壁　　uaʔ　口破

ɔʔ　薄托剝學　　iɔʔ　略削弱藥　　uɔʔ　郭

　　　　　　　　iuʔ　六肉曲局　　uʔ　木讀竹福

3. 聲調：

陰平　　42　　　高專中天開偏山飛安

陽平　　24　　　平和同才窮葵馮寒搖

上聲　　213　　古口好五米老唱抗菜

陰去　　45　　　蓋對變送信愛鵝娘南

陽去　　21　　　厚近道社共害樹讓用

陰入　　5　　　急黑曲七一育六襪日

陽入　　2　　　麥葉月讀白食石俗活

（二）南昌話主要語音特點

1. 無全濁聲母。古全濁聲母字今讀塞音、塞擦音聲母不論平仄都讀送氣清音。

2. 泥母、來母字逢細音不混，逢洪音泥母字同來母字讀舌尖邊音聲母 l-。

3. 知、莊組字和精、章組洪音字都讀 ts-、ts'-、s- 聲母。精組細音字和見、溪、群、曉、匣母細音字都讀 tɕ-、tɕ'-、ɕ- 聲母，知、章組遇攝合口三等字也讀 tɕ-、tɕ'-、ɕ- 聲母。

4. 曉、匣母合口字讀唇齒擦音聲母 f-。

5. 影母開口洪音字讀舌根鼻音聲母 ŋ-。

6. 韻母開、齊、合、撮四呼齊全。

7. 遇攝三等魚韻字，流攝、臻攝（開口）、曾攝（開口）一等字和梗攝開口二等字（文讀音）主要元音是 ɛ。

8. 咸、山攝一、二等字主要元音有別。

9. 梗攝字有文白對立，白讀音主要元音開口度較低。

10. 鼻音韻尾有 -n、-ŋ 兩個，塞音韻尾有 -t、-ʔ 兩個。

11. 「菜梗」的「梗」讀合口韻。

12. 有入聲調。平、去、入各分陰陽。上聲一類，古全濁上聲字歸讀陽去。部分次濁聲母入聲字讀陰入。

13. 有送氣分調。古去聲清聲母字今讀送氣的歸讀上聲。

14. 古平聲次濁聲母字歸讀陰去。

二、修水話音系

（一）修水話聲韻調

1.聲母：

p	布比邊不	b	怕片步別	m	門媽買	f	非胡紅靴
v	雨芋尾						
t	多到豬鳥	d	太昌蟲李	n	難怒腦	l	蘭連若

ts	早爭組	dz	倉曹潮			s	書師生
tɕ	幾經節	dʑ	傑秋窮	ȵ	年你認	ɕ	先西玄
k	貴間關	g	跪權葵	ŋ	女硬軟	x	好開空
ø	岸圍而						

2. 韻母：

ɿ	世資字初鋤	i	米對罪肺泥	u	書吹豬母手
a	爬馬車蛇	ia	夜爺寫謝	ua	瓦話掛娃
ɔ	多歌過火				
ɛ	靴紙屎兒耳	iɛ	去鋸	uɛ	茄
ai	帶太排買街			uai	怪乖快塊
ɛi	袋豆菜開後				
				ui	女魚區虧跪
au	毛包保報咬	iau	鳥叫料橋		
		iu	流牛有油		
an	三蠶藍膽			uan	關還
ɛn	根扇身傳燈	iɛn	煙連片邊	uɛn	勸軟卷
ən	針深本城			uən	滾穩困溫
on	暗敢南亂			uon	完換官碗
		in	心林尋筍陰	uin	軍
aŋ	冷生硬耕	iaŋ	鏡病井輕影	uaŋ	橫梗
ɔŋ	床上丈唱黃	iɔŋ	亮癢響姜	uɔŋ	王旺光礦
əŋ	動痛龍空	iəŋ	用胸熊		
m̩	姆～媽：稱母親				
n̩	爾你				

ŋ̍	五				
æt	插八辣塔殺			uæt	刷挖刮襪
ɛt	割得色北墨	iɛt	接鐵節熱	tɜu	國月
ət	十舌出　割			uɜt	潑脫活骨
ot	盒				
ɤt	十直	it	急集一筆	ut	橘
aʔ	白客摘拆尺	iaʔ	壁錫		
ɔʔ	惡剝托薄郭	iɔʔ	藥略削掠		
uʔ	木讀谷竹	iuʔ	肉六局曲		

3. 聲調：

陰平 1	34	幫低高今爭經三安
陰平 2	44	偏天拖開枯猜初清
陽平	24	平唐遲窮寒人娘龍
上聲	21	古比口扯好女五老
陰去 1	55	布對蓋箭正愛世放
陰去 2	35	片怕痛抗課唱菜臭
陽去	22	坐厚共病樹害亂讓
陰入	<u>42</u>	筆匹搭碻急曲葉業
陽入	<u>32</u>	白服毒絕局學雜舌

（二）修水話主要語音特點

1. 有全濁（不送氣）聲母。古全濁聲母字與古次清聲母字合流都讀不送氣濁音聲母。

2. 泥母、來母洪音字基本不混。來母細音字讀舌尖濁塞音聲

母 d-。

3. 知、章組三等字讀舌尖聲母 t-、d-。

4. 溪母字有部分讀舌根擦音聲母 x-。

5. 書、禪母字有部分讀唇齒擦音聲母 f-。

6. 影母開口洪音字讀舌根鼻音聲母 ŋ-。

7. 無撮口韻母。

8. 遇攝三等魚韻字，流攝、臻攝（開口）、曾攝（開口）一等字和梗攝開口二等字（文讀音）主要元音是 ɛ。

9. 咸、山攝和蟹攝一、二等字主要元音有別。

10. 梗攝字有文白對立，白讀音主要元音開口度較低。

11. 鼻音韻尾有 -n、-ŋ 兩個，塞音韻尾有 -t、-ʔ 兩個。

12. 「菜梗」的「梗」讀合口韻。

13. 有入聲調。平、去、入聲各分陰陽。上聲一類，古全濁上聲字歸讀陽去。部分次濁聲母入聲字歸讀陰入。

14. 有送氣分調。陰平字、陰去字依據送氣與非送氣分讀兩類。

三、湖口話音系

（一）湖口話聲韻調

1. 聲母：

p	飽八搬兵	b	譜派爬病	m	買米眉蚊	f	飛斧扶犯
t	多戴鳥料	d	貪太道流	n	難籃暖膿	l	羅拉臘獵
ts	租醉早煎	dz	此坐近全			s	四笑產先

tʂ 照占針	dʐ 車遲場丈			ʂ 世燒深十
tɕ 精鋸主寄	dʑ 溪千茄局	ȵ 認牛嚴銀		ɕ 休樹豎戲
k 歌蓋街間	g 誇箍礦空	ŋ 岸瓦矮咬		x 化鞋開肯
ø 而烏醫遠				

2. 韻母：

ɿ 詞資師柿 詩市直織	i 雞去倍妹	u 婦過錯粥	y 雨吹鼠梯
a 沙蝦摘尺	ia 茄夜謝壁	ua 瓜花刮襪	
ɔ 惡脫學角	iɔ 藥略削腳	uɔ 郭擴	
ɜ 色十舌潑 耳兒二	iɜ 鐵葉貼熱	uɜ 闊骨活國	yɣ 靴月絕雪
o 磨多鵝坐		uo 禾禍	
ai 大台街戒		uai 快怪	
ei 肺飛肥		uei 貴灰跪尾	
au 保毛腦找	iau 條表橋舀		
ɛu 斗走手狗	iɛu 流九油牛		
	iu 六宿綠足		
an 三賺膽辦		uan 官關完碗	
ɜn 扇善	iɜn 廉縣鹽演		yɛn 全磚船軟
ən 根深本燈	in 新尋金蠅	un 滾穩	yn 筍云閏軍
on 短南暗亂			
aŋ 生硬聲	iaŋ 井病影輕	uaŋ 橫	
ɔŋ 幫講裝浪	iɔŋ 獎姜想癢	uɔŋ 黃旺礦光	
oŋ 東懂風夢	ioŋ 窮榮熊龍		

ṃ　姆～媽：母親

ṇ　爾你

ŋ̣　五

3.聲調：

陰平	42	幫低高針偏天粗婚三
陽平	211	窮陳床寒扶神人云龍
上聲	343	古走口草手碗五軟老
陰去	455	蓋賬偏送愛急接臘葉
陽去	213	社共陣用帽菜怕白局

（二）湖口話主要語音特點

1. 有全濁（不送氣）聲母。古全濁聲母字與古次清聲母字合流都讀不送氣濁音聲母。

2. 泥母、來母洪音字基本不混。來母細音字讀舌尖濁塞音聲母 d-。

3. 精、莊組字和知組二等字讀舌尖前聲母 ts-、tsʻ-、s-，知、章組三等字讀舌尖後聲母 tʂ-、tʂʻ-、ʂ-。

4. 溪母字有部分讀舌根擦音聲母 x-。

5. 曉、匣母合口字讀舌根擦音聲母 x-。

6. 影母開口洪音字讀舌根鼻音聲母 ŋ-。

7. 咸、山攝和蟹攝一、二等字主要元音有別。

8. 梗攝字有文白對立，白讀音主要元音開口度較低。

9. 鼻音韻尾有 -n、-ŋ 兩個。無塞音韻尾，古入聲韻字讀陰聲韻。

10. 無入聲調。平聲、去聲分陰陽。上聲一類，古全濁上聲字歸讀陽去。古入聲清聲母字和次濁聲母字歸讀陰去，全濁聲母字歸讀陽去。

11. 有送氣分調。古去聲字今讀送氣聲母的歸讀陽去。

四、鄱陽話音系

（一）鄱陽話聲韻調

1. 聲母：

p	波逼布比	pʻ	鋪部步別	m	麻明門蚊	f	浮飛非胡
t	多戴單鳥	tʻ	拖貪道同	n	怒弱鬧農	l	羅南老連
ts	左知做蒸	tsʻ	倉初銼巢			s	桑上蘇書
tɕ	中精經君	tɕʻ	秋丘徐旗	ȵ	軟女娘日	ɕ	吸書修休
k	解勾貴家	kʻ	概科跪開	ŋ	安我岸原	x	海寒好鞋
ø	耳一溫雨						

2. 韻母：

ɿ	支志是資	i	地飛寄急	u	徒故母鹿	y	女處雨育
ɒ	爬花車辣	iɒ	茄謝夜姐	uɒ	瓦瓜襪刮	yɒ	抓靴
ə	兒二色北	iə	日	uə	國活骨郭	yə	出熱
o	河過合確	io	藥腳削弱				
		ie	去接鐵切			ye	缺血月
ai	蓋災來太			uai	怪快乖外	yai	帥揣甩
ɛi	開悲歲醉			uɛi	貴盔圍	yɛi	水錘吹
au	草刀飽咬	iau	表舀橋鳥				

əu 豆愁手偷	iəu 秋流九六		
ãn 南坦江幫		uãn 關萬光礦	yãn 雙爽
õn 貪半岸暖		uõn 寬官完	yõn 專扇善然
	iẽn 尖面全陽		yẽn 勸願軟遠
ən 深本嫩燈	iən 認	uən 滾混橫梗	yən 准訓春閏
	in 心民冰興		yn 軍云群永
əŋ 東宗通龍		uəŋ 翁公共弓	yəŋ 兄沖熊用

3. 聲調：

陰平	21	開高偏初厚近共認
陽平	24	窮平唐床人來鵝娘
上聲	42	古走口毯好五暖米
去聲	35	變蓋抗探月六局特
入聲	44	急割七黑獵捏襪藥

（二）鄱陽話主要語音特點

1. 無全濁聲母。古全濁聲母字今讀塞音、塞擦音聲母不論平仄都讀送氣清音。

2. 部分泥母洪音字讀 -l 聲母與來母字相混。

3. 不分尖團，精、見組（疑母除外）今細音字都讀 tɕ- 組聲母。

4. 知組合口三等字讀 tɕ- 聲母。

5. 曉、匣母合口字讀唇齒擦音聲母 f-。

6. 影母開口洪音字讀舌根鼻音聲母 ŋ-。

7. 咸、山攝主要元音能區分一、二等。

8. 梗攝字無文白對立。

9. 鼻音韻尾有 -n、-ŋ 兩個，古陽聲韻字讀 -n 尾；部分 n 尾韻韻尾較弱並伴有鼻化色彩。無塞音韻尾。

10.「菜梗」的「梗」讀合口韻。

11. 有入聲調。但入聲字已無塞音韻尾讀舒聲韻。

12. 平聲分陰陽，上、去、入聲各一。古全濁上聲字和濁去聲字歸陰平，多數全濁入聲字及部分次濁入聲字歸去聲。

五、鉛山話音系

（一）鉛山話聲韻調

1. 聲母：

p	包布邊八	pʻ	破碰偏敗	m	磨忙木問	f	法馮虎花
t	到單跌鳥	tʻ	太貪同敵	n	鬧農難能	l	老連羅銳
ts	做子蒸知子	tsʻ	菜初慈丈			s	鎖辰雙續
tʃ	磚准裝均	tʃʻ	春窗蠶橡			ʃ	刷血船純
tɕ	借走雞豬	tɕʻ	蛆茄愁集	ȵ	女娘疑熱	ɕ	手收想靴
k	高街甘弓	kʻ	靠空礦共	ŋ	鵝熬牛顏	x	好火鞋汗
ø	禍以黃云						

2. 韻母：

ɿ	刺紫四自	i	米比尾歲	u	簿舞扶武	y	吹豬雨水
ɯ	去渠他						
a	馬家巴花			ua	瓜掛瓦蛙		
ɛ	遮車鋸二	iɛ	借寫爹茄			yɛ	靴

o	多坐過禾			uo	鍋錯		
ai	大排街外			uai	乖怪快歪		
oi	開杯賠葵						
				ui	鬼灰威嘴		
au	毛包校交	iau	橋搖條叫				
ɛu	頭牛流丟						
				iu	走綢手愁		
an	貪反糖江	ian	槍鄉娘羊	uan	關寬彎換		
ɛŋ	占冷硬爭	iɛŋ	邊天見全	uɛŋ	梗橫轉勸	yɛŋ	原軟元淵
on	敢汗幫光			uon	蠶裝黃雙		
en	針根盆燈	in	今認筍青	uen	溫文准軍	yen	閏君云認
oŋ	冬通空風	ioŋ	兄榮勇容	uoŋ	翁		
m̩	姆~媽：母親						
n̩	爾你						
ŋ̩	吳魚						
ɐʔ	答八辣學	iɐʔ	腳藥卻約	uɐʔ	活闊桌郭		
ɛʔ	舌伯客墨	iɛʔ	獵葉歇跌	uɛʔ	國	yɤʔ	越血缺熱
oʔ	盒割族抹			uoʔ	刷捉桌屋		
ɣʔ	木讀六毒	iɣʔ	肉玉育欲	uɣʔ	谷宿竹局		
eʔ	十直合石	iʔ	急力吸一	ueʔ	物骨出橘	yeʔ	述術入域

3. 聲調：

陰平	33	高剛開春婚是坐舅
陽平	24	床平窮才鵝娘人云
上聲	45	紙古口胖好五女老

| 去聲 | 21 | 道社蓋派帽讓病樹 |
| 入聲 | 4 | 急尺一六麥藥白局 |

（二）鉛山話主要語音特點

1. 無全濁聲母。古全濁聲母字今讀塞音、塞擦音聲母不論平仄都讀送氣清音。

2. 泥母、來母不混。

3. 不分尖團，精、見組（疑母除外）今細音字都讀 tɕ- 組聲母。

4. 塞擦音、擦音聲母有 ts-、tʃ-、tɕ- 三組。知、章組遇攝、止攝合口三等字讀 tɕ- 組聲母，山攝、臻攝合口三等字讀 tʃ- 組聲母。知、莊組其他字和精、章組洪音字都讀 ts-、ts'-、s- 聲母。

5. 曉、匣母合口字只有部分讀唇齒擦音聲母 f-。

6. 影母開口洪音字讀舌根鼻音聲母 ŋ-。

7. 韻母開、齊、合、撮四呼齊全。

8. 咸、山攝一、二等字主要元音有別。

9. 流攝字和梗攝開口二等字主要元音是 ɛ。

10. 梗攝字無文白對立。

11. 「菜梗」的「梗」讀合口韻。

12. 鼻音韻尾有 -n、-ŋ 兩個，古陽聲韻字多讀 n- 韻尾。塞音韻尾只有 -ʔ 一個。

13. 有入聲調。平聲分陰陽，上、去聲各一。古全濁上聲字基本歸去聲，少數歸陰平。

六、撫州話音系

（一）撫州話聲韻調

1. 聲母：

p	布波巴邊幫	p'	普婆皮薄	m	眉茂門尾	f	飛副符胡灰
t	多當連豬鳥	t'	通同丑車柱			l	老蘭路腦難
ts	糟增爭裝張	ts'	次贈巢茶字			s	三蘇書鼠生
tɕ	精經九雞	tɕ'	秋丘去旗謝	ȵ	娘日人魚泥	ɕ	修休詩靴世
k	貴家鉤鋸箍	k'	跪開苦葵共	ŋ	餓襖牛岸昂	x	好寒鞋桃斷
ø	遠溫映瓦外						

2. 韻母：

ɿ	資死師疏	i	世倍擠區	u	烏住書母		
a	家花牙車	ia	謝夜爺提	ua	瓦掛誇蛙		
ə	兒二而						
ɛ	豬絮娶蛆	iɛ	女魚去鋸				
o	河磨火錯			uo	過鍋課禾	yo	靴茄
ai	大排壞街			uai	外懷乖快		
oi	開灰妹碎						
				ui	對雷桂歲		
au	包好咬照	iau	表小調橋				
ɛu	豆浮愁牛	iɛu	劉酒手有				
am	貪藍賺犯						
om	蠶暗感含						

εm 占瞻砧閃　iεm 尖檢炎嚴

　　　　　　　　im 心音金侵

an 難產反煩　　　　　　　　　　uan 關還晚萬

on 甘寒搬短　　　　　　　　　　uon 官碗換完　yon 全遠軟鉛

en 扇恨肯燈　　ien 面邊天千

　　　　　　　in 新引冰升　　un 本溫門春　yn 軍群旬云

aŋ 硬生正冷　　iaŋ 清腥聽兄　uaŋ 橫梗

oŋ 糖張雙講　　ioŋ 獎糧想姜　uoŋ 光王望礦

　　　　　　　iuŋ 榮供凶用　uŋ 東公風夢

m̩ 姆~媽：母親

ŋ̩ 五吳

ap 搭鴨插法

op 合盒喝

εp 哲褶涉　　　iεp 獵頁葉貼

　　　　　　　ip 集十急吸

at 辣發八殺　　　　　　　　　　uat 刮挖襪

ot 割末奪脫　　　　　　　　　　uot 活　　　yot 絕雪月血

εt 撒舌　　　　iεt 熱歇鐵節

　　　　　　　it 筆密七一　　ut 出骨突　　yt 橘術述

aʔ 白客麥尺　　iaʔ 吃席錫壁

εʔ 北黑賊色　　　　　　　　　　uεʔ 國

oʔ 薄各胳剝　　ioʔ 腳藥略削　uoʔ 郭握擴

　　　　　　　iʔ 直力擊益

　　　　　　　iuʔ 玉劉肉綠　uʔ 木屋哭竹

3. 聲調：

陰平	32	高安天婚坐弟下在
陽平	24	平糖狂寒神毛鵝娘
上聲	45	古筆口討手女老五
陰去	41	蓋抗漢抗菜騙怕愛
陽去	212	近社共病樹用帽讓
陰入	2	筆鐵缺黑割七捏力
陽入	5	六麥納白讀局食合

（二）撫州話主要語音特點

1. 無全濁聲母。古全濁聲母字今讀塞音、塞擦音聲母不論平仄都讀送氣清音。

2. 泥母、來母字洪混細不混，逢洪音泥母字同來母字讀舌尖邊音聲母 l-。

3. 來母字逢細音讀塞音聲母 t-。

4. 知組二等字、莊組字和精組洪音字都讀 ts- 組聲母。知組三等字、章組字讀 t-、t'-、s- 聲母。

5. 不分尖團。精組細音字和見、曉組（疑母除外）細音字都讀 tɕ- 組聲母。

6. 透、定母洪音字部分讀舌根擦音聲母 x-。

7. 曉、匣母合口字唇齒擦音聲母 f-。

8. 影母開口洪音字讀舌根鼻音聲母 ŋ-。

9. 咸、山攝和蟹攝一、二等字主要元音有別。

10. 遇攝三等魚韻字，流攝、臻攝（開口）、曾攝（開口）

一等字和梗攝開口二等字（文讀音）主要元音是 e。

11. 梗攝字有文白對立，白讀音主要元音開口度較低。

12. 鼻音韻尾有 -m、-n、-ŋ 三個，塞音韻尾有 -p、-t、-ʔ 三個。

13.「菜梗」的「梗」讀合口韻。

14. 有入聲調。平、去、入聲各分陰陽，上聲一類。古全濁上聲字歸讀陽去。部分濁上字歸讀陰平。部分次濁聲母入聲字讀陰入。

15. 陰入低，陽入高。

七、資溪話音系

（一）資溪話聲韻調

1. 聲母：

p	布巴杯	p‘	怕偏步別盤	m	門馬麻尾	f	飛紅符化水
t	到當連蒸鳥	t‘	通昌同道坐	n	拿腦南嫩	l	羅藍路若
ts	精酒祖卓	ts‘	秋袖尋罪			s	三十生鼠柴
tɕ	經靜居雞	tɕ‘	區溪傑全橋	ȵ	女年熱泥認	ɕ	靴線希世地
k	貴敢減假箍	k‘	開葵拳去	ŋ	魚暗襖岸	x	好寒鞋大袋
ø	圍遠而						

2. 韻母：

ɿ	資事師字詞	i	世齒區雨對	u	烏古路樹母
a	巴花家牙下	ia	謝野	ua	瓦掛誇
ɛ	鋤豬鋸去魚	iɛ	女絮		

o	河哥錯	io	茄靴	uo	過課
ə	兒二				
ai	戴菜柴介鞋			uai	怪外塊
oi	袋蓋來開妹灰			uoi	會猥玩
		ui	吹桂貴		
au	毛桃咬吵燒	iau	表條橋料		
ɛu	豆丘愁後浮	iɛu	牛狗		
		iu	酒流手有		
am	貪膽咸三犯	iam	尖檢鹽甜		
om	暗敢衫甘含				
ɨm	心林尋深	im	金琴陰		
an	難間顏藍板			uan	關晚還萬
ɛn	扇根恩肯燈	iɛn	偏連煙全軟		
on	汗干看搬短			uon	官拳完
ɨn	民新鄰魂村	in	盡云認升兵	un	滾溫裙穩
aŋ	冷坑生硬聲	iaŋ	影星病兄	uaŋ	橫梗
ɔŋ	幫康唱張	iɔŋ	獎秋讓響	uɔŋ	光王礦
		iuŋ	榮胸弓熊龍	uŋ	東空甕夢蟲

m̩	姆 ~媽：母親
ŋ̩	五吳

ap	搭夾答臘插	iap	獵接葉貼		
op	合雜				
ɨp	濕入	ip	集急揖		
at	辣擦八舌	iɛt	熱別列節絕	uat	滑挖襪

ot	割潑托刷			uot	刮月
ɨt	筆不七出	it	力吉日直	ut	骨橘
aʔ	百赤拆客麥	iaʔ	席額笛		
ɔʔ	薄各托剝	iɔʔ	削腳鵲藥略	uɔʔ	郭擴
ɛʔ	北賊墨刻色	iʔ	織力識	uɛʔ	國
		iuʔ	六肉局	uʔ	木哭谷讀

3. 聲調：

陰平	31	高邊開初淡厚坐下
陽平	13	平同愁窮寒人流娘
上聲	35	古比口討手女馬老
陰去	53	變對蓋騙抗漢世放
陽去	22	社近共害病讓帽用
陰入	3	筆竹桌七匹息入納
陽入	5	六麥納白讀局食合

（二）資溪話主要語音特點

1. 無全濁聲母。古全濁聲母字今讀塞音、塞擦音聲母不論平仄都讀送氣清音。

2. 泥母、來母基本不混。

3. 來母字逢細音讀塞音聲母 t-。

4. 知組二等字、莊組字和精組洪音字都讀 ts- 組聲母。知組三等字、章組字讀 t-、tɕ- 和 s- 聲母。

5. 不分尖團。精組細音字和見、曉組（疑母除外）細音字都讀 tɕ- 組聲母。

6. 透、定母洪音字部分讀舌根擦音聲母 x-，細音字部分讀舌面擦音聲母 ɕ-。

7. 曉、匣母合口字讀唇齒擦音聲母 f-。

8. 影母開口洪音字讀舌根鼻音聲母 ŋ-。

9. 咸、山攝和蟹攝一、二等字主要元音有別。

10. 遇攝三等魚韻字，流攝、臻攝（開口）、曾攝（開口）一等字和梗攝開口二等字（文讀音）主要元音是 ɛ。

11. 梗攝字有文白對立，白讀音主要元音開口度較低。

12. 鼻音韻尾有 -m、-n、-ŋ 三個，塞音韻尾有 -p、-t、-ʔ 三個。

13.「菜梗」的「梗」讀合口韻。

14. 有入聲調。平、去、入聲各分陰陽，上聲一類。古全濁上聲字主要歸讀陽去，部分歸讀陰平。部分次濁聲母入聲字讀陰入。

15. 陰入低，陽入高。

八、宜黃話音系

（一）宜黃話聲韻調

1. 聲母：

p	玻布幫疤	p'	布譜別爬	m	門賣米尾	f	飛灰戶府
t	到糟豬鳥	t'	太駝車菜			l	蘭連羅裸
ts	知子左詐	ts'	慈雌茶叉			s	蘇師鼠柴
tɕ	焦珠居雞	tɕ'	搶遲窮渠	ȵ	泥日認牛	ɕ	西線靴梯

k　哥割鋸江　k'　開葵客去　ŋ　岸牙鵝矮　x　好厚盒袋

ø　安愛烏夜

2. 韻母：

ɿ	知資世紙	i	衣遲泥區歲	u	苦初書吹水
a	爬假牙花	ia	謝野	ua	瓦瓜掛
ɛ	豬鼠鋸兒二	iɛ	女魚去		
o	多河火禾婆	io	茄靴	uo	過鍋
ai	大帶排鞋外			uai	怪快
ɛi	袋妹在罪眉			uɛi	會猥玩
				ui	桂虧跪

au	飽燒照罩	iau	表小橋鳥叫		
ɔu	保討草老				
ɛu	偷斗皺瘦	iu	豆收狗酒牛		
am	貪膽占犯	iam	尖鹽欠甜		
ɔm	暗敢炭含				
ɛm	魂	im	林針音		
an	炭山間反萬			uan	關卷拳
ɛn	善根本肯燈	iɛn	偏件天全縣	uɛn	問
on	安干半短傳			uon	官完換碗
		in	民新聞冰升	un	滾准順軍
aŋ	坑冷硬聲	iaŋ	鏡聽醒兄	uaŋ	橫梗
ɔŋ	張黃放窗	iɔŋ	獎想姜癢	uɔŋ	光礦
		iuŋ	榮窮龍用	uŋ	東公風中

m̩　姆～媽：稱母親

ŋ̩　五洞桶動

ap　搭臘法插　　　　iap　接葉獵疊

op　合

　　　　　　　　　　ip　集十急

at　辣八發罰　　　　　　　　　　　　uat　刮襪

ot　割脫潑活　　　　　　　　　　　　uot　刷

　　　　　　　　　iɛt　舌熱歇絕血　　uɛt　月國

　　　　　　　　　it　筆七日橘　　　ut　骨出

aʔ　拍客摘尺　　　　iaʔ　席錫壁

ɔʔ　薄托剁學　　　　iɔʔ　削藥略腳　　uɔʔ　郭

ɛʔ　北刻麥色　　　　　　　　　　　　uɛʔ　國

　　　　　　　　　iʔ　直立食織

　　　　　　　　　iuʔ　綠宿足局　　　uʔ　木鹿壽竹

3. 聲調：

陰平	33	高豬天初山坐柱弟
陽平	45	窮陳唐平寒人娘龍
上聲	453	比古口討好買米五
陰去	42	變對蓋騙抗漢世放
陽去	22	社近共害病讓帽用
陰入	2	筆竹桌七匹踢息血
陽入	5	六麥納白讀局食合

（二）宜黃話主要語音特點

1. 無全濁聲母。古全濁聲母字今讀塞音、塞擦音聲母不論平

仄都讀送氣清音。

2. 泥母、來母基本不混。

3. 來母字逢細音讀塞音聲母 t-。

4. 知、莊、章組字和精組洪音字都讀 t-、t'- 聲母。ts-、ts'-、s- 聲母只限於止攝舌齒音字。

5. 不分尖團。精組細音字和見、曉組（疑母除外）細音字都讀 tɕ- 組聲母。

6. 透、定母洪音字讀舌根擦音聲母 x-，細音字讀舌面擦音聲母 ɕ-。

7. 曉、匣母合口字讀唇齒擦音聲母 f-。

8. 影母開口洪音字多讀舌根鼻音聲母 ŋ-。

9. 咸、山攝和蟹、效攝一、二等字主要元音有別。

10. 遇攝三等魚韻字，流攝、臻攝（開口）、曾攝（開口）一等字和梗攝開口二等字（文讀音）主要元音是 ɛ。

11. 梗攝字有文白對立，白讀音主要元音開口度較低。

12. 鼻音韻尾有 -m、-n、-ŋ 三個，塞音韻尾有 -p、-t、-ʔ 三個。

13. 「菜梗」的「梗」讀合口韻。

14. 有入聲調。平、去、入聲各分陰陽，上聲一類。古全濁上聲字主要歸讀陽去，部分歸讀陰平。

15. 陰入低，陽入高。

九、豐城話音系

（一）豐城話聲韻調

1. 聲母：

p	布包比不	p'	步盤別怕	m	門麻買尾	f	飛反虎紅
v	烏圍碗問						
t	當到多跌	t'	太同貪鐵	n	難腦鬧農	l	羅連老嫩
ts	祖糟招豬	ts'	菜初辰字			s	蘇掃扇雙
tɕ	精借雞鋸	tɕ'	去全蛆茄	ȵ	女軟年熱	ɕ	手歲溪休
k	貴慣高街	k'	跪開靠空	ŋ	案硬鵝熬	x	稅書好鞋
ø	以黃云						

2. 韻母：

ɹ	資世紙是	i	米泥雨醉	u	路苦斧初	y	區芋迂
				ʮ	租書碎吹		
a	爬牙花車	ia	謝借野夜	ua	瓦瓜挖掛		
		iɛ	姐鋸去魚				
o	多磨火錯	io	茄靴	uo	過窩		
ø	兒耳二						
ai	大戴介排帥			uai	快怪		
ei	在蓋妹被			uei	猥玩會		
				ui	對虧貴最		
au	討毛飽咬	iau	笑橋鳥叫				
ɛu	照燒斗愁	iɛu	狗口				
		iu	流酒九有				
an	貪山眼善	ian	病鏡晴影	uan	關彎		

ɔn 甘南暗汗

ɛn 扇搬恩燈　　iɛn 尖縣根耕　　uɛn 短酸穿官　　yɛn 權軟拳原

θn 本嫩春穩　　　　　　　　　uθn 滾困溫

　　　　　　　　in 緊民星冰　　　　　　　　　yn 云軍

aŋ 彭冷硬聲　　iaŋ 病鏡影醒　　uaŋ 橫梗

ɔŋ 幫昌床江　　iɔŋ 獎亮強癢　　uɔŋ 光望礦

　　　　　　　iuŋ 榮窮熊用　　uŋ 東同夢風

m̩ 姆~媽：母親

ŋ̍ 五洞桶動

aʔ 百拆尺客　　iaʔ 席劈錫

æʔ 搭插辣八　　　　　　　　uæʔ 刷滑刮

ɔʔ 合各落　　　iɔʔ 削藥弱略　　uɔʔ 郭豁

ɛʔ 舌色北活　　iɛʔ 鐵接貼熱　　uɛʔ 國　　　yɛʔ 月血絕雪

　　　　　　　　　　　　　　　uθʔ 割出托脫

Iʔ 十直織　　　iʔ 集急日筆　　uʔ 木谷讀竹　　yʔ 橘

　　　　　　　　　　　　　　　uiʔ 骨窟

　　　　　　　iuʔ 宿六足居

3. 聲調：

陰平	35	高豬針開天飛三安
陽平	33	窮平徐才塘人麻文
上聲	41	比走草口好老有五
去聲	213	蓋愛片近坐病樹讓
陰入	32	急出鐵約發匹辣熱
陽入	5	獵月六局讀白服雜

（二）豐城話主要語音特點

1. 無全濁聲母。古全濁聲母字今讀塞音、塞擦音聲母不論平仄都讀送氣清音。

2. 泥母、來母字逢細音不混，逢洪音泥母字同來母字讀舌尖邊音聲母 l-。

3. 精組洪音字、莊組字和知組二等字讀舌尖前聲母 ts-、ts'-、s-。

4. 不分尖團。精組細音字和見、曉組（疑母除外）細音字都讀 tɕ- 組聲母。

5. 曉、匣母合口字讀唇齒擦音聲母 f-。

6. 影母開口洪音字讀舌根鼻音聲母 ŋ-。

7. 韻母開、齊、合、撮四呼齊全。

8. 咸、山和蟹攝一、二等字主要元音有別。

9. 梗攝字有文白對立，白讀音主要元音開口度較低。

10. 鼻音韻尾有 -n、-ŋ 兩個，塞音韻尾只有 -ʔ 一個。

11. 遇攝三等魚韻字，流攝、臻攝（開口）、曾攝（開口）一等字和梗攝開口二等字（文讀音）主要元音是 ɛ。

12.「菜梗」的「梗」讀合口韻。

13. 有入聲調。平、入聲各分陰陽，上、去聲一類。古全濁上聲字歸讀陽去，次濁聲母入聲字部分讀陰入。

14. 陰入低，陽入高。

十、高安話音系

（一）高安話聲韻調

1. 聲母：

p	布包幫百	p'	怕譜步別	m	門忙木尾	f	飛灰紅花
t	到東招豬	t'	太道坐車			l	難泥腦店
ts	糟資知醉	ts'	粗此曹遲			s	散絲世洗
ʃ	煮磚准裝	tʃ	柱吹春出			ʃ	樹十船順
tɕ	精節寄軍	tɕ'	秋齊去茄			ɕ	戲休欠橋
k	貴古街箍	k'	跪開葵礦	ŋ	牙外岸案	x	害鞋水豆
ø	女年嚴午						

2. 韻母：

ɿ	資知痴詩	i	米低飛歲	u	賭粗四母
a	爬家花車	ia	謝姐野提	ua	掛蛙話誇
ɛ	扯舐	iɛ	姐		
o	多河火錯	io	茄靴	uo	禍窩鍋過
θ	女二豬世			yθ	魚鋸去區
ai	大排妹外			uai	怪快乖歪
ɔi	蓋開罪灰				
				ui	桂虧貴跪
au	寶交走愁	iau	橋叫舀		
ɛu	豆斗後浮	iɛu	表笑料狗		
		iu	流修九有		

an　膽三間班　　　　　　　　　　　uan 官碗關萬

ɔn　貪含短磚　　　　　　　　　　　　　　　yɔn 拳遠軟鉛

ɛn　僧扇分燈　iɛn 店全根耕

ən　針恩身城

θn　敦孫閏嫩　in　金民筍冰　uθn 昆滾穩問　yθn 軍訓勻云

aŋ　生聲冷撐　iaŋ 餅病釘聽　uaŋ 橫梗

ɔŋ　幫黨床雙　iɔŋ 良將槍央　uɔŋ 黃光王框

　　　　　　　iuŋ 兄窮榮鐘　uŋ　東夢桶洞

m̩　姆~媽：母親

n̩　爾你

ŋ̩　吳五

at　法鴨殺活　iat 恰熱　　　uat 刮挖襪國

ɔt　盒脫割刷　　　　　　　　　　　　　yɔt 缺月血

ɛt　北百墨折　iɛt 滅接撇熱　uɛt 闊括刮

θt　織直出忽　it　筆滴律立　uθt 骨物　　　yθt 橘

ak　尺百麥隔　iak 壁額錫

ɔk　剝薄莫角　iɔk 腳藥略約　uɔk 鑊

　　　　　　　iuk 綠足曲肉　uk　木讀叔哭

3. 聲調：

陰平　　　35　　　邊燈高尊開春婚安

陽平　　　213　　　窮平寒才糖鵝難云

上聲　　　42　　　古碗丑草手五老有

陰去　　　44　　　變凳蓋片菜唱送暗

陽去　　　22　　　近社共病樹用帽讓

| 陰入 | 5 | 割急督七一發入滅 |
| 陽入 | 2 | 六月日白毒局雜合 |

（二）高安話主要語音特點

1. 無全濁聲母。古全濁聲母字今讀塞音、塞擦音聲母不論平仄都讀送氣清音。

2. 泥母、來母字逢細音不混，逢洪音泥母字同來母字讀舌尖邊音聲母 l-。

3. 泥母細音字讀零聲母。

4. 知、莊、章組字和精組清、從母字都有部分讀塞音聲母 t-、tʻ-。

5. 塞擦音、擦音聲母有 ts-、tʃ-、tɕ- 三組。山、臻攝合口三等字部分讀 tɕ- 組聲母。知、莊、章組和精組其他字都讀 ts-、tsʻ-、s- 聲母。

6. 分尖團音。精組細音字讀舌尖前聲母 ts-、tsʻ-、s-，見、曉組（疑母除外）細音字讀 tɕ- 組聲母。

7. 書、禪母字有部分讀舌根擦音聲母 x-。

8. 曉、匣母合口字讀唇齒擦音聲母 f-。

9. 群、溪母細音字有部分讀舌面擦音聲母 ɕ-。

10. 影母開口洪音字讀舌根鼻音聲母 ŋ-。

11. 韻母開、齊、合、撮四呼齊全。

12. 咸、山和蟹攝一、二等字主要元音有別。

13. 梗攝字有文白對立，白讀音主要元音開口度較低。

14. 鼻音韻尾有 -n、-ŋ 兩個，塞音韻尾有 -t、-k 兩個。

457

15. 遇攝三等魚韻字，流攝、臻攝（開口）、曾攝（開口）一等字和梗攝開口二等字（文讀音）主要元音是 ε。

16.「菜梗」的「梗」讀合口韻。

17. 有入聲調。平、去、入各分陰陽，上聲一類。古全濁上聲字歸讀陽去。古次濁聲母入聲字部分歸讀陰入。

十一、新余話音系

（一）新余話聲韻調

1. 聲母：

p	布波包邊	pʻ	破碰別盤	m	門米妹尾	f	飛灰紅花
t	到單占鳥	tʻ	太道車吹			l	蘭難腦熱
ts	主租舉鋸	tsʻ	醋處詞字			s	修休生船
tɕ	精經借走	tɕʻ	秋齊旗去	ȵ	女年魚牛	ɕ	西戲全世
k	貴歌掛關	kʻ	科客開狂	ŋ	愛安岸案	x	含汗下斷
ø	衣萬屋						

2. 韻母：

ɿ	資字租鋸	i	機世飛女	u	故賭付戶y
a	爬假車瓦	ia	借姐夜	ua	蛙掛
ε	舐	iε	去爹蝶		
o	河磨坐火	io	茄靴	uo	過鍋果
ɵ	兒而二				
ai	帶買柴戒			uai	外怪快歪
oi	妹戴菜吹			uoi	碎水雷

		ui	對罪虧桂		
au	毛飽咬照				
ɛu	後厚豆手	uɛu	表橋走狗		
		iu	憂秋丑牛		
an	談半山間			uan	關慣彎萬
ɛn	占線恨燈	iɛn	尖天根耕		
on	暗汗搬短	ion	軟遠全縣	uon	官管寬換
ɿn	心深身升	in	林緊靈英		
		un	溫本敦春	yn	軍君順均
aŋ	生星冷硬	iaŋ	病丁晴鏡	uaŋ	橫梗
oŋ	當唱床江	ioŋ	獎槍姜癢	uoŋ	光王黃礦
		iuŋ	榮窮熊用	uŋ	東冬風胸
ŋ̩	五				
aʔ	搭辣發百	iaʔ	壁額劈踢		
ɛʔ	舌色北直	iɛʔ	接貼集筆	uɛʔ	刮滑國襪
əʔ	十濕習汁				
oʔ	盒剝落脫	ioʔ	藥弱絕月	uoʔ	活骨郭出
		iʔ	一		
		iuʔ	綠六肉足	uʔ	木讀竹粥

3. 聲調：

陰平	145	幫燈高豬專尊三書
陰平	234	偏天通開枯湯初粗
陽平	42	窮陳才神鵝蓋抗菜
上聲	213	古展討草手五女老

去聲　　12　　近後害樹大病用帽

陰入　　5　　　割急搭七一殺血入

陽入　　34　　熱月麥局雜讀白盒

（二）新余話主要語音特點

1. 無全濁聲母。古全濁聲母字今讀塞音、塞擦音聲母不論平仄都讀送氣清音。

2. 泥母、來母字逢細音不混，逢洪音泥母字同來母字讀舌尖邊音聲母 l-。

3. 知組三等字、章組字讀塞音聲母 t-、t‘-。

4. 精組洪音字、莊組字和知組二等字讀舌尖前聲母 ts-、ts‘-、s-。

5. 不分尖團。精組細音字和見、曉組（疑母除外）細音字都讀 tɕ- 組聲母。

6. 曉、匣母合口字讀唇齒擦音聲母 f-。

7. 影母開口洪音字讀舌根鼻音聲母 ŋ-。

8. 韻母開、齊、合、撮四呼齊全，但撮口韻較少。

9. 咸、山和蟹攝一、二等字主要元音有別。

10. 鼻音韻尾有 -n、-ŋ 兩個，塞音韻尾只有 -ʔ 一個。

11. 梗攝字有文白對立，白讀音主要元音開口度較低。

12. 「菜梗」的「梗」讀合口韻。

13. 遇攝三等魚韻字，流攝、臻攝（開口）、曾攝（開口）一等字和梗攝開口二等字（文讀音）主要元音是 ɛ。

14. 有入聲調。平、入聲各分陰陽，上、去聲一類。古清聲

母去聲字歸讀陽平。古全濁上聲字歸讀陽去。古次濁聲母入聲字部分歸讀讀陰入。

15. 有送氣分調。古平聲清聲母字今讀送氣的與非送氣的另讀一類。

十二、吉安話音系

（一）吉安話聲韻調

1. 聲母：

p	布寶幫筆	p'	怕派爬白	m	門磨買尾	f	飛分火花
t	帶搭豬鳥	t'	太桶袋柱			l	老腦南蘭
ts	招租裝針	ts'	次昌坐造			s	散樹水燒
tɕ	精節鋸叫	tɕ'	秋區住橋	ȵ	女泥牛嚴	ɕ	修靴寫豎
k	貴歌過嫁	k'	跪開快狂	ŋ	鵝岸牙五	x	鞋好孝汗
ø	瓦危夜云						

2. 韻母：

ɿ	四遲師是	i	米地氣筆	u	故烏煮斧	y	女豬樹出
a	爬假蛇客	ia	茄謝姐壁	ua	瓦瓜掛刮		
ɛ	蝦鋸去辣	iɛ	魚鴨接熱	uɛ	活骨國物	yɛ	絕雪月缺
ə	紙資遲						
o	多河盒脫	io	靴藥竹曲	uo	過課落郭		
θ	兒而二						
ai	大戴介敗			uai	外怪快歪		
oi	袋蓋改害						

ei	倍妹會飛			ui	對桂虧水		
au	寶飽咬燒	iau	表橋笑小				
ɛu	斗走狗愁	iu	流酒牛有				
an	貪占山眼			uan	關彎還萬		
ɛn	根恩分燈	iɛn	尖鹽偏天	uɛn	問穩	yɛn	全拳卷原
on	暗敢半短			uon	官寬碗磚		
ən	針深	in	林尋民冰	un	敦筍滾	yn	軍云
aŋ	冷硬爭聲	iaŋ	病鏡輕聽	uaŋ	橫梗	yoŋ	全軟卷原
ɔŋ	幫郎床江	iɔŋ	獎槍相癢	uɔŋ	光旺礦		
		iuŋ	榮共熊用	uŋ	東動龍重		

m̩　姆～媽：母親

n̩　爾你

ŋ̩　吳五

3. 聲調：

陰平	334	高開婚三曲缺襪入
陽平	21	窮平娘人菜蓋意唱
上聲	53	古口好走五女網有
去聲	214	近厚共害月麥合十

（二）吉安話主要語音特點

1. 無全濁聲母。古全濁聲母字今讀塞音、塞擦音聲母不論平仄都讀送氣清音。

2. 泥母、來母字洪混細分，逢洪音泥母字同來母字讀舌尖邊音聲母 l-。

3. 知、莊、章組字和精組洪音字都讀 ts-、ts‘-、s- 聲母。少數知組三等字、章組字讀 t-、t‘- 聲母。

4. 不分尖團。精組細音字和見、曉組（疑母除外）細音字都讀 tɕ- 組聲母。

5. 曉、匣母合口字唇齒擦音聲母 f-。

6. 影母開口洪音字讀舌根鼻音聲母 ŋ-。

7. 韻母開、齊、合、撮四呼齊全。

8. 咸、山攝和蟹攝一、二等字主要元音有別。

9. 梗攝字有文白對立，白讀音主要元音開口度較低。

10. 鼻音韻尾有 -n、-ŋ 兩個，無塞音韻尾。

11. 遇攝三等魚韻字，流攝、臻攝（開口）、曾攝（開口）一等字和梗攝開口二等字（文讀音）主要元音是 ɛ。

12.「菜梗」的「梗」讀合口韻。

13. 無入聲調。平聲分陰陽，上、去聲各一類。古入聲清聲母字歸讀陰平，濁聲母字歸讀去聲。

14. 古去聲清聲母字歸讀陽平。

十三、遂川話音系

（一）遂川話聲韻調

1.聲母：

p	布寶飽表	p‘	怕爬譜派	m	門磨買尾	f	飛火花苦
t	多到六豬	t‘	同大袋剃	n	難腦藍流	l	路雷老5
ts	糟租中針	ts‘	曹坐車初			s	四散鼠樹

tɕ	精節鋸煮	tɕʻ	秋樹茄區	ȵ	女年嚴魚	ɕ	休書謝去
k	高歌過嫁	kʻ	開該跪快	ŋ	硬牙瓦五	x	灰風鞋放
ø	愛危完煙						

2. 韻母：

ɿ	刺紫四遲	i	支二地被	u	故苦初母	y	雨書吹水
a	爬牙蛇法	ia	謝壁踢錫	ua	花掛罰刷		
b	寶咬飽照	ib	表橋舀叫				
æ	大戴排麥	iæ	街戒	uæ	外快怪		
ɛ	在倍集色	iɛ	是葉熱筆	uɛ	袋灰活骨	yɛ	切雪月缺
ə	兒耳燒走	iə	豆狗後酒				
o	多過潑出	io	茄靴削六	uo	禾屋鑊		
ei	飛肥			ui	對虧圍碎		
		iu	流九有手				
ãn	咸膽占滿	iãn	間眼肩	uãn	還完關萬		
ɛ̃n	深扇等半	iɛ̃n	鹽店根耕	uɛ̃n	暗敢端轉	yɛ̃n	全軟遠鉛
ĩn	林升	ĩn	心民兵蠅	uĩn	滾穩墩春	ỹn	尋順軍筍
ə̃ŋ	五東龍重	iə̃ŋ	榮熊用	uə̃ŋ	翁		
ã	冷硬聲爭	iã	病醒兄零	uã	橫		
õ	糖放江黃	iõ	獎想姜癢	uõ	旺		

3. 聲調：

陰平	53	邊低高偏開天婚飛
陽平	22	窮平才寒神鵝人云
陰上	31	古走草口手五老馬
陽上	35	冷暖奶在件近坐厚

| 陰去 | 55 | 抗唱戲瘦搭筆肉辣 |
| 陽去 | 214 | 病樹罪蓋對半力局 |

（二）遂川話主要語音特點

1. 無全濁聲母。古全濁聲母字今讀塞音、塞擦音聲母不論平仄都讀送氣清音。

2. 泥母、來母字相合再分，逢陰聲韻字讀 l- 聲母，逢陽聲韻字讀 n- 聲母。

3. 知、莊、章組字和精組洪音字都讀 ts-、tsʻ -、s- 聲母。少數知組三等字、章組字讀 t-、tʻ- 聲母。

4. 不分尖團。精組細音字和見、曉組（疑母除外）細音字都讀 tɕ- 組聲母。

5. 曉、匣母合口字多讀唇齒擦音聲母 f-。

6. 影母開口洪音字讀舌根鼻音聲母 ŋ-。

7. 韻母開、齊、合、撮四呼齊全。

8. 咸、山攝和蟹攝一、二等字主要元音有別。

9. 梗攝字有文白對立，白讀音主要元音開口度較低。

10. 鼻音韻尾弱化，古陽聲韻字都讀鼻化韻；無塞音韻尾。

11. 臻攝（開口）、曾攝（開口）一等字和梗攝開口二等字（文讀音）主要元音是 ɛ。

12. 「菜梗」的「梗」讀合口韻。

13. 無入聲調。平、上、去聲各分陰陽。古全濁上聲字讀陽上。古入聲清聲母字歸讀陰去，濁聲母字歸讀陽去。

14. 有送氣分調。古去聲清聲母字今讀不送氣的歸讀陽去。

十四、寧都話音系

（一）寧都話聲韻調

1. 聲母：

p	布比幫斧	pʻ	步別盤扶	m	米門問望	f	飛紅符血
v	烏圍萬遠						
t	到燈打鳥	tʻ	道奪太同	n	難怒年原	l	蘭路呂連
ts	糟主招九	tsʻ	醋昌倉茄			s	散柴靴現
tɕ	精節豬寄	tɕʻ	趣切旗謝	ŋ̣	女魚	ɕ	書休去丘
k	貴鬼哥鋸	kʻ	開跪葵狂	ŋ	鵝岸硬襖	x	河蝦靴糠
ø	圍延緣遠						

2. 韻母：

ŋ̣	是	i	耳第地支飛	u	雨虎路區母
a	爬蛇架瓦鼠掛	ia	謝野爺夜		
		ɜi	女魚書鋸去		
ə	師資事二鋤				
o	多河火過靴錯				
ai	介世泥雞怪帥				
ɔi	袋菜妹灰外				
ɛi	倍背肥會尾	iɛi	弟洗歲肺		
				uoi	對桂累吹水
au	寶保吵照橋	uɜi	條鳥表笑		
əu	走狗手樓九	iəu	豆流酒秋有		

		iu	芋區		
an	貪占間年扇關			uan	轉傳船軟
		iɛn	尖連廉憐全原		
ən	深根群分升耕				
on	暗敢汗辦安換			uon	官半滿暖
		in	陰心新筍冰燈	un	孫滾墩嫩准閏
aŋ	冷生輕橫梗礦	iaŋ	病晴井影兄		
ɔŋ	幫張光講撞礦	iɔŋ	獎槍想像癢		
		iuŋ	榮龍松用熊	uŋ	東通中紅

m̩　姆~媽：稱母親

n̩　唔不

ŋ̩　五

at　搭鴨法八十舌月

ɛt	急橘捏	iɛt	疊集歇結雪	uɛt	潑脫活刮襪
		it	筆七一粒	ut	骨出物

ɔit　盒割

ak	拍白拆客麥	iak	席錫壁笛
ɔk	薄托郭角學	iɔk	削藥略腳
ək	北墨賊刻國		
ok	木讀肉竹局	iok	六曲綠
		ik	力熄敵

3. 聲調：

陰平	42	高邊初開坐厚染
陽平	13	窮陳寒扶人難

上聲	214	古走口五老網
陰去	31	蓋正唱怕世放
陽去	44	共助謝飯望用
陰入	32	竹出濕窄尺說
陽入	5	月六局白合服

（二）寧都話主要語音特點

1. 無全濁聲母。古全濁聲母字今讀塞音、塞擦音聲母不論平仄都讀送氣清音。

2. 非組字部分讀重唇（雙唇音）聲母 p-、p'-。

3. 微母字及影、匣、云母合口韻部分字讀唇齒濁擦音聲母 v-。

4. 泥母、來母不混。

5. 知、莊、章組字和精組洪音字都讀 ts-、ts'-、s- 聲母。見、曉組（疑母除外）古細音韻字讀 ts-、ts'-、s- 聲母，韻母作洪音。

6. 不分尖團。精組細音字和見、曉組（疑母除外）細音字都讀 tɕ- 組聲母。

7. 曉、匣母合口字唇齒擦音聲母 f-。

8. 影母開口洪音字讀舌根鼻音聲母 ŋ-。

9. 無撮口韻。

10. 咸、山攝和蟹攝一、二等字主要元音有別。

11. 遇攝三等魚韻字主要元音是 ε。

12. 梗攝字有文白對立，白讀音主要元音開口度較低。

13. 鼻音韻尾有 -n、-ŋ 兩個，塞音韻尾有 -t、-k 兩個。

14.「瓜」「掛」「乖」「過」「關」「光」等字讀開口韻。

15. 有入聲調。平、去、入聲各分陰陽。有較多的古濁上字歸讀陰平。

16. 陰入低，陽入高。

十五、瑞金話音系

（一）瑞金話聲韻調

1. 聲母：

p	巴幫變筆	p'	怕被肥白	m	磨面門尾	f	反佛華苦
v	味文萬黃						
t	打丁嶺鳥	t'	大圖道踢	n	拿暖嫩泥	l	老籃蠟龍
ts	指竹棕	ts'	倉床誠層			s	蛇水船上
tɕ	鏡針蒸鋸	tɕ'	請求成謝	ȵ	魚牛熱二	ɕ	心鼠乘起
k	蓋高根戒	k'	靠捆看狂	ŋ	牙眼硬外	x	河鞋糠放
ø	愛雨夜矮						

2. 韻母：

ɿ	紙祠師世	i	李機眉二	u	爐布牯母
a	爬牙車掛	ia	謝夜寫		
ɔ	寶飽咬照	iɔ	表貓笑鏢		
ɛ	買壞奶帶	iɛ	戒快乖蟹	uɛ	蓋來柴愛
o	多磨過火	io	靴茄		
ɤ	兒斗湊浮				

e　倍杯飛會　　ie　雞豬泥洗　　ue　桂嘴累吹

　　　　　　　　iu　女魚有酒

an　貪犯山眼

　　　　　　　　iɛn　鐮棉欠嫌　　uɜn 暗暖斷串　　yɛn 軟願全鉛

en　跟肯層曾　　in　林分尋冰　　uin 敦順嫩滾　　yin 近銀運軍

aŋ　爭生坑梗　　iaŋ 兄井晴醒

ɔŋ　幫望慌雙　　iɔŋ 兩漿槍香巵

ʮŋ 夢洞送腫　　iʮŋ 龍拱濃凶

m̩　姆～媽：母親

ŋ̍　午五吳

aʔ　拍壓麥客　　iaʔ 壁席錫

æʔ　搭臘襪殺

ɔʔ　托落各勺　　iɔʔ 削藥略腳

　　　　　　　　ɜiʔ 篾列切洩　　uɜʔ 盒割脫刮　　yɣʔ 掘絕血月

ɤʔ　毒屋木叔　　iɤʔ 六菊蓄浴

eʔ　賊勒色北　　iʔ　栗十直急　　uiʔ 骨窟國出　　yiʔ 橘

3.聲調：

陰平　　　　44　飛高豬開厚斷買尾

陽平　　　　35　窮陳才平寒人娘鵝

上聲　　　　212 古口好比五碗李遠

陰去　　　　42　蓋賬醉唱怕氣放暗

陽去　　　　51　共大病樹害飯賣漏

陰入　　　　2　 國客急出七血襪蠟

陽入　　　　4　 踏局白讀服玉力木

（二）瑞金話主要語音特點

1. 無全濁聲母。古全濁聲母字今讀塞音、塞擦音聲母不論平仄都讀送氣清音。

2. 非組字部分讀重唇（雙唇音）聲母 p-、p'-。

3. 微母字及影、匣、云母合口韻部分字讀唇齒濁擦音聲母 v-。

4. 泥母、來母不混。

5. 來母細音字少數讀舌尖塞音聲母 t-。

6. 知、莊、章組字和精組洪音字都讀 ts-、ts'-、s- 聲母。

7. 不分尖團。精組細音字和見、曉組（疑母除外）細音字都讀 tɕ- 組聲母。

8. 曉、匣母合口字部分讀唇齒擦音聲母 f-。

9. 影母開口洪音字讀舌根鼻音聲母 ŋ-。

10. 韻母開、齊、合、撮四呼齊全。

11. 咸、山攝和蟹攝一、二等字主要元音有別。

12. 梗攝字有文白對立，白讀音主要元音開口度較低。

13. 鼻音韻尾有 -n、-ŋ 兩個，塞音韻尾只有 -ʔ 一個。

14. 遇攝三等魚韻字，臻攝（開口）、曾攝（開口）一等字和梗攝開口二等字（文讀音）主要元音是 e。

15.「瓜」「乖」「過」「光」等字讀開口韻。

16. 有入聲調。平、去、入聲各分陰陽，上聲一類。古全濁上聲字主要歸讀陽去。部分古全濁上聲字和次濁上聲字歸讀陰平。

17.陰入低，陽入高。

十六、于都話音系

（一）于都話聲韻調

1.聲母：

p	寶飽表八	pʻ	派排爬扶	m	磨買米問	f	府虎花苦
v	烏外翁橫						
t	多爹都鳥	tʻ	拖他馱大	n	糯泥腦南	l	羅厲老料
ts	左詐嘴裝	tsʻ	次初茶柴			s	沙死鎖洗
tɕ	居叫建軍	tɕʻ	區欠橋窮	ȵ	人軟銀二	ɕ	靴響去熊
tʃ	豬磚張中	tʃʻ	車遲船長			ʃ	蛇書上身
k	歌個江鋸	kʻ	客可誇狂	ŋ	鵝牙瓦熬	x	好盒汗放
ø	愛雨暗惡						

2.韻母：

ɿ	資字師柿	i	米四眉捏	u	路租初讀	y	區流有局
ʅ	紙遲市世						
a	爬牙車搭	ia	謝夜席	ua	瓜掛話		
æ	大戴排街			uæ	盒割脫刷		
ɔ	寶毛咬照	iɔ	表橋舀鳥				
ɛ	豬鋸雞直	iɛ	女泥接急	uɛ	袋妹外出	yɛ	絕雪月血
ɤ	歌過錯學	iɤ	茄靴去削				
	而兒						

				ui	罪桂吹水

eu	歐畝	ieu	豆厚走狗		
ã	貪炭硬爭	iã	冷病井兄	uã	關
		ĩ	尖欠天煙		
õ	暗短糖礦	iõ	全縣獎想		
ẽ	林根身燈	iẽ	金琴陰人	uẽ	嫩滾村春	yẽ	閏軍群云
əŋ	五東宗風	iəŋ	魚榮窮用		
ŋ̩	唔不				
aʔ	拍拆麥客	iaʔ	席壁錫		
ɛʔ	北墨刻	iɛʔ	熱	uɛʔ	出	yɛʔ	橘厄
ʔ	托惡郭剝	iɤ2	略削藥		
		iuʔ	肉曲足	uʔ	國谷宿竹	yʔ	六綠

3. 聲調：

陰平	31	高豬初天安厚坐暖馬
陽平	44	窮床平才神鵝人娘門
上聲	35	古比口淺手五女老米
陰去	323	對變去怕愛割曲匹雪
陽去	42	道共助大病盒白學讀
入聲	54	惡郭剝北國竹藥略肉

（二）于都話主要語音特點

1. 無全濁聲母。古全濁聲母字今讀塞音、塞擦音聲母不論平仄都讀送氣清音。

2. 微母字及影、匣、云母合口韻部分字讀唇齒濁擦音聲母

v-。

3. 泥母、來母不混。

4. 塞擦音聲母有 ts-、tɕ-、tʃ- 三組。知組三等字和章組部分字讀舌葉音 tʃ- 組聲母。

5. 分尖團音。精組細音字讀舌尖前聲母 ts-、ts'-、s-，見、曉組（疑母除外）細音字讀 tɕ- 組聲母。

6. 曉、匣母合口字部分讀唇齒擦音聲母 f-。

7. 影母開口洪音字讀舌零聲母。

8. 韻母開、齊、合、撮四呼齊全。

9. 咸、山攝一、二等字主要元音有區別的痕跡。

10. 梗攝字有文白對立，白讀音主要元音開口度較低。

11. 遇攝三等魚韻字，流攝、臻攝（開口）、曾攝（開口）一等字和梗攝開口二等字（文讀音）主要元音是 e（ɛ）。

12. 「光」字讀開口韻。

13. 鼻音韻尾有 -ŋ 一個，古陽聲韻字韻母多讀鼻化韻。塞音韻尾有 -ʔ 一個。

14. 有入聲調。平、去、入聲各分陰陽，上聲一類。

15. 古全濁上聲字主要歸讀陽去。部分古全濁上聲字和次濁上聲字歸讀陰平。

古全濁入聲字歸讀陽去。咸、深、山、臻攝的清聲母入聲字和部分次濁聲母入聲字歸讀陰去。

入聲為短調，入聲字帶較微弱的喉塞音韻尾。讀入聲的主要包括宕、江、曾、梗、通攝的清聲母入聲字和部分次濁聲母入聲字。

十七、贛縣話音系

（一）贛縣話聲韻調

1. 聲母：

p	寶飽表八	p'	派爬排扶	m	磨賣米尾	f	府福虎苦
t	多對六鳥	t'	大袋剃討	n	泥腦南年	l	路雷梨老
ts	租做豬主	ts'	車初坐茶			s	四書鼠樹
tɕ	寄急叫酒	tɕ'	區茄謝近	ȵ	二熱軟銀	ɕ	寫西去氣
k	歌過嫁箍	k'	快關刻跪	ŋ	牙瓦熬眼	x	火花鞋開
ø	矮夜五雨						

2. 韻母：

ɿ	刺紙資絲世	i	米去雨被二	u	烏譜路租箍
a	爬嫁牙瓦車	ia	寫謝夜	ua	花掛
æ	大帶排派街			uæ	外快
ɔ	寶腦咬燒襖	iɔ	表笑橋腰鳥	
ə	兒而			
e	鋸鼠走後狗			ue	袋菜開灰歲
ei	剃泥雞賠罪			uei	圍桂虧脆鬼
əu	多坐過火錯	iəu	茄靴	
		iu	流酒牛有	
ã	貪咸炭安聲	iã	病井輕星聽	uã	關梗礦橫
ɔ̃	幫糖長光江	iɔ̃	漿槍想癢	uɔ̃	黃旺
õ	暗汗半短滿磚	iõ	軟卷拳	uõ	官寬完換碗

	ĩ	尖鹽連天遠		

əŋ	五魚根身升耕	iəŋ	林尋民冰榮	uəŋ	滾溫困文
a?	搭插法辣舌客			ua?	刮骨
ɛ?	十北賊刻直色	iɛ?	接集歇節月力		
o?	盒割脫薄國木	io?	削藥六宿足肉	uo?	屋鑊

3. 聲調：

陰平	24	多歌天三坐在買馬
陽平	212	陳茄爬才磨牙鵝云
上聲	53	比走草火瓦五雨米
去聲	44	過嫁騙夜路病社戶
陰入	32	百接割七曲踢濕黑
陽入	5	葉辣肉六白局十盒

（二）贛縣話主要語音特點

1. 無全濁聲母。古全濁聲母字今讀塞音、塞擦音聲母不論平仄都讀送氣清音。

2. 無唇齒濁擦音聲母 v-。

3. 泥母、來母不混。

4. 知、莊、章組字和精組洪音字都讀 ts-、tsʻ-、s- 聲母。

5. 不分尖團。精組細音字和見、曉組（疑母除外）細音字都讀 tɕ- 組聲母。

6. 曉、匣母合口字部分讀唇齒擦音聲母 f-。

7. 溪母字少數讀擦音聲母 x- 或 ɕ-。

8. 影母開口洪音字部分讀舌根鼻音聲母 ŋ-。

9. 無撮口韻。

10. 咸、山攝和蟹攝一、二等字主要元音有區分的痕跡。

11. 梗攝字有文白對立，白讀音主要元音開口度較低。

12. 鼻音韻尾只有舌根鼻韻尾 -ŋ 一個，古陽聲韻字多讀鼻化韻。塞音韻尾有 -ʔ 一個。

13. 「光」字讀開口韻。「戲」字讀送氣塞擦音聲母 tɕʻ-。

14. 有入聲調。平聲分陰陽，上、去聲各一類。古全濁上聲字主要歸讀去聲。部分古全濁和次濁上聲字歸讀陰平。

15. 陰入低，陽入高。

十八、南康話音系

（一）南康話聲韻調

1. 聲母：

p	布寶幫筆	pʻ	譜步盤扶	m	門木襪尾	f	飛風戶苦
v	烏碗旺橫						
t	多等六鳥	tʻ	太通道同	n	腦女怒年	l	李老蘭連
ts	糟祖中豬	tsʻ	醋昌從茶			s	三絲書生
tɕ	精秋見結	tɕʻ	區秋旗戲	ȵ	牛認月熱	ɕ	修線顯雄
k	貴改蓋家	kʻ	可空葵共	ŋ	愛岸安鵝	x	火鞋去開
ø	襖言遠約						

2. 韻母：

ɿ	世紙資四遲	i	米洗女肺二	u	路租數木毒竹
a	爬牙瓦車搭罰	ia	寫謝夜野壁錫	ua	花掛瓜刮

æ　戴排妹罪外十	iæ　該改蓋戒	uæ　怪快壞灰
ɔ　寶毛飽咬照	ɔi　表笑橋鳥舀	
ɛ　豆走狗愁舌直	ɜi　接熱切月筆席	ɜu　割脫刷出
yɛ　血缺		
ə　鋸魚師兒北色	iə　橘出	əu　盒活骨國
o　多火錯托郭剝	io　茄靴削宿足	
e　豬肥		
		ue　對隊會
	ui　桂	yi　鼠區吹虧水
	iu　雨流手九六肉	
ã　貪炭眼完冷聲	iã　病鏡影井兄	uã　關還梗
ɔ̃　糖浪床礦光	iɔ̃　獎槍想像癢	
ɜ̃　根恩本孫扇燈		uɜ̃　暗汗搬官磚滾
	iɛ̃　軟鉛	
	iĩ　尖鹽嚴線天	yĩ　全卷拳遠縣
əŋ　五東龍風公	iəŋ　林民兵窮用	yəŋ　春准順軍云
ŋ̩　唔不		

3.聲調：

陰平	33	高天安有坐淡薄略直
陽平	11	窮床平寒才文人云龍
上聲	21	古走苦口手五米懶演
去聲	53	變賽共陣帽臘活藥賊
入聲	124	搭插接貼法殺割歇出
入聲	255	托削剝北色客尺木谷

（二）南康話主要語音特點

1. 無全濁聲母。古全濁聲母字今讀塞音、塞擦音聲母不論平仄都讀送氣清音。

2. 微母字及影、匣、云母合口韻部分字讀唇齒濁擦音聲母 v-。

3. 泥母、來母基本不混。

4. 來母細音字少數讀舌尖塞音聲母 t-。

5. 知、莊、章組字和精組洪音字都讀 ts-、ts'-、s- 聲母。

6. 不分尖團。精組細音字和見、曉組（疑母除外）細音字都讀 tɕ- 組聲母。

7. 曉、匣母合口字部分讀唇齒擦音聲母 f-。

8. 溪母字少數讀唇齒擦音聲母 x- 或 f-。

9. 影母開口洪音字部分讀舌根鼻音聲母 ŋ-。

10. 韻母開、齊、合、撮四呼齊全。

11. 咸、山攝一、二等字主要元音有區別的痕跡。

12. 梗攝字有文白對立，白讀音主要元音開口度較低。

13. 鼻音韻尾有 -ŋ 一個，古陽聲韻字韻母多讀鼻化韻。無塞音韻尾，古入聲字單念時讀陰聲韻，連讀作前字時讀短調，帶輕微喉塞音韻尾。

14.「菜梗」的「梗」讀合口韻。

15. 有入聲調。平聲分陰陽，上、去聲各一類。古全濁上聲字主要歸讀去聲。部分古全濁和次濁上聲字歸讀陰平。古入聲字分讀兩類聲調：咸、深、山、臻攝入聲清聲母字讀入聲 1 類，濁

聲母字歸讀去聲；宕、江、曾、梗、通攝清聲母字讀入聲 2 類，濁聲母字歸讀陰平，有的歸讀去聲。

十九、龍南話音系

（一）龍南話聲韻調

1. 聲母：

p	寶飽表八	p'	譜派排扶	m	磨買米尾	f	飛火花苦
v	圍烏萬襪						
t	多對六鳥	t'	大通袋同	n	女泥腦二	l	路雷老樓
ts	租做豬主	ts'	坐車初鋤			s	書鼠樹世
tɕ	鋸澆叫酒	tɕ'	茄橋尋戲	ȵ	二牛嚴熱	ɕ	靴寫謝去
k	歌過嫁箍	k'	靠快跪看	ŋ	牙瓦愛咬	x	鞋好孝開
ø	夜余雨芋						

2. 韻母：

ɿ	世刺資遲	i	米鼠去對	u	租路古母
a	爬牙車瓦掛	ia	寫夜謝爹		
e	洗剃泥細				
ʊ	多坐過火學	iʊ	茄靴		
θ	兒				
ai	大帶排怪				
ɔi	菜袋妹歲				
				ui	桂虧跪鬼
au	討腦飽照	iau	表笑橋釣		

ɛu	豆樓走愁	iɛu	鉤狗口		
		ieu	酒修手藥		
		nɛi	面連件天	uɛn	安汗短酸
yɔn	全卷鉛縣				
en	林深身門冰	ien	根肯	uen	滾困
yen	吮				
		in	心尋新聞		
ain	貪咸間半燈	iain	尖鹽嚴店		
aŋ	冷梗硬城聽	iaŋ	病鏡影兄		
ɔŋ	幫糖張光雙	iɔŋ	漿槍想癢		
əŋ	棒東紅空	iəŋ	用熊松		
ŋ	五魚				
aʔ	百客尺麥	iaʔ	席壁錫		
æʔ	搭插辣舌活			uæʔ	刷刮
ɔʔ	惡托郭剎學	iɔʔ	藥略削		
əʔ	拍木哭谷	iəʔ	六局肉足	ueʔ	割國
		iɜʔ	接貼集熱		
eʔ	十筆出直	ieʔ	急七橘刻	ueʔ	骨
ɔiʔ	盒脫			yɔiʔ	絕雪血月

3.聲調：

陰平	24	高豬天偏三坐在懶
陽平	312	陳窮爬平牙人娘云
上聲	53	走比口草火五老冷
陰去	44	過對做片看炭送信

陽去　　22　　病共樹漏讓用社道

陰入　　43　　搭百竹七曲插鴨濕

陽入　　23　　讀局盒舌葉辣肉活

（二）龍南話主要語音特點

1. 無全濁聲母。古全濁聲母字今讀塞音、塞擦音聲母不論平仄都讀送氣清音。

2. 微母字及影、匣、云母合口韻部分字讀唇齒濁擦音聲母 v- 。

3. 泥母、來母不混。

4. 來母細音字少數讀舌尖塞音聲母 t- 。

5. 知、莊、章組字和精組洪音字都讀 ts-、ts'-、s- 聲母。

6. 不分尖團。精組細音字和見、曉組（疑母除外）細音字都讀 tɕ- 組聲母。

7. 曉、匣母合口字讀唇齒擦音聲母 f- 。

8. 溪母字少數讀唇齒擦音聲母 x- 或 f- 。

9. 影母開口洪音字讀舌根鼻音聲母 ŋ- 。

10. 韻母開、齊、合、撮四呼齊全，但撮口韻較少。

11. 流攝和曾攝一等字少數韻母讀細音。

12. 咸、山攝和蟹攝一、二等字主要元音有別。

13. 梗攝字有文白對立，白讀音主要元音開口度較低。

14. 鼻音韻尾有 -n、-ŋ 兩個，塞音韻尾有 -ʔ 一個。

15. 「瓜」「掛」「乖」「關」「梗」等字讀開口韻。「藥」「食」等字讀陽去調。

16. 有入聲調。平、去、入聲各分陰陽，上聲一類。古全濁上聲字主要歸讀去聲。部分古全濁和次濁上聲字歸讀陰平。

二十、尋烏話音系

（一）尋烏話聲韻調

1. 聲母：

p	布筆寶幫	p'	偏怕步別	m	馬門尾問	f	反花會苦
v	彎物圍穩						
t	到東毒鳥	t'	貪通淡奪	n	腦難暖嫩	l	路老籃亂
ts	朱爭字張	ts'	倉初床族			s	山師柴靴
tɕ	尖酒九急	tɕ'	槍清愁謝	ȵ	女認年二	ɕ	死身是手
k	高見過鋸	k'	虧欺茄共	ŋ	咬硬鵝瓦	x	火厚鞋肯
ø	約夜雨矮						

2. 韻母：

ʅ	知祠師梳	i	米去地皮二	u	烏輸路母
a	馬牙車掛瓦	ia	謝夜寫借		
o	多過靴火兒	io	茄		
		ie	鋸泥雞洗		
ai	大戴買帶解			uai	怪快
ɐi	會			uɐi	袋妹外快眉
				ui	對罪碎虧水
au	討老咬桃照	iau	苗橋舀料笑		
ɯi	嘔	iu	豆狗手流修		

an	南籃炭顏還			uan	暗汗亂換磚
		iɛn	尖鹽面先全		
yɛn	軟				
		in	林針恩肯燈	un	近寸軍本問
yn	銀云閏				
aŋ	生耕橫硬梗	iaŋ	冷晴聽醒兄		
ɔŋ	糖黃腸裝放	iɔŋ	癢獎想獎		
		iuŋ	榮用熊窮	uŋ	桶動空紅
m̩	姆～媽：稱母親				
n̩	爾你				
ŋ̍	五魚午				
aʔ	白摘尺客	iaʔ	拆席錫壁		
ɔʔ	剝薄學墨拍	iɔʔ	腳雀削藥		
		iɛʔ	月貼接舌結		
		iʔ	北直客七刻		
		iuʔ	六綠局肉	uʔ	木谷粥宿
aiʔ	盒襪潑插賊			uaiʔ	脫割刮刷
uiʔ	骨出國物				

3. 聲調：

陰平	24	高邊天丘坐柱買滿
陽平	214	陳平才神門蘭鵝人
上聲	42	短走口好老馬女遠
去聲	55	醉對欠飯樹望禍社
陰入	<u>21</u>	一筆接尺谷肉

陽入　　　34　　　葉臘熱藥雜熟毒服

（二）尋烏話主要語音特點

1. 無全濁聲母。古全濁聲母字今讀塞音、塞擦音聲母不論平仄都讀送氣清音。

2. 微母字及影、匣、云母合口韻部分字讀唇齒濁擦音聲母 v-。

3. 泥母、來母不混。

4. 來母細音字少數讀舌尖塞音聲母 t-。

5. 知、莊、章組字和精組洪音字都讀 ts-、ts'-、s- 聲母。

6. 分尖團音。精組細音字讀 tɕ- 組聲母，見組細音字讀 k-、k'-、ɕ- 聲母。

7. 曉、匣母合口字部分讀唇齒擦音聲母 f-。

8. 溪母字少數讀唇齒擦音聲母 x- 或 f-。

9. 影母開口洪音字部分讀舌根鼻音聲母 ŋ-。

10. 韻母開、齊、合、撮四呼齊全，但撮口韻較少。

11. 流攝和曾攝一、三等韻母都讀細音。

12. 山攝和蟹攝一、二等字主要元音有別。

13. 梗攝字有文白對立，白讀音主要元音開口度較低。

14. 鼻音韻尾有 -n、-ŋ 兩個，塞音韻尾有 -ʔ 一個。

15. 「瓜」「掛」「乖」「關」「梗」讀開口韻。

16. 有入聲調。平、入聲各分陰陽，上、去聲各一類。古全濁上聲字主要歸讀去聲。部分古全濁和次濁上聲字歸讀陰平。

二十一、黃坳話音系

（一）黃坳話聲韻調

1. 聲母：

p	巴邊筆斧	p'	譜爬皮別	m	馬米磨問	f	飛花紅火
v	烏碗萬黃						
t	當多到鳥	t'	吞道淡奪	n	難腦泥嫩	l	路爛連籮
ts	糟宗朱爭	ts'	粗寸坐茶			s	少散師愁
tɕ	精節尖寄	tɕ'	齊秋槍罪	ȵ	女二鳥牛	ɕ	休死身氣
k	古經歌鋸	k'	開跪窮茄	ŋ	牙岸硬咬	x	下好厚猴
ø	愛襖約外						

2. 韻母：

ɿ	資支世刺	i	耳弟地倍	u	故烏輸母	
a	巴假茶車	ia	借野夜謝	ua	瓜刷掛	
ɔ	多鵝過火	iɔ	靴茄瘸			
ɛ	洗舐					
ai	戴街鞋泥			uai	怪快外	
ɔi	袋蓋妹灰			ui	對桂跪吹	
au	寶飽咬照	iau	條叫表小			
ɛu	偷斗豆走	iɛu	狗			
		iu	丑流有憂			
an	貪咸難眼	ian	尖鹽欠甜	uan	關慣亂磚	yan 軟
ɔn	安短酸碗			uɔn	換汗	

ɛn 連煎身燈　iɛn 面牽根肯原

ən 針陳生升　in 林尋新輕　uən 滾溫本准　yən 銀近群云

aŋ 彭撐硬耕　iaŋ 鏡井請病　uaŋ 梗

ɔŋ 幫床光旺　iɔŋ 獎槍良養

　　　　　　iuŋ 胸窮榮兄　uŋ 東洞紅桶

ŋ̩ 五魚

ɛt 節絕舌北　iɛt 獵葉缺血　uɛt 國

ɪt 十值失織　it 集筆橘力　uit 骨出

ait 踏辣法八　　　　　　　uait 刮闊刷

ɔit 割脫活

ak 百客麥尺　iak 壁劈錫

ɔk 薄各郭剝　iɔk 藥弱略削

　　　　　　iuk 綠宿育局　uk 木谷鹿足

3. 聲調：

聲調	調值	例字
陰平	24	高豬開天三坐近懶
陽平	212	平窮才寒神鵝人云
上聲	31	古比草口好米五網
去聲	53	蓋對唱菜大病用社
陰入	2	百筆甲七出鐵血濕
陽入	5	月六麥熱白雜毒活

（二）黃坳話主要語音特點

1. 無全濁聲母。古全濁聲母字今讀塞音、塞擦音聲母不論平仄都讀送氣清音。

2. 微母字及影、匣、云母合口韻部分字讀唇齒濁擦音聲母 v-。

3. 泥母、來母不混。

4. 知、莊、章組字和精組洪音字都讀 ts-、ts‘-、s- 聲母。

5. 分尖團音。古精組細音韻字讀 ts-、tɕ- 組聲母，見組細音韻字讀 k-、k‘-、ɕ- 聲母。

6. 曉、匣母合口字讀唇齒擦音聲母 f-。

7. 影母開口洪音字部分讀舌根鼻音聲母 ŋ-。

8. 韻母開、齊、合、撮四呼齊全。但撮口韻較少。

9. 山攝和蟹攝一、二等字主要元音有別。

10. 咸攝細音韻字讀 -ian 韻母，韻腹不與山攝細音韻字同。

11. 古山攝細音韻字逢端、精、知、章組聲母讀洪音 -ɛn 韻母。

12. 梗攝字有文白對立，白讀音主要元音開口度較低。

13. 鼻音韻尾有 -n、-ŋ 兩個，塞音韻尾有 -t、-k 兩個。

14. 有入聲調。平、入聲各分陰陽，上、去聲一類。古全濁上聲字主要歸讀去聲。部分古全濁和次濁上聲字歸讀陰平。

15. 陰入低，陽入高。

二十二、銅鼓話音系

（一）銅鼓話聲韻調

1. 聲母：

p　巴碑剝幫　　p‘　鋪潑爬別　　m　磨馬密尾　　f　　放飛火紅

v 烏圍文旺

t 多等都當　tʻ 貪通道同　n 女腦南暖　l 路蘭郎李

ts 租早抓莊　tsʻ 菜倉坐茶　　　　　　　s 洗柿三

tʂ 豬照針磚　tʂʻ 車遲深鼠　　　　　　　ʂ 世水燒手

ʐ 閏

tɕ 寄金緊軍　tɕʻ 欠輕琴　　ȵ 二嚴牛年　ɕ 靴戲溪去

k 歌改假鋸　kʻ 開空客擴　　ŋ 鵝瓦魚熬　x 河害下瞎

ø 愛暗影夜

2. 韻母：

ɿ 資絲粗初師　　i 比女去醉倍　　u 路豬母手幙
　　世紙是遲

a 爬家車瓦　　ia 謝也借　　ua 掛瓜誇抓

ɔ 多羅過錯火　　iɔ 茄靴

ɛ 鋸泥魚吹水　　iɛ 鋸

ə 兒而耳

ai 大戴柴買街

ɔi 袋改梯灰外　　　　　　　　　uai 怪快乖

　　　　　　　　　　　　　　　ui 區歲肺虧鬼

au 寶飽咬照　　iau 表笑橋叫

ɛu 走斗愁燒　　ɛiu 狗口

　　　　　　　iu 九流牛有

an 貪單間滿搬　　　　　　　　uan 關慣彎

ɔn 汗拌短敢碗　　iɔn 軟

ɛn 占扇根身等　　iɛn 尖點件先遠

ən	針本孫嫩分城	in	林心民星冰	uən	溫滾昆悶
aŋ	冷硬爭聲橫	iaŋ	聽病影贏		
ɔŋ	幫張旺雙礦	iɔŋ	獎槍相樣	uɔŋ	光狂
əŋ	東膿紅風夢	iəŋ	兄窮熊龍用		
m̩	姆~媽：稱母親				
n̩	唔不				
ŋ̍	吳五				
at	搭盒插辣潑			uat	刮
				uɔt	割脫活刷
ɛt	舌	iɛt	接貼熱月雪		
ɿt	十直失出			uət	骨突物
ʅt	織	it	集席筆橘力		
ak	白拆客麥	iak	壁錫		
ɔk	托郭學博剝	iɔk	削略腳藥		
ɛk	北得賊色			uɛk	國
		iuk	六綠肉曲	uk	木谷叔竹毒

3. 聲調：

陰平	214	高豬天三安坐柱癢
陽平	13	床平才寒神鵝娘云
上聲	21	紙走草口碗馬五尾
去聲	51	蓋派信四樹病夢禍
陰入	3	急竹筆尺出濕黑襪
陽入	5	六月麥熱直白局服

（二）銅鼓話主要語音特點

1. 無全濁聲母。古全濁聲母字今讀塞音、塞擦音聲母不論平仄都讀送氣清音。

2. 微母字及影、匣、云母合口韻部分字讀唇齒濁擦音聲母 v-。

3. 泥母、來母不混。

4. 塞擦音聲母有 ts-、tɕ-、tʂ- 三組。知、章組字多讀舌尖後音 tʂ- 組聲母。

5. 分尖團音。精組細音字讀 ts- 組聲母，見、曉組（疑母除外）細音字讀 tɕ- 組聲母。

6. 曉、匣母合口字讀唇齒擦音聲母 f-。

7. 影母開口洪音字部分讀舌根鼻音聲母 ŋ-。

8. 無撮口韻。

9. 山攝和蟹攝一、二等字主要元音有別。

10. 梗攝字有文白對立，白讀音主要元音開口度較低。

11. 鼻音韻尾有 -n、-ŋ 兩個，塞音韻尾有 -t、-k 兩個。

12. 「戒」字讀合口韻。

13. 有入聲調。平、入聲各分陰陽，上、去聲一類。古全濁上聲字主要歸讀去聲。部分古全濁和次濁上聲字歸讀陰平。

14. 陰入低，陽入高。

二十三、大溪話音系

（一）大溪話聲韻調

1. 聲母：

p	包布邊婦	p'	破偏敗飯	m	磨忙問尾	f	法馮虎水
t	到單六鳥	t'	太鐵同弟	n	暖腦糯嫩	l	老蘭呂連
ts	做中蒸裝	ts'	菜初祠茶			s	鎖山床雙
tɕ	借精雞姜	tɕ'	蛆茄愁全	ȵ	娘疑熱泥	ɕ	細手收戲
k	高街甘弓	k'	靠哭空礦	ŋ	熬牛瓦襪	x	好河鞋汗
ø	鳥以黃云						

2. 韻母：

ɿ	刺四自鋤	i	米尾水歲	u	簿初扶武	y	書吹雨余
a	馬家瓦花	ia	謝車夜	ua	瓜花掛化		
æ	大戴外奶			uæ	袋塊怪帥		
ɛ	魚街歲牛	iɛ	泥借寫豬	uɛ	歪灰蓋妹		
o	多坐好老	io	茄靴				
au	熬毛包交	iau	橋搖條叫				
				iu	手舊九有		
an	貪反硬聽	ian	病鏡晴醒	uan	關寬換橫		
ɛn	占扇本燈			uɛn	梗滾穩順		
		ien	欠店面縣	uon	潭拌飯裝	yon	全拳軟遠
ın	針根筍盆	iin	今認斤青			yın	准閏軍云
ɔŋ	幫長康郎	iɔŋ	槍鄉娘養	uɔŋ	光旺黃礦		

| əŋ | 冬通龍空 | iəŋ | 兄勇容窮 | uəŋ | 翁 |

ṇ　　女

ŋ̣　　五吳魚

ɐʔ	答八辣學	iɐʔ	腳藥卻雀	uɐʔ	活闊桌郭	yɐʔ	缺血月
ɛʔ	直舌客墨	iɛʔ	獵葉歇急	iuʔ	國
əʔ	木讀六粟			uəʔ	盒骨屋谷	yəy	橘出肉綠

3. 聲調：

陰平	33	高開婚是坐舅
陽平	213	床平窮鵝娘云
上聲	433	紙口好五女老
陰去	52	蓋變派對貴看
陽去	435	道帽讓病限樹
陰入	45	鐵筆百約七出
陽入	5	月入六白局讀

（二）大溪話主要語音特點

1. 無全濁聲母。古全濁聲母字今讀塞音、塞擦音聲母不論平仄都讀送氣清音。

2. 非、敷、奉母字部分讀雙唇（重唇）聲母 p-、p'-。微母字部分讀雙唇（重唇）聲母 m-。無 v- 聲母。

3. 泥母、來母不混。

4. 來母字逢細音有部分讀塞音聲母 t-。

5. 不分尖團。精組、見曉組（疑母除外）今細音字都讀 tɕ- 組聲母。

6. 知三、章組今細音字讀 tɕ- 組聲母。

7. 曉、匣母合口字只有部分讀唇齒擦音聲母 f-。

8. 影母開口洪音字讀舌根鼻音聲母 ŋ-。

9. 韻母開、齊、合、撮四呼齊全。

10. 鼻音韻尾有 -n、-ŋ 兩個，古陽聲韻字多讀 n- 韻尾。塞音韻尾只有 -ʔ 一個。

11. 蟹、效、咸、山攝一、二等字主要元音有別。

12. 梗攝字有文白對立，白讀音主要元音開口度較低。

13.「菜梗」的「梗」讀合口韻。

14. 有入聲調。平、去、入聲各分陰陽，上聲一類。古全濁上聲字主要歸讀陽去，有部分歸讀陰平。

二十四、太源畬話音系

（一）太源畬話聲韻調

1. 聲母：

p	布飛寶飛	pʻ	派破別盤	m	門麥磨尾	f	斧虎完苦
v	烏圍旺橫						
t	膽黨東鳥	tʻ	討貪道同	n	怒難女泥	l	蘭路連然
ts	糟節資照	tsʻ	齊潮刺抄			s	線生絲雙
tʃ	豬准中占	tʃʻ	勸出遲吹			ʃ	書手山術
tɕ	精主酒九	tɕʻ	區鋤清輕	ȵ	女言年眼	ɕ	修去想謝
k	貴甲高過	kʻ	虧跪葵開	ŋ	牙咬硬	x	花學糠肯
ø	襖愛岸遠						

2. 韻母：

| ɿ 資師祠 | i 地紙被四 | u 火豬烏母 | y 區芋 |

ɿ　資師祠　　i　地紙被四　　u　火豬烏母　　y　區芋

a　爬牙瓦掛　　ia　茄謝夜　　ua　瓜

ɛ　世兒

o　多歌禾錯　　io　靴

e　眉舐肥　　ie　擠

ai　米矮快戴　　iai　街雞　　uai　怪

　　　　　　　　　　　　　　uɔi　袋倍來嘴

　　　　　　　　　　　　　　ui　碎虧尾退

au　寶找咬笑　　iau　貓吊料

əu　照漏舅偷　　iəu　表橋腰料

　　　　　　　　iu　酒有女鋸

an　貪咸反先　　ian　尖邊眼遠　　uan　短滿船萬　　yan　卷軟拳原

ɔn　南暗蘭三

ɛn　蠶針善等

　　　　　　　　in　林人冰影　　un　門准穩分　　yn　斤閏蠢運

aŋ　冷醒生聽　　iaŋ　柄嶺井晴

oŋ　幫糖黃講　　ioŋ　牆想香癢　　uoŋ　光狂礦丳

ŋ　雙風農空　　iŋ　榮熊濃勇

m̩　唔不

n̩　吳五

aʔ　拍白客尺　　iaʔ　壁

ɛʔ　北錫麥色　　iɛʔ　獵熱葉血　　uɛʔ　國闊　　yɛʔ　月約

oʔ　角薄郭讀　　ioʔ　腳藥削略

e? 食鴿直織　　i? 集急筆橘

iu? 六曲肉局　　u? 毒木谷宿

ai? 答貼法割　　　　　　　uai? 臘辣雪罰

ui? 卒骨出

au? 踏插疊刷

3. 聲調：

陰平	44	高豬天三暖坐醉怕
陽平	212	窮陳才寒扶鵝人云
上聲	325	紙走草口好網米女
去聲	42	社罪共大飯帽用漏
陰入	4	百竹筆七鐵黑濕削
陽入	2	木六月藥雜白合舌

（二）太源畬話主要語音特點

1. 無全濁聲母。古全濁聲母字今讀塞音、塞擦音聲母不論平仄都讀送氣清音。

2. 分尖團音。精組今細音字讀 tɕ- 組聲母，見、曉組（疑母除外）今細音字讀 k- 組聲母。

3. 非、敷、奉母字部分讀雙唇（重唇）聲母 p-、p'-。微母字部分讀雙唇（重唇）聲母 m-。有 v- 聲母。

4. 泥母、來母不混。

5. 塞擦音聲母有 ts-、tɕ-、tʃ- 三組。知、莊、章組部分字讀舌葉音 tʃ- 組聲母。

6. 溪母字有少數讀 x-、f- 聲母。

7. 曉、匣母今讀合口韻字讀唇齒擦音聲母 f-。

8. 影母開口洪音字部分讀舌根鼻音聲母 ŋ-。

9. 韻母開、齊、合、撮四呼齊全。

10. 鼻音韻尾有 -n、-ŋ 兩個。塞音韻尾只有 -ʔ 一個。

11. 咸、山攝和蟹攝一、二等字主要元音有別。

12. 梗攝字有文白對立，白讀音主要元音開口度較低。

13. 「菜梗」的「梗」讀合口韻。「瓜」「掛」等字讀開口韻。

14. 有入聲調。平聲分陰陽，上、去聲各一。陰入、陽入也有混一的趨勢。古去聲清聲母字和部分濁聲母上聲字歸陰平，全濁上聲字歸去聲。

二十五、九江話音系

（一）九江話聲韻調

1. 聲母：

p	巴波寶幫	p'	爬跑平碰	m	馬門民夢	f	發否方鳳
t	大肚到動	t'	塔貪頭痛			l	李連南怒
ts	祖增爭助	ts'	粗醋初礎			s	孫僧蘇絲
tʂ	知主舉局	tʂ'	丑潮區群	ȵ	繞若日仍	ʂ	書扇訓勳
tɕ	基假結精	tɕ'	秋旗橋吃			ɕ	西休兄曉
k	高歌共剛	k'	科空考抗	ŋ	鵝硬襖我	x	花河咸嚇
ø	以黃云						

2. 韻母：

ɿ	紫刺斯	i	題洗技七	u	譜古湖骨	ʯ	豬除虛出

嘆　直痴世

嘆　霸渣灑辣　ɑi 加蝦芽鴨　ɑu 瓜花蛙刮　ɥɑ 爪耍刷

　　　　　　　　ɜi 姐茄爺歇

o　歌魔蓑盒　io 腳鵲約　　uo 窩臥握

　　兒而耳

ai　牌買賽北　iai 械戒屆　　uai 乖快壞活　ɥai 熱決說

ei　悲隨車蛇　　　　　　　uei 鬼虧揮　　ɥei 靴吹水

au　刀老毫　　iau 標跳要

əu　賭魯後讀　iəu 劉秋友曲

an　班慘甘　　　　　　　　uan 灣晚萬

ən　敦根針正　iɛn 變尖炎　uən 滾困文　　ɥen 忍准群

　　　　　　　in 賓林丁靜

oŋ　豐恭朋　　ioŋ 窮胸擁　uoŋ 翁嗡甕

ã　幫湯張　　iã 兩將央　uã 光黃王　　ɥã 裝床霜

ɛ̃　占扇善

õ　般端酸　　　　　　　uõ 官款完　　ɥõ 冤專原

3. 聲調：

陰平	31	高中豬三邊非
陽平	44	床平窮鵝娘云
上聲	213	紙走比碗美養
去聲	21	站唱大病社道
入聲	53	七八鐵局白月

（二）九江話主要語音特點

1. 無全濁聲母。古全濁聲母字今讀塞音、塞擦音聲母的，逢平聲讀送氣清音，逢仄聲讀不送氣清音。

2. 泥母、來母相混，泥母字與來母字同讀舌尖邊音聲母 l-。

3. 塞擦音、擦音聲母有 ts-、tɕ-、tʂ- 三組。精組洪音字都讀 ts-、ts'-、s- 聲母。知、莊、章組字多讀舌尖後音 tʂ- 組聲母。

4. 不分尖團。精組細音字和見、曉組（疑母除外）細音字都讀 tɕ- 組聲母。

5. 影母開口洪音字讀舌根鼻音聲母 ŋ-。

6. 韻母開、齊、合、撮四呼齊全。對應撮口呼的韻母介音是舌尖後圓唇元音 -ʮ-。

7. 鼻音韻尾有 -n、-ŋ 兩個，另有較多的鼻化韻。無塞音韻尾。

8. 有入聲調。平聲分陰陽，上、去、入聲各一類。古全濁上聲字歸讀去聲。

二十六、贛州話音系

（一）贛州話聲韻調

1. 聲母：

p	布步不	p'	怕盤排	m	妹苗夢	f	飛馮胡
v	五萬旺						
t	到道奪	t'	太同題	n	難怒暖	l	路雷亂

ts	糟招在	ts'	倉昌才			s	蘇絲師
tɕ	家豬針	tɕ'	蛆橋氣	ȵ	女牛愛	ɕ	修書虛
k	貴跪軌	k'	開苦葵	ŋ	咬熬暗	x	灰紅害
ø	牙鵝瓦						

2. 韻母：

ɿ	資支知師瓷	i	米洗戲氣飛	u	路虎初斧母	y	女豬朱魚
a	巴沙爬耳辣	ia	家雅牙鴨夾	ua	瓜花瓦掛刮		
æ	菜柴外北白	uæ	快怪帥				
ɔ	好桃高燒咬	iɔ	笑叫條橋舀				
		iɛ	客夜改鞋接			yɛ	血雪
o	多過錯盒托	io	茄靴雪藥肉				
e	車攝倍肺尾			ue	水對灰歲虧		
		ieu	走狗浮偶豆				
		iu	丑流收周酒				
ãn	貪占犯黨長	iãn	講良想搶	uãn	關還黃礦		
õn	賺短官光雙						
		iĩn	間件眼年			yĩn	全軟縣怨圜
əŋ	扇根生東風	iəŋ	林明榮熊用	uəŋ	寸穩橫翁	yəŋ	云軍群閏
m̩	姆						

3. 聲調：

陰平	33	高豬天春三飛
陽平	42	窮才唐人云龍
上聲	45	古走手五米老
去聲	212	近唱共望七麥俗

（二）贛州話主要語音特點

　　1. 無全濁聲母。古全濁聲母字今讀塞音、塞擦音聲母的，逢平聲讀送氣清音，逢仄聲讀不送氣清音。

　　2. 微母字及影、匣、云母合口韻部分字讀唇齒濁擦音聲母 v-。

　　3. 泥母、來母不混。

　　4. 知、莊、章組字和精組洪音字都讀 ts-、ts'-、s- 聲母。

　　5. 不分尖團。精組細音字和見、曉組（疑母除外）細音字都讀 tɕ- 組聲母。知、章組遇攝合口三等字也讀 tɕ-、tɕ'-、s- 聲母。

　　6. 曉、匣母合口韻字部分讀唇齒擦音聲母 f-。

　　7. 影母開口洪音字部分讀舌根鼻音聲母 ŋ-，其中蟹攝的讀舌面鼻音聲母 ȵ-。

　　8. 韻母開、齊、合、撮四呼齊全。

　　9. 蟹攝一、二等字讀細音。流攝一等字讀細音。

　　10. 鼻音韻尾有 -n、-ŋ 兩個，其中 -n 尾多伴有弱化色彩。無塞音韻尾。

　　11. 平聲分陰陽，上、去聲各一類。古全濁上聲字歸讀去聲。

　　12. 古入聲字單字音歸讀去聲。但在口語的詞彙連讀中，古入聲字相當部分還帶有喉塞音韻尾，其調值為一個中度稍降的短調：ʔ32。

二十七、白槎（河南）話音系

（一）白槎（河南）話聲韻調

1. 聲母：

p	八寶病	p'	派爬拍	m	麥磨米	f	飛虎活
v	問五襪						
t	多東毒	t'	討貪甜	n	女泥鳥	l	腦南路
ts	資字張	ts'	刺抄床			s	絲雙十
tʂ	柱主磚	tʂ'	春出船			ʂ	順書樹
ʐ	認肉日						
tɕ	酒九急	tɕ'	清輕全	ȵ	年泥嚴	ɕ	想謝鞋
k	高過共	k'	開快狂	ŋ	熬暗恩	x	好盒風
ø	熱月藥						

2. 韻母：

ɿ	師絲遲十	i	米衣急集	u	苦戶骨轂	ʮ	書去橘局
ʮ	知支日						
a	茶大辣八	ia	假牙鴨	ua	瓦掛刮		
ɛ	車北色白客	iɛ	寫接貼節	ɜu	國	ɥɛ	靴月熱絕
o	歌磨合割	io	略藥學削	uo	羅過火托		
	二耳						
ai	開排菜矮外	iai	鞋街戒	uai	快怪		
ei	泥賠飛歲尾			uei	鬼吹虧圍	ɥei	水
au	飽毛腦高	iau	笑橋交料				

əu　豆初六綠　iəu　油酒牛有

an　山半暖酸恩 ian　鹽眼面全　uan　賺碗官關　yan磚船軟園

ən　針根燈硬橫 in　金心新病　uən　滾困溫　yən春順云軍

aŋ　糖雙黃撞　iaŋ　響講漿姜　uaŋ　床王光礦

əŋ　東通風蟲　　　　　　　　　　　　yəŋ兄永熊用

3. 聲調：

陰平	42	天飛三通急哭六臘
陽平	55	天平門銅毒盒葉藥
上聲	214	懂統口走買米裡有
去聲	312	動厚凍痛菜賣洞大

（二）白槎（河南）話主要語音特點

1. 無全濁聲母。古全濁聲母字今讀塞音、塞擦音聲母的，逢平聲讀送氣清音，逢仄聲讀不送氣清音。

2. 微母字及疑、影、匣、云母合口韻部分字讀唇齒濁擦音聲母 v-。

3. 泥母、來母字逢細音不混，逢洪音泥母字同來母字讀舌尖邊音聲母 l-。

4. 塞擦音聲母有 ts-、tɕ-、tʂ- 三組。精組洪音字都讀 ts-、ts'-、s- 聲母。知、莊、章組字多讀舌尖後音 tʂ- 組聲母。

5. 不分尖團。精組細音字和見、曉組（疑母除外）細音字都讀 tɕ- 組聲母。

6. 曉、匣母合口韻字部分讀唇齒擦音聲母 f-。

7. 影母開口洪音字讀舌根鼻音聲母 ŋ-。

8. 韻母開、齊、合、撮四呼齊全。對應撮口呼的韻母介音是舌尖後圓唇元音 -ʮ-。

9. 鼻音韻尾有 -n、-ŋ 兩個。無塞音韻尾。

10. 無入聲調。平聲分陰陽，上、去聲各一類。古全濁上聲字歸讀去聲。古入聲字清聲母字和多數次濁聲母字歸讀陰平，全濁聲母字和少數次濁聲母字歸讀陽平。

二十八、浮梁話音系

（一）浮梁話聲韻調

1. 聲母：

p	包布筆邊	p'	怕步碰偏	m	米磨妹門	f	飛馮法虎
t	到單跌堆店	t'	貪特太斷鐵	n	鬧懶南蘭冷	l	老女鳥腦連
ts	精椒做	ts'	倉從菜罪			s	修小洗
tʂ	罩莊中	tʂ'	沖抄著茶			ʂ	師床衫
tɕ	豬嬌雞借磚	tɕ'	昌旗車柱窗	ȵ	愛鵝泥鹽嚴	ɕ	稅縣扇上戲
k	高鬼假戒	k'	開狂靠空礦	ŋ	硬襖鵝外熬	x	火好恨紅
ø	萬熱夜女						

2. 韻母：

ɿ	紫四資	i	幾去撿鹽日	u	故路斧木	y	女虛水出
ʮ	師事						
a	大戴介庚百	ia	張上響略拆	ua	外怪快橫		
ɛ	袋雷地菜筆	iɛ	河野蓋敢舌	uɛ	桂灰虧尾	yɛ	靴月刷雪
o	多架花貪辣			uo	過活刮還		

ər 兒耳二

ai 燈靈北踢　iai 升繩色直　uai 國兄　　　yai 帥
　　　　　　　　　　　　ui 骨　　　　　yi 賺權船阮

au 飽咬斗落各 iau 條燒照橋

əu 租粗賭鹿　iəu 酒丑流綠

εn 搬含短林跟 iεn 暗竿深緊

ən　　　　　　　　　　　uən官魂溫滾　yən 准春暈群

aŋ 裝桑講床　　　　　　　uaŋ 光黃旺礦

oŋ 東龍紅空　ioŋ 榮弓窮胸　uoŋ 翁

m̩ 姆～媽：母親

n̩ 爾你

3. 聲調：

陰平	55	高中豬三邊非
陽平	24	床平窮鵝娘云
上聲	31	走好比五兩里
陰去	213	對菜變七發骨
陽去	33	坐厚病用月獨

（二）浮梁話主要語音特點

1. 無全濁聲母。古全濁聲母字今讀塞音、塞擦音聲母讀送氣清音。

2. 泥、來母相混。泥母洪音字讀 l- 聲母。來母古陽聲韻字部分聲母讀鼻音聲母 n-。

3. 基本不分尖團，精組、見曉組（疑除外）今細音字大都讀

tɕ- 組聲母，少數精組細音字讀 ts- 組聲母。

4. 塞音、塞擦音有 ts-、tɕ-、tʂ- 三組聲母，部分知、莊、章組字 tʂ- 組聲母，知、章組今細音字讀 tɕ- 組聲母。

5. 曉、匣母合口洪音字部分讀 f- 聲母。

6. 影母開口洪音字多讀 ŋ- 聲母。

7. 韻母開、齊、合、撮四呼齊全。

8. 鼻音韻尾有 -n、-ŋ 兩個，無塞音韻尾。古陽聲韻字讀 -n、-ŋ 韻尾外，有部分讀無韻尾的陰聲韻。古入聲韻字讀舒聲韻。

9. 部分一等字讀齊齒韻。

10. 無入聲調。平、去聲分陰陽，上聲一個。古陰入字歸讀陰去，古陽入字歸讀陽去。古全濁上聲字歸讀陽去。

二十九、婺源話音系

（一）婺源話聲韻調

1.聲母：

p 包邊幫	pʻ 破騙伴	b 買襪米	m 忙面門	f 法肥分
v 五問活				
t 到單店		tʻ 太貪斷	n 南冷年	l 路女腦
ts 做蒸酒	tsʻ 菜初茶		s 洗手四	
tɕ 雞狗磚	tɕʻ 車柱溪		ȵ 牛嚴軟	ɕ 扇書戲
k 高街弓	kʻ 靠空狂	鵝外瓦	ŋ 顏硬暗	x 好下汗
∅ 襖萬有				

2. 韻母：

ɿ	紫四字資	i	米女歲日	u	大過路竹	y	豬魚煮桂
a	頭浮集六	ia	牛肉油一	ua	怪刮橘郭		
ɒ	托惡角學	iɒ	略削藥腳				
ɔ	熬飽刻力	iɔ	表笑舀鳥				
e	鵝謝在舌	ie	蛇夜熱貼	ue	會～計閏慧		
θ	多馬菜盒						
	兒耳					y	月出血
ɐm	東鐘龍風	iɐm	榮龍膿用				
				um	貪賺酸還		
æn	心針本層	iæn	陰任巾閏	uæn	根恨滾軍		
ã	幫康講橫	iã	雙想王癢	uã	礦慌狂兄		
ɔ̃	燈冰聲零	iɔ̃	蠅影贏				
ẽ	敢咸間眼						
		ĩ	顏全欠縣			ỹ	磚賺船遠
m̩	安彎碗萬						
n̩	爾你						

3. 聲調：

陰平	55	高中豬三邊非
陽平	11	床平窮鵝娘云
陰上	2	走碗口五女米
陽上	31	馬瓦近被戶厚
陰去	35	過蓋店放正對
陽去	51	是病帽筆六白

（二）婺源話主要語音特點

1. 無全濁聲母。古全濁聲母字今讀塞音、塞擦音聲母多讀送氣清音，少數讀不送氣清音。

2. 明母陰聲韻字讀塞音 b- 聲母，陽聲韻字讀鼻音 m- 聲母。

3. 微母字部分讀雙唇（重唇）音聲母，其中陰聲韻字讀 b- 聲母，陽聲韻字讀 m- 聲母（或整個音節讀 m，如「萬」），部分讀唇齒（清唇）濁擦音聲母 v-。

4. 泥、來母相混。泥母陰聲韻字讀 l- 聲母；來母陽聲韻字大部分聲母讀鼻音聲母 n-。

5. 分尖團音。精組今細音字讀 ts- 組聲母，見組今細音字讀 tɕ- 聲母。

6. 知三、章組今細音字讀 tɕ- 組聲母。

7. 韻母開、齊、合、撮四呼齊全，但撮口韻較少。

8. 效攝主要元音能區分一二等。

9. 無元音韻尾。

10. 鼻音韻尾有 -m、-n 兩個，無塞音韻尾。古陽聲韻字讀 -m、-n 韻尾外，有部分讀鼻化韻。古入聲韻字讀舒聲韻。

11. 無入聲調。平、上、去聲各分陰陽。古入聲字歸讀陽去。古全濁上聲字基本上歸讀陽去；古次濁上聲字部分歸讀陰上，部分歸讀陽上。

12. 陰上是個短調，伴有喉塞音色彩，實際音值為 2ʔ。

三十、上饒話音系

（一）上饒話聲韻調

1. 聲母：

p	包布邊	p'	破碰偏	b	步別肥	m	磨忙問	f	法馮虎
t	到單跌	t'	太貪鐵	d	圖奪特	n	鬧農冷	l	老呂連
ts	做蒸裝	ts'	菜初沖	dz	才坐撞			s	鎖辰雙
tɕ	借磚走	tɕ'	蛆昌窗	dʑ	全徐塵	ȵ	娘疑熱	ɕ	手收上
k	高甘弓	k'	靠空礦	g	葵摜舅	ŋ	鵝熬顏	x	好鞋汗
ø	以黃云								

2. 韻母：

ɿ	刺紫四遲	i	米肥世尾	u	簿舞梳扶	y	豬水錘吹
a	馬家瓦大	ia	斜野也	ua	瓜花掛話	
æ	戴外街鞋			uæ	乖帥怪歪	
ə	二去渠他					
o	多羅坐鎖					
e	茄扯頭厚	ie	夜寫			
				ui	鬼威貝嘴	
ou	毛包校交	iou	橋搖條叫			
				iu	走綢手有	
ãn	貪閉反講	iãn	槍鄉娘癢	uãn	關慣彎換	
æn	感恩冷省	iæn	生撐	uæn	梗橫	
				uõn	團肝問存	yõn 磚船軟遠

		iẽ 尖件天燕		
ĩn 品心聽棱	iĩn 金人應興	uĩn 滾困溫文	yĩn 准春順云
ɔ̃ŋ 瞀忙		uɔ̃ŋ 光礦黃王	yɔ̃ŋ 床窗
oŋ 朋龍公同		uoŋ 翁紅	yoŋ 兄濃窮用
m̩ 姆不			
n̩ 爾你			
ŋ̍ 五魚			
ɐʔ 答狹粒客	iɐʔ 葉貼舌切	uɐʔ 割闊桌郭	yɐʔ 刷月血出
ɔʔ 薄族服俗六			yɔʔ 捉肉局浴
ɛʔ 立力粒客	iɛʔ 及日翼習	uɛʔ 物國	
ɿʔ 執筆息尺	iiʔ 吸一抑益	uɿʔ 骨	yɿʔ 出
		uʔ 忽握福屋	yuʔ 橘竹燭曲

3. 聲調：

陰平	44	高豬邊糠偏搓三非
陽平	423	床平窮前來鵝娘云
陰上	52	紙走口桶粉碗美養
陽上	231	老買染有近坐淡厚
陰去	434	蓋變帳痛騙氣送信
陽去	212	道笨帽讓亂病樹舊
陰入	5	急竹筆尺出一吸血
陽入	23	六月麥藥十直白局

（二）上饒話主要語音特點

1. 有全濁聲母。古全濁聲母字今讀塞音、塞擦音聲母為不送

氣濁音（濁音色彩不很明顯），讀擦音聲母時為清音。

2. 個別奉母字讀 b- 聲母。微母字部分讀 m- 聲母。

3. 不分尖團音。精、見組（疑母除外）今細音字都讀 tɕ- 組聲母。

4. 來母逢陽聲韻部分讀鼻音聲母 n-。

5. 知三、章組今細音字讀 tɕ- 組聲母，老派發音近 tʃ- 組，而新派則向 ts- 組發展。

6. 曉、匣母合口洪音字部分讀 f- 聲母。

7. 匣母合口字部分讀零聲母。

8. 疑母字今逢洪音讀舌根音 ŋ- 聲母，逢細音讀舌面音 ȵ- 聲母。影母開口洪音字多讀 ŋ - 聲母。

9. 韻母開、齊、合、撮四呼齊全。

10. 古陽聲韻字讀 -n、-ŋ 韻尾，但 -n 尾和部分 -ŋ 尾鼻音較弱並伴有鼻化色彩。

11. 古入聲韻讀喉塞音 -ʔ 韻尾。

12. 咸、山攝字主要元音能區分一二等。

13. 「菜梗」的「梗」讀合口韻。「大」字口語音讀「唐佐切」，不讀「徒蓋切」。

14. 古平上去入四聲基本按聲母清濁各分陰陽兩類。古次濁上字歸陰上；全濁上聲字部分歸陽去。

三十一、廣豐話音系

（一）廣豐話聲韻調

1. 聲母：

p	包布糞	p'	破碰覆	b	步別縛	m	磨忙問	f	法馮萬
t	到單竹	t'	太貪鐵	d	圖奪特	n	鬧農認	l	老呂連
ts	做蒸裝	ts'	菜初窗	dz	才植塵			s	鎖辰雙
tɕ	借磚中	tɕ'	蛆昌超	dʑ	全徐舌	ȵ	娘疑熱	ɕ	四收常
k	高甘弓	k'	靠空欠	g	葵摜舅	ŋ	五熬魚	x	好鞋興
ø	襖任黃								

2. 韻母：

ɿ	之	i	米洗肥來	u	簿舞狗後	y	歲吹貴跪
a	馬家豬曬	ia	斜野夜也	ua	瓜花掛話		
o	多坐啞五	io					
ɑ	魚刺死子			uɑ	布虎浮霧		
e	閉遲眉扯	ie	罵茄爹鼠	ue		ye	鍋火蛆手
ai	籬拜街鞋			uai	餓外灑怪		
ɐi	代開倍飢			uɐi	貝推鬼尾		
				ui	最威淚歸		
au	毛包校交	iau	橋搖叫皺				
əɯ	報刀襖高	iəɯ	表小挑曉				
ɯ	頭走流酒	iɯ	夠口綢須				
ãn	貪閒暖反	iãn	幫忙槍鄉	uãn	關環彎	yãn	養光慌框

ɐ̃n 感針冰等 uɐ̃n 梗橫晃

uẽn 團肝問存

iẽn 尖件天燕 yẽn 全軟遠縣

ɪn 品心聽棱　iin 金人應興

ɐ̃ŋ 幫糠江廣

oŋ 門本公同 yoŋ 筍軍窮用

m̩ 嘸不

n̩ 爾你

ŋ̩ 翁紅

ɐʔ 答狹粒客　iɐʔ 葉貼舌切　uɐʔ 割闊桌郭　yɐʔ 刷月血出

oʔ 墨族服俗 yoʔ 軸肉局浴

ɤʔ 奪突六律　uɐʔ 惑

eʔ 立實力席　ieʔ 及日翼譯

ɪʔ 執筆息尺　iiʔ 吸一抑益

uʔ 忽握國福　yuʔ 橘竹燭曲

3. 聲調：

陰平	44	高豬開初三安奶永
陽平	231	床平才窮鵝娘龍云
陰上	52	紙走比口舔毯碗椅
陽上	24	老買染有坐近淡厚
陰去	434	蓋變帳欠痛炭信按
陽去	212	道笨病樹帽讓亂運
陰入	5	急竹筆一尺出說育
陽入	23	六月麥納直白局熟

（二）廣豐話主要語音特點

1. 有全濁聲母。古全濁聲母字今讀塞音、塞擦音聲母為不送氣濁音（濁音色彩不很明顯），讀擦音聲母時為清音。

2. 非、敷、奉母字部分讀雙唇（重唇）聲母 p-、pʻ-、b-；微母字部分讀雙唇（重唇）聲母 m-，多數讀唇齒擦音（清唇）聲母 f-。

3. 分尖團音。精組今細音字讀舌面音 tɕ- 組聲母，見曉組（疑母除外）今細音字讀舌根音 k- 組聲母。

4. 知三、章組今細音字讀舌面音 tɕ- 組聲母。

5. 知、澄母字部分讀舌尖塞音聲母 t-、d-。

6. 匣母合口字部分讀零聲母。

7. 疑母字今逢洪音讀舌根音 ŋ- 聲母，逢細音讀舌面音 ȵ- 聲母，不與影母字聲母混。

8. 韻母開、齊、合、撮四呼齊全。

9. 古陽聲韻讀 -n、-ŋ 韻尾，但 -n 尾和部分 -ŋ 尾鼻音較弱並伴有鼻化色彩。

10. 古入聲韻讀喉塞音 -ʔ 韻尾。

11. 蟹、效、咸、山攝字主要元音能區分一二等。

12. 蟹攝開口四等字部分韻母讀 -ie。

13. 「菜梗」的「梗」讀合口韻。「大」字口語音讀「唐佐切」，不讀「徒蓋切」。「豬」「梳」兩字韻母的元音舌位較低較後。

14. 古平上去入四聲基本按聲母清濁各分陰陽兩類。部分全濁上聲字歸陽去；部分清上字和次濁上聲字歸陰平。

三十二、銅山（福建）話音系

（一）銅山（福建）話聲韻調

1.聲母：

p	布幫筆房	p'	鋪偏炮蜂	b	買尾帽門	m	命滿面糜
t	地當茶直	t'	土拖抽蟲	l	鑼農認字	n	林奶年貓
ts	主水書裝	ts'	醋初床松				
s	私蘇山雙						
tɕ	井章集上	tɕ'	飼車樹深				
ɕ	死消想扇						
k	工桂琴猴	k'	可空溪肯	g	捱顏月	ŋ	硬藕
x	好回雨耳						
ø	愛鞋黃鹽						

2.韻母：

ɿ	煮紫祠之	i	池米戴舌捏	u	母久有牛
ɯ	豬去女魚					
a	怕柴早巧百	ia	寫斜夜野削	ua	大帶掛雁辣
æ	殺剝落曲	iæ	貼切結削	uæ	法脫
ɔ	醋布路苦惡	iɔ	粥足觸		
ə	坐袋歲皮雪	iə	橋笑歇藥	uə	骨出烙撥
o	多科討薄學					
e	爬馬禮白客	ie	急七竹浴		
ai	台來在梨			uai	乖壞快歪
				uɐi	瓜畫會節八

au　炮吵狗走　　iau　標柱鳥小　　　　ui　開歸堆危血

iu　樹手酒油

an　貪放江粽　　ian　鹽連咸相　　uan　彎權翻
ən　端根巾糖
　

ien　身兵眩熊　　uon　拳本軍魂

ɔŋ　黨礦王懂　　iɔŋ　忠暢共榮

ã　擔林三敢　　iã　囝聲名痛　　uã　炭爛線煎
ẽ　奶

ĩ　扁硬錢年

ãi　反間閒

uĩ　先前關橫

u　腦　　　　iãu　貓

iũ　姜槍想羊

m̩　姆不姆伯母

æʔ　十墨六別　　iæʔ　略熱粒疊　　uæʔ　絕罰越
ɔʔ　福腹木族　　iɔʔ　局軸

əʔ　得　　　uəʔ　烙秫

ieʔ　直及日熟

3. 聲調：

陰平　　33　　豬高天偏三先安威

陽平　　24　　茶平狂魂鵝娘龍云

陰上　　443　　古水口好母女米血

陽上　　55　　老有五坐近淡籤白

去聲　　　21　　　蓋變派暗道社病讓

陰入　　　42　　　急竹筆一尺出惡拆

陽入　　　4　　　六木熱日十直局毒

（二）銅山（福建）話主要語音特點

1. 無全濁聲母。古全濁聲母字今讀塞音、塞擦音聲母多為不送氣清音。

2. 非、敷、奉母字部分讀雙唇（重唇）聲母 p-、p'-。微母字多讀雙唇（重唇）聲母 b-。

3. 知、徹、澄母字部分讀舌尖塞音聲母 t-、tɕ-。

4. 分尖團音。精組今細音字讀舌面音 tɕ- 組聲母，見曉組（疑母除外）今細音字讀舌根音 k- 組聲母。

5. 匣母字部分讀塞音聲母 k- 或零聲母。

6. 古擦音心、邪、書、禪等母字有些讀塞擦音聲母 ts-、ts'-、tɕ-、tɕ'-。

7. 明、泥、疑母字聲母讀 b-、l-、g-、聲母，逢鼻化韻為 m-、n-、ŋ-。

8. 無撮口韻。

9. 鼻音韻尾有 -n、-ŋ 兩個，古陽聲韻字多讀 -n 韻尾，部分讀純鼻化韻。塞音韻尾只有 -ʔ 一個。古入聲韻字多讀喉塞音 -ʔ 韻尾，部分讀舒聲韻。

10. 有入聲調。平、上、入聲分陰陽，去聲一類。部分次濁上字歸陰上，部分全濁上聲字歸去聲。讀舒聲韻的古清聲母入聲字歸陰上，古濁聲母入聲字歸陽上。

江西文庫 A0701B25

贛文化通典（方言卷） 第二冊

主　　編　鄭克強

版權策畫　李　鋒

責任編輯　林以邠

發 行 人　陳滿銘

總 經 理　梁錦興

總 編 輯　陳滿銘

副總編輯　張晏瑞

編 輯 所　萬卷樓圖書股份有限公司

排　　版　菩薩蠻數位文化有限公司

印　　刷　維中科技有限公司

封面設計　菩薩蠻數位文化有限公司

出　　版　昌明文化有限公司

桃園市龜山區中原街 32 號

電話 (02)23216565

發　　行　萬卷樓圖書股份有限公司

臺北市羅斯福路二段 41 號 6 樓之 3

電話 (02)23216565

傳真 (02)23218698

電郵 SERVICE@WANJUAN.COM.TW

大陸經銷　廈門外圖臺灣書店有限公司

電郵 JKB188@188.COM

ISBN 978-986-496-232-7

2018 年 1 月初版

定價：新臺幣 360 元

如何購買本書：

1. 轉帳購書，請透過以下帳戶

合作金庫銀行 古亭分行

戶名：萬卷樓圖書股份有限公司

帳號：0877717092596

2. 網路購書，請透過萬卷樓網站

網址 WWW.WANJUAN.COM.TW

大量購書，請直接聯繫我們，將有專人為您

服務。客服：(02)23216565 分機 610

如有缺頁、破損或裝訂錯誤，請寄回更換

國家圖書館出版品預行編目資料

贛文化通典. 方言卷 / 鄭克強主編. -- 初版.
-- 桃園市 : 昌明文化出版 ; 臺北市 : 萬卷
樓發行, 2018.01

　冊 ； 公分

ISBN 978-986-496-232-7 (第二冊 : 平裝). --
1.贛語 2.江西省

672.408　　　　　　　　　　107002012

本著作物經廈門墨客知識產權代理有限公司代理，由江西人民出版社授權萬卷樓圖書
股份有限公司出版、發行中文繁體字版版權。

本書為金門大學華語文學系產學合作成果。　　　　校對：林庭羽